帮孩子找到
缺失的
"感觉拼图"

THE OUT-OF-SYNC CHILD

孩子感觉统合，才能成长快乐

[美]卡洛尔·斯多克·克朗诺威兹 / 著

周 常 / 译

中国发展出版社
CHINA DEVELOPMENT PRESS

图书在版编目（CIP）数据

帮孩子找到缺失的"感觉拼图"/（美）卡洛尔·斯
多克·克朗诺威兹著；周常译.— 北京：中国发展出
版社，2024.3
　　ISBN 978-7-5177-1397-5

　　Ⅰ.①帮… Ⅱ.①卡… ②周… Ⅲ.①儿童教育—感
觉统合失调—训练—研究 Ⅳ.①G76

中国国家版本馆CIP数据核字（2024）第015423号

THE OUT-OF-SYNC CHILD: RECOGNIZING AND COPING WITH SENSORY PROCESSING DISORDER
By CAROL STOCK KRANOWITZ
Copyright: © 2005 BY SKYLIGHT PRESS & CAROL STOCK KRANOWITZ
This edition arranged with Taryn Fagerness Agency
Through BIG APPLE AGENCY, INC., LABUAN, MALAYSIA.
Simplified Chinese Edition Copyright: 2016 BEIJING XINDABOYA PUBLISHING Ltd.
All rights reserved.
版权贸易合同登记号　图字：01-2016-4168

书　　　　名：帮孩子找到缺失的"感觉拼图"
著作责任者：[美]卡洛尔·斯多克·克朗诺威兹
译　　　者：周　常
责 任 编 辑：沈海霞
出 版 发 行：中国发展出版社
联 系 地 址：北京经济技术开发区荣华中路22号亦城财富中心1号楼8层（100176）
标 准 书 号：ISBN 978-7-5177-1397-5
经 销 者：各地新华书店
印 刷 者：北京博海升彩色印刷有限公司
开　　　本：787mm×1092mm　1/16
印　　　张：20
字　　　数：325千字
版　　　次：2024 年 3 月第 1 版
印　　　次：2024 年 3 月第 1 次印刷
定　　　价：48.00元

联 系 电 话：（010）68990642 68360970
购 书 热 线：（010）68990682 68990686
网 络 订 购：http：//zgfzcbs.tmall.com
网 购 电 话：（010）68990639 88333349
本 社 网 址：http：//www.develpress.com
电 子 邮 件：841954296@qq.com

PRAISE 推荐

这本书是献给家有感觉统合偏差孩子的父母们的宝书，也是老师们的重要读物。我推荐给所有家庭，每家都应该配备一本。

——露西·简·米勒（Lucy Jane Miller），博士，注册职能治疗师，
美国科罗拉多大学科学健康中心副教授，KID基金会执行理事

这本书真是太棒了。它的确能让父母们明白一直困扰自己的那些难题，也能让父母更加理解孩子。父母们不会自责不已……而是积极寻求方法来帮助孩子战胜困难。

——贝瑞·布列斯顿（T. Berry Brazelton），医学博士，
布列斯顿基金会主席、理事长

这本书给那些一直担心自己的孩子总与别人"格格不入"的家长们带来了希望，并解决了他们的难题。

——简·希利（Jane M. Healy），教育心理学家，
《正在发育中的小脑袋》（Your Child's Growing Mind）一书的作者

《帮孩子找到缺失的"感觉拼图"》提供了产生这种现象的理论基础和实践应用方法，能帮助存在感觉统合偏差的孩子进行感觉的统合。

——斯坦利·格林斯潘（Stanley I. Greenspan），儿童精神科医生，
《有特殊需求的孩子》（The Child with Special Needs）一书的作者

对于那些认为自己的孩子可能存在行为问题的父母来说，这本书一定要收入囊中，实在是太好的一本书。本书通过严谨的方法和平实的叙述，能让父母们知道如何帮助孩子进行感觉统合和相关练习。

——《超级父母》杂志（Exceptional Parent Magazine）

这本《帮孩子找到缺失的"感觉拼图"》为成千上万的父母和老师打开了一扇神秘的大门，让人们一探何为感觉统合偏差，也让人们知道孩子的相应行为表现是什么样的。

——戴安娜·亨利（Diana A. Henry），理科硕士，职能治疗师，
《父母的工具》（Tools for Parents）一书的作者

FOREWORD 序言1

简·艾尔斯（A.Jean Ayres）博士于1955年发表了第一篇有关感觉统合理论的论文，直到1972年她的第一本关于感觉统合的著作出版后，整个感觉统合领域的研究才启动。卡洛尔·斯多克·克朗诺威兹在一位曾受训于艾尔斯博士的职能治疗师的帮助下，把艾尔斯的感觉统合理论和方法应用在教学实践之中。卡洛尔在25年的幼儿园教职生涯中，治好了许多"感统失调"的孩子。艾尔斯于1988年逝世。随着艾尔斯的离世，整个感觉统合领域失去了往日的活力。虽然专业治疗师们仍在实践中应用和学习该理论，但这个领域一直没有一位领导者。

直到1998年，卡洛尔出版了这本献给父母和老师的《帮孩子找到缺失的"感觉拼图"》（*The Out-of-Sync Child*），才又掀起了感觉统合偏差治疗的热潮。卡洛尔的这本书详细解释了以下内容：（1）感觉统合偏差的复杂理论；（2）针对感觉统合偏差的专业治疗方案；（3）如何认识感觉统合偏差。这本书再一次让"感觉统合"这一术语成为热词。很多家长拿着这本书来到儿科诊所或心理诊所说："我们的孩子就像书中所说的那样，我们需要专业的治疗。"

卡洛尔写的是一本指导手册，让那些家里有感觉统合偏差孩子的家长知道怎么面对这些问题。此书一出版就比较畅销，它满足了很多家长的迫切需求。这本书可以帮助家长们找回孩子缺失的那片"感觉拼图"。家长们也理解了孩子出现的某些令人头疼的行为的动机，懂得了如何去面对那个"少了根筋"似的孩子。家长们得出了这样的结论——孩子出现感觉统合的问题，是身体发育方面的问题，不是父母的亲子教育问题。

父母们也会问："我家孩子的问题怎么会被忽视了这么久呢？"那是因为很少有这方面的专业人员提供帮助。治疗师们还不太了解怎样解决孩子的感统问题。自从卡洛尔的书出版后，有感觉统合问题的孩子就有了救星，也能被治疗师们及时地治疗。《帮孩子找到缺失的"感觉拼图"》这本书适合每一位教育人士，是所有家长和老师的必读书。

现在，我们有了这本书的第三版。这个新版本更新了很多术语，更新了孤独症孩子的相关知识，还更新了有关视觉和听觉的章节，解释了感觉调节、感觉辨别和基于感觉的动作（包括动作问题），还提供了更多关于感觉统合问题的分属类型的解释和说明。卡洛尔本来是想写一本给大众阅读的图书，但仍然保留了科学性，所以研究人员也可以借鉴此书。她再一次获得了成功！

我预期在未来，人们会看到更多关于感觉统合方面的科学报道，科学家们会研究出更多评估SPD（感觉统合偏差）的方法，也会有更多的患者获得正确的诊断和治疗。我们见证了第一代被确诊为感觉统合偏差的孩子所取得的显著疗效，他们已经适应了学校和社会的生活，非常成功。我们也会看到，更多的感觉统合治疗方法被广泛地应用于人才培养和医疗人员的培训。

卡洛尔对这个领域的贡献是无价的。这本经典的图书让无数家长充满了希望。家长们满怀希望并采取实际行动，就会让孩子们变得越来越健康和快乐，孩子们未来的生活也会更加美满和充实。我们挽救了孩子，也就挽救了无数的家庭！还有什么比这更有意义呢？

露西·简·米勒（Lucy Jane Miller）
博士，注册职能治疗师，
美国科罗拉多大学科学健康中心副教授，KID 基金会执行理事

FOREWORD 序言2

　　我们的感觉、想法和行为都是通过大脑的复杂运作而产生的。在大脑中，非常微小的改变都会极大地影响我们的感受、想法和行为。专业的治疗师若不懂得大脑的生物学机制，就不能很好地理解心智问题。相应地，如果家长不能理解孩子的大脑结构，甚至不知道处于青春期的孩子大脑神经正处于"修剪期"，或者不知道自己孩子的大脑神经连接出现了某些缺陷，就不能充分地理解自己的孩子。所以，很多家长因为不知道孩子大脑结构的变化，而错失治疗的良机。

　　我在20世纪60年代初才意识到这个问题。我当时正在治疗一些青春期出现心理问题的孩子。大脑科学研究领域实现新的突破，研究人员发现，儿童和青少年的很多心理障碍，都是由大脑内的微妙变化或化学变化导致的。

　　正如我们目前所了解的有关学习障碍和语言障碍的各种研究进展一样，我们知道这些问题也同样影响着阅读、写作、数学和组织能力。同样，这些问题不仅关系到孩子的学习成绩，也会影响孩子的运动能力、社交能力和家庭生活等方面。在知晓了这些道理之后，我们开始关注某些特殊的教育和语言治疗方法，因为这些方法能帮助孩子克服或弥补自己的缺陷和不足。

　　这些孩子的某些行为看起来很特别。然而，通过对他们大脑的研究发现，他们大脑结构中神经系统的某些敏感区域发生了不正常的变化，这造成了他们行为的变化。父母和老师又不知道孩子大脑发生了变化，只觉得孩子非常气人，不明白为什么这些孩子缺乏自理能力，总是惹是生非，总是拖别人的后腿；也不明白这些孩子为什么会拒绝参加某些体育运动或文艺活动。

此外，在学习语言时，孩子们在接受感觉信息方面也会出现信息加工的问题。这些孩子可能会出现视觉、听觉、触觉和运动觉等方面的问题。他们可能会因明亮的灯光和巨大的噪声而变得非常沮丧，也可能会因为被碰触而大发雷霆，还可能会因为没有按照他们的要求改变了物品的位置而大哭大闹。

他们也可能会出现控制方面的问题、动作计划方面的问题，也不能灵活地动手解决一些问题。对这些孩子来说，很难让大肌群（粗大动作能力）配合小肌群（精细动作能力）一起活动，他们可能无法跑步，无法跳，也无法爬行。他们很难完成例如扣纽扣、折纸或系鞋带等简单事情，也不能绘画、剪切或书写。老师很难让他们支配身体或动手进行一些有创意的活动，比如抛球、使用刀叉或筷子、用手拿铅笔或木梳。他们无法掌握最基本的生活技能。

简·艾尔斯博士从感觉和动作方面来研究这些孩子存在的问题。她也延展了我们的思维，她视整个统合过程为我们的大脑告诉身体必须做什么的一个过程。一个孩子怎样完成跳高和爬行等复杂又连续的动作呢？一个孩子如何通过系鞋带或写下自己的想法来习得某些复杂的能力呢？艾尔斯博士认为，很多感觉系统必须伴随着其他的任务作为一个团队一起运作。她描述了我们触觉的基本作用以及前庭系统在整个动作中所扮演的关键角色。

我们了解了感觉统合的运作机制后，开始对孩子们进行干预和治疗。感觉统合治疗方法主要集中在纠正、改善和弥补感觉统合中存在障碍的部分，就像特定的教育疗法主要是治疗学习障碍，语言疗法主要是治疗语言障碍一样。

现在，我们已经对这些学习、语言和感觉—动作障碍有了更进一步的了解。然而，这些潜在的问题容易被人忽视。等到孩子遇到更多的挫折，或者到了青春期，这些潜在的问题表现得更为明显时才会被父母所重视。这样会造成很多情绪的、社会的和家庭的问题。遗憾的是，即使是专业的治疗师也往往只重视患者的情绪问题、社会问题和家庭问题，而忽视潜在的神经发展方面的问题。

举例来说吧。我最近接待了一个4岁的男孩，他的父母认为这个孩子应该吃药或者进行一些心理治疗。孩子的父母也带孩子去看了心理咨询师。这个孩子在家里和托儿所里就是一个"小魔鬼"，显然，他们已经被孩子折腾得筋疲力尽了。孩子的父母经常被孩子的各种行为惹怒。比如，男孩无法自己穿衣服，坚持让妈妈给自己穿衣服；他经常咬手指，不能和其他孩子一起玩；总是专横跋扈，别人不按他的要求去做，他就大哭大闹。没有孩子愿意和他玩。他最喜欢的活动就是坐在后院的秋千上，想要永远在秋千上荡来荡去。

儿科医生告诉孩子的父母，需要给孩子设定严格的限制，孩子的行为才会有所改善。老师也总是因为这个孩子捣乱而气愤不已。他从来不按照要求做事情，从来也不会做自己应该做的事情。每次父母都因为老师责备这个男孩的行为而感到难过。然而，他们并不知道该怎么做。孩子的父亲认为孩子出了问题，并责怪孩子的妈妈把孩子惯坏了。

当我看到这个孩子独自一人的时候，根本看不出有什么异常。然而，当我看到他在学校里的表现时，才相信了老师和父母所说的话。他满地打滚，经常拽着别的孩子，搂抱别的孩子，招惹别的孩子，别的孩子常常会把他推开，老师也会朝这个男孩大喊。当大家都围成一圈做游戏的时候，他从房间走出来，也不配合别人。在玩的时候，如果有其他孩子碰了他，他就把别人推开。我也注意到这个孩子不善于走路和跑步，玩积木也很笨拙，不擅长画画。一天下来，他看起来非常疲劳，脾气暴躁，又哭又闹。

我了解了情况后，就安排了一名专业的职能治疗师来对这个孩子进行评估。最后得出了结论：这个孩子存在潜在的动作协调机能偏差、触觉问题以及前庭觉不安全感问题。于是，我们就对这个孩子展开了职能治疗（不是药物治疗或心理治疗）。这个孩子不需要"改变自己的行为"，我们必须先了解他的行为以及这些行为背后的原因。我们必须记住，行为是一种信号、一种症状，而不是一种结论。如果医生没看到孩子行为问题背后潜藏的实质性症结，不去了解问题的成因，就不能治好孩子的疾病。如果孩子的这些潜在问题没有得到改善，那么孩子的情绪问题、社交问题和家庭问题也不会得到改善。我们的任务不是与孩子一样感到挫折和失落，而是要向他们伸出援助之手，帮助他们进步。我们要做的是了解孩子的行为；只有了解了孩子的行为，才知道如何帮助他们。

作为一名专家，我曾见过很多儿童和青少年出现学习问题、语言问题、感觉统合问题。我也非常清楚，至关重要的一步是帮助父母理解潜在的神经发育问题。如果父母不了解孩子的大脑问题，或者说父母不知道孩子是因为大脑出了问题才导致学习和生活技能出现问题的，就无法理解孩子的行为，更不可能尽其所能地帮助孩子。

目前已经有很多关于学习问题和语言问题的图书，但一直没有一本可以让家长们了解孩子出现感觉统合功能失调（感觉处理偏差）的图书。现在，终于由卡洛尔·斯多克·克朗诺威兹做了这项了不起的工作。这本书会教家长们运用简单的方法来认识这个问题，并且这些方法非常实用和有效。任何读了这本书的家长都能知道该怎么办，同时也能了解触觉和前庭平衡觉存在问题的具体表现。这本书还提供了许多有创意的想法，帮助孩子或青少年处理他们和家人、同学的关系以及应对在学校中的各项挑战。她让家长知道了孩子需要哪些帮助，以及如何获得这些帮助。

知识就是力量，父母也需要好好学习。这本书会让父母们领悟到何为真正的父母。感谢卡洛尔写了这样一本好书，它会让无数的家庭和孩子获益！

拉里·B.西尔弗（Larry B.Silver）

博士、美国乔治大学医疗中心临床精神科教授

ACKNOWLEDGE 致谢

首先，我由衷地感谢简·艾尔斯博士，虽然我从未见过她，但我永远对她心怀感恩。她的很多研究成果我都应用在了存在感觉处理问题的孩子身上，并帮助那些孩子茁壮成长。

我也要感谢那些让此书第一版能够面世的人们：职能治疗师林恩·A.巴泽-马汀、乔治娅·德盖伊、雪莉·潘勒桑特、苏珊娜·史密斯·罗利、特鲁德·特恩奎斯特；儿童发展专家 T.巴瑞·布莱顿、迈克尔·卡斯里博利、斯坦利·格林斯潘、简·希利、安妮·坎德尔、帕特莉娅·勒梅、拉里·西尔韦、凯伦·斯特普，以及一些孩子的父母和老师。

对于此书的第三版，我要特别感谢美国职能治疗师露西·简·米勒博士，她曾给我提出了宝贵的指导性建议，让我对感觉统合的理解水平有了很大的提升。此外，我要感谢那些多年来一直努力帮助我的专业人士，感谢他们的智慧和大力支持。

我要感谢职能治疗师保罗·阿奎拉、凯利·贝斯等。

我要感谢验光师查尔斯和珂恒，儿科医生丹·夏皮罗，营养师凯莉·多夫曼，小儿科神经专家伊赛娅·马尔科，感知治疗专家乔伊·纽曼，特殊需求照料者莎拉·韦兰，语言病理学家劳拉·格拉泽、珍尼特·莫拉、凯斯琳·莫里斯等。

我还要感谢我的资深编辑佩吉、玛丽亚·丽兹、雷切尔·阿约特。

我总是亏欠你们很多。

卡洛尔· 斯多克· 克朗诺威兹

PREFACE 前言

我在华盛顿特区圣哥伦比亚幼儿园教学25年。因为我的课程中融合了音乐、活动和戏剧表演，所以很多3岁、4岁、5岁的孩子都愿意来我的教室里玩游戏、做活动和学习知识。他们喜欢我的课，他们快乐地在课堂上打鼓、弹奏木琴、手拍手地唱歌、旋转着跳舞、晃动装满豆子的袋子做游戏。我还给他们讲仙女的故事。他们舞动着降落伞，玩角色扮演的游戏。他们一起进行障碍爬行。他们学着风筝从空中坠落时的姿势，他们模仿大象重重地跺脚，或者玩雪人融化的游戏。

大多数孩子都喜欢这些活动，因为他们的感觉处理系统（感觉处理就是组织孩子日常生活信息的能力，也称为感觉统合）很有效率地工作着。孩子们充分地动用身体的各种感觉（触觉、视觉、听觉）与周围互动，一切进行得井然有序。然而还有另外一些孩子，如安德鲁、本和爱丽丝，他们不喜欢参加我的课堂活动，在进行这些感觉动作的体验时，他们会变得很紧张、不开心且充满无助感。他们拒绝参与这些活动，或者参与进来了也不知道怎么做。他们经常破坏上课气氛。本书就是为后者而写的。

在我的教师生涯中（从1976年到2001年），我曾教过上千个孩子。在课外，我也教音乐课。我精心编排孩子们的舞蹈，让他们参加社区表演。我曾举办过几十次生日聚会。我还当过爱心妈妈、童子军的领队。我负责我儿子学校里的体育社团。

多年来的教学生涯让我知道，所有的孩子都喜欢有趣的活动。他们喜欢加入有趣的活动，然而有些孩子不喜欢参加活动。为什么呢？是他们不愿意参加，还是不能参加呢？我在执教之初，一直不明白这些孩子为什么不愿意加入我的课堂。难道是这些孩子很难接触吗？为什么大家都陶醉在活动中，他们却不喜欢呢？为什么其他孩子都坐在垫子上唱儿歌，安德鲁却坐不住，总是跑来跑去呢？为什么别的孩子都跟随着音乐节奏轻拍着膝盖，而本却在敲击肩膀呢？为什么爱丽丝按照节奏只挥舞了两次韵律棒，就拍打着自己的肚子喊着"太累了"呢？

起初，我只是觉得这些孩子比较烦人。他们让我觉得自己是个坏老师。的确，他们的调皮捣蛋让我觉得自己是个坏人。更离谱的是，当我正在弹奏吉他的时候，有个孩子竟然捂着耳朵走了。那天回到家里，我大哭了一场。

每天晚上在给我儿子准备晚餐的时候，我满脑子都是那些孩子。我管不了他们。当时那些孩子还没接受专业的治疗，他们不被人喜欢，也是弱势群体。有些人似乎是故意捣乱，例如伸出腿绊倒同学；而有些孩子则不是故意做出来的，只是习惯性地出现无精打采的神情。我很难把他们的行为与那些真正调皮捣蛋的孩子混为一谈。老师们除希望这些孩子能参与活动之外，还希望他们在其他方面也能跟上。

在这所幼儿园里，我并不是唯一被难倒的老师，其他老师也对这样的孩子束手无策。家长们也会相互比较各自的孩子，大家谈论的内容经常被四处传播，比如"哪个孩子让父母和老师感到束手无策"。这样的孩子在听到这些评论后，会有怎样的感受呢？

他们会觉得自己是个失败者。

老师们也会觉得教不好这样的孩子。

不过，现在我们知道自己能做得更好。毕竟自从20世纪70年代，圣哥伦比亚幼儿园已经开始定期筛查孩子是否存在感觉处理偏差问题。我们的很多孩子都很棒，但为什么我们很难教好那些存在问题的孩子呢？我们也想知道答案。

一位名叫林恩·A. 巴尔泽–马丁（Lynn A. Balzer-Martin）的职能治疗师来到了圣哥伦比亚幼儿园。从20世纪70年代开始，林恩一直致力于帮助那些神经系统能力不足的孩子，也就是专门治疗"感觉统合偏差"。

简·艾尔斯博士是第一个提出感觉统合定义的职能治疗师。多年前，艾尔斯就提出了感觉统合的理论，并指导着其他职能治疗师不断完善某些干预方法。她的那本著作《感觉统合与儿童》（*Sensory Integration and the Child*）详细地解读了一直被大家误解的问题，读者们对她提出的这个理论很感兴趣。感觉统合机能紊乱，现在被称为感觉统合偏差（或感觉处理偏差），并不是一个新的问题，只是老问题的一个新定义。

感觉统合偏差会干扰医生对其他疾病的诊断。每当孩子的中枢神经系统在处理感觉信息失效的时候，孩子们就很难把日常生活中的活动做好。他们可能看起来很好，智商也很高，但行为表现就是笨拙、胆小或容易出现退缩行为，或者对他人充满敌意、比较好斗。感觉统合偏差关注的不仅是孩子如何活动、如何学习，还有孩子的行为：他们玩得怎样？与朋友的关系怎样？特别是，他们对自己有怎样的感觉？

很多家长甚至教育家、医生和健康领域的专业人士，往往都认识不到孩子的感觉统合偏差问题。当人们不知道这些是问题的时候，就会误解孩子的行为，也会觉得与别人分享孩子的这些问题很没面子。他们以为孩子只是存在学习问题或情绪问题，而不知道孩子是出现了感觉统合偏差。如果这些人没有经过感觉统合方面的培训，很少有人能理解那些令人困扰的行为是孩子神经系统发育不良而引起的。

就像艾尔斯博士的其他学生所做的工作那样，林恩博士正在让人们认识到这个问题，并帮助孩子们来治疗。她发现很多孩子出现问题都是在很小的时候（6～8岁），而当时家长们似乎没有关注到。她很急切地想要确定更小的孩子会不会出现感觉统合偏差，因为在幼儿阶段孩子的神经系统会快速发育，这个时期是关键的治疗期。林恩认为如果能够在孩子3～5岁的时候进行筛查，就能发现存在感觉统合偏差的孩子，再对其进行积极的治疗，就能帮孩子在今后的学业和社交中表现得更好。

问题就是找到一个方法来筛查幼儿是否存在感觉统合偏差问题，因为以前的各项标准不是针对这么小的孩子的。林恩曾设想一个筛查方法，能快速地筛查出更小的孩子是否存在神经功能方面的缺陷并对其进行治疗。她询问我们是否愿意和她一起进行这项研究。

我们当然很感兴趣。运用这种方法后，其他学校可以复制我们的经验，老师们也能快速识别出存在感觉统合偏差的孩子，何乐而不为呢？更为重要的是，我们这样做可以为父母们找到针对有感觉统合偏差问题的孩子的一个早期干预的方法（比如配合职能治疗师、理疗师、心理专家等一起来帮助孩子），这个方法也能让孩子今后的人生更加成功和幸福。

1987年，在学校、社区和我的大力支持下，林恩成立了一个圣哥伦比亚幼儿园的项目组，每年对130名学生进行筛查，并着手对存在感觉统合偏差问题的孩子进行早期干预治疗。我们很快就发现，这些孩子出现了积极又令人欣慰的进步，能力得到了提高。

我在林恩博士的指导下，学到了关于这个项目的所有知识。我学会了如何筛查存在问题的孩子，也从老师和家长那里得到了相应的补充资料。

我理解了很多孩子令人头疼的行为方式。我在这方面不断深入学习，把自己知道的方法教给周围的老师们，这样其他老师也能理解这些孩子的行为方式了。我还组建了工作坊，培训幼儿园的老师，让他们学习这种治疗方法。为了改善所有孩子的感觉统合能力，我在课堂上也设置了很多活动。

自从学习了有关感觉统合偏差的知识并将其应用在实践之中后，我对安德鲁、本和爱丽丝发生的变化感到吃惊。他们的感觉变得统合了。他们变得越来越能集中注意力，更加放松，更能应对学校里的各种事情，也喜欢上学了。现在，我再没有被那些孩子气哭过，这实在值得庆祝！

我的经验越来越多。我对那些急需这些知识的父母们解释感觉统合偏差，让他们知道了解这些知识是多么重要。每当我看到孩子们出现感觉统合方面的问题时，我和凯伦就会要求孩子的父母来幼儿园观察孩子在操场上的行为表现，然后我们坐下来，一起讨论应该如何解决孩子的问题。

我们通过这样的会议，告诉孩子父母什么是感觉统合偏差，为什么我们怀疑孩子出现了感觉统合的问题。我们也告诉父母们怎么解决问题。我们让父母知道，随着孩子年龄的增长，治疗的难度也会随之增加，越早治疗效果越好。我们也会安慰父母，孩子被确诊为感觉统合失调并不意味着孩子存在精神方面的问题，也不意味着父母就不是合格的父母。

我们能理解父母们的焦急心情，他们为何疑虑重重，并且误解别人的好意。他们经常跑到那些不了解感觉统合偏差的儿科医生那里讨说法，因为那些儿科医生当时只是告诉他们这是孩子发展过程中的正常行为。我们也知道在半个小时之内，根本无法向家长们解释清楚这些问题。

于是，我开始构思写一本有关感觉统合的书，目的是帮助那些家长更好地理解感觉统合偏差的问题，同时也帮助老师和其他非职能治疗师更好地掌握这些知识。

这个新版本包括了很多更新的知识，会更好地帮助曾经读过第一版的家长们。我还补充了很多伴随着感觉统合偏差的其他症状。

我尽量使用非专业术语，便于读者理解。当然，书里也有一些专业的词语，这些词语在专业性的儿童教育方面是被普遍应用的，我也尽量选择读者能懂的词语。

不同于某些临床机构或研究机构，只是提出某些专业性理论，这本书的主旨是"用通俗的语言达到易懂的目的"。只有理解了感觉统合偏差，才能更好地理解你的孩子或学生，这才是本书最重要的目的。

接着，你会帮助孩子变得更加自信，改善孩子的各种有关感觉的能力，你一定能让自己的孩子找回缺失的"感觉拼图"。

如何使用本书

　　无论你的孩子是否被确认有感觉统合偏差的问题，这本书都会有助于你理解和应对类似问题。这个术语——感觉统合偏差，很多时候也被称为感觉统合失调。这本书不仅适合父母阅读，也非常适合老师、医生、职能治疗师、心理学家、孩子的祖父母、保姆以及其他与"难缠"孩子打交道的人们。

　　我作为老师已经了解感统失调孩子的特征，我也见过父母们和儿科医生们的行为表现，甚至发现了专业心理治疗师可能没有看出来的感统问题。这本书从一位老师的视角出发，洞察可能被儿童发展心理学家们忽视的问题。

第 1 部分

　　第 1 部分是认识感觉统合偏差，分析了感觉统合偏差如何影响孩子的行为。这一部分列举了很多调查问卷和表格（请你勾画），各种症状表现、伴随着的问题也描述了存在感统偏差孩子的典型特征。这部分是典型的神经发育的指南，展示了基本的感觉加工模式。这些感觉如何影响日常的活动？当这些感觉无效的时候会发生什么？这一部分将有感统失调问题的孩子与没有感统失调问题的孩子的案例和行为进行对比，并提出根据手头资源进行改进的方法。

第 2 部分

　　第 2 部分是治疗与应对感觉统合偏差的问题，包括：孩子行为问题的样例图表；连续记录孩子行为的小窍门；职能治疗师怎样帮助孩子，寻求其他的治疗方法；为了提升孩子在家里的各种能力，建议制作一份平衡的"感觉套餐"；为了改善孩子在学校的表现，请与老师谈谈；掌握一些方法来应对孩子的情绪

问题，改善家庭生活；鼓励和支持对你和你的孩子都需要！

《帮孩子找到缺失的"感觉拼图"》这本书还提供了3个附录，分别是：附录A——感觉运动成长史评估问卷；附录B——感觉处理机，主要解释中枢神经系统的作用；附录C——艾尔斯博士的四个感觉统合层级。

当你一页一页地阅读这本书的时候，就会了解什么是感觉统合偏差，并能应用书中提到的方法去解决自己所遇到的问题。这是一本父母必备书。你在用这本书去了解孩子的同时，也会更了解自己。

SPD（感觉统合偏差）中讨厌的"D"

感觉统合偏差，英文缩写为SPD，其中S代表感觉，P代表统合，D代表什么？障碍、功能失调、紊乱、推迟、缺乏、失能、困难、偏差？按照你对D的理解任选一个都可以。

以下是我的解释。

已故的职能治疗师简·艾尔斯博士是20世纪中期第一位描述感觉统合问题的专家，也是她第一次提出感觉处理存在问题是某些孩子的行为出现异常的根本。20世纪中期，她提出了感觉统合的概念并教导职能治疗师如何评估"感觉统合问题"（我们也称其为"感觉机能障碍"或"感统失调"）。

艾尔斯博士以及她的很多学生把职能治疗师这一职业发扬光大，他们用过各种术语，比如"感觉统合功能紊乱"或"感觉统合功能障碍"，在英文中经常被缩写为"SID"。不过这个缩写也与婴儿猝死（Sudden Infant Death Syndrome）的英文缩写一致，容易产生歧义。所以，美国职业治疗协会也会用"感觉统合及感觉处理应对"来描述这个术语。有一些先驱者宁愿称之为"艾尔斯的感觉统合"。

1998年此书英文版第一版出版时，副标题是"认识和应对感觉统合障碍"，因为当时"感觉统合障碍"这个术语比较流行。

虽然"障碍"这个词语听起来不顺耳，但事实上，一个正在陷入泥潭的孩子从来不想让自己的双脚离开地面或者总是试图挣扎，不过这并不意味着这个孩子不正常或不健康。

一切为了孩子好，所以职能治疗师、医生、健康专业人士、父母、教育者们以及保险公司希望应用一贯的术语，以确保能在诊断和治疗中彼此理解。于是，露西·简·米勒博士团队倡导应用艾尔斯博士的概念。

他们的目标（不完全）满足了《精神疾病诊断与统计手册》（DSM-5）的条件，所以使感觉处理存在问题的孩子能够得到确诊和评估。按照他们的分类，感觉处理障碍被当作一个总术语，这个术语包括三个方面：感觉辨别障碍、感觉运动障碍以及感觉处理的相关附属问题。

2005年，这本有关感觉统合的图书出版了英文版的第二版，副标题是"认识和应对感觉统合失调"。这个副标题也是按照《精神疾病诊断与统计手册》（DSM-5）中的术语设定的。

"失调"这个词似乎也不完全正确。除非孩子或成人在日常生活中出现某些症状，否则感觉处理问题不会被视为一种失调。失调往往被视为某种疾病或功能不健全的信号，比如焦虑症、抑郁症和多动症。对于很多具有感统处理问题的孩子来说，用"失调"两个字确实不合适。

随着科学知识的更新，专业的术语也被不断更新。米勒博士及其团队提议应用维度方法。在即将应用的诊断工具中，他们在检测感觉处理困难方面应用三维检测模型（SP-3D），这样更能提高检测的准确度。在这个语境中，用"维度"比较适合。所以，这里D这个字母就代表维度（Dimensions）。

2022年，我们出版了此书英文版的第三版，副标题是"认识和应对感觉统合偏差"。"偏差"这个词是指每个人都具有独特的处理感觉的情况。

在这本书中，我们继续应用SPD这一缩写来表达感觉统合偏差/困难/障碍……，这个词还是比较实用的。

CONTENTS 目录

·第 1 部分·
认识感觉统合偏差

第 6 章　如何辨别孩子的前庭平衡觉问题

第 7 章　如何辨别孩子的本体觉问题

·第 2 部分·
治疗与应对感觉统合偏差的问题

第 11 章　孩子居家活动安排

第12章　调查校园环境

第13章　处理孩子的情绪

第1部分

认识感觉统合偏差

第 1 章

四个感觉统合失调的孩子

你肯定见过这样的孩子：他（她）总是过于敏感，笨手笨脚，总爱挑剔，坐立不安，经常挑食，总与其他小朋友不同步。他（她）可能是你的儿子或女儿，也可能是你的学生、亲戚、外甥或邻居……也许你在孩提时代也是这样。

这样的孩子可能存在感觉处理偏差、感觉处理困难或感觉处理障碍（SPD）[1]。感觉统合偏差很常见却经常被误诊。它会影响孩子的行为、学习、活动、社交以及自我感觉等方面。

为了说明感觉统合问题所造成的影响，我会先讲述四个小故事。通过这四个感觉统合失调的孩子的案例以及他们的父母表现，可以让我们了解感觉统合障碍的一些常见症状，我们才能了解相关问题以及相关的原因。这些知识能让你知道自己的孩子是否受到感觉统合偏差的影响。如果孩子出现了严重的问题，这些知识能让你及时捕捉到孩子的症状，并会因终于找到孩子的问题症结而松一口气。即使孩子的问题很轻微，也可以帮你了解孩子的行为。对那些令你气愤不已的孩子，你会产生新的看法，无论孩子的感觉统合问题是轻微还是严重。

无论孩子的感觉统合问题是轻微还是严重，他们都需要亲人的体谅和帮助，他们是很难独自克服这些障碍的。

小汤米的故事

小汤米是他父母唯一的孩子。这对夫妇期盼了很久才有了自己的孩子。他们满心欢喜地迎接孩子的到来，而他们忙碌的日子才刚刚开始。小汤米出生的那天，父母就被告知，这个孩子的哭声影响了其他婴儿的休息，所以不能再住在育儿室里。回到家后，小汤米也经常在夜晚哭闹。虽然小汤米很难带，但在父母的细心呵护下，他一点点地长大了。他坚决不肯断奶，拒绝吃固体食物。

---

[1]　轻微的感觉统合挑战是"偏差"，较重的感觉统合挑战是"困难"，非常严重的感觉统合挑战是"障碍"。在这本书中我们使用的"SPD"中的字母D，也涵盖以上三种情况，请参照前面的"SPD（感觉统合偏差）中讨厌的'D'"。

现在小汤米已经3岁了。在日常生活中，他非常挑剔。他会因为鞋子太紧或袜子不太合脚而哭闹，然后使劲把鞋袜脱掉，扔到一旁。妈妈没办法，只能让他穿拖鞋去幼儿园，免得他又乱发脾气。妈妈知道除了鞋子和袜子，儿子还会因其他事情大哭大闹。他们每天想尽办法逗儿子开心，然而，讨好小汤米可不是一件容易的事情。因为任何事情都可能吓到他或让他不开心。无论别人说什么，他的回答都是："不要！"他讨厌做游戏，不爱到海滩玩儿，不喜欢在浴缸里洗澡，天气再冷也不肯戴帽子或手套。他不肯和其他小朋友玩。带他去理发更是个大灾难。不管去哪里，大家都会转身离开，或者不看他。小汤米的老师告诉家长，小汤米逃避画画，也逃避其他会把自己弄得脏兮兮的活动；在老师讲故事时，他烦躁不安，在小板凳上坐不住，无法集中注意力，动不动就打同学。虽然他有很多缺点，但也有优点，他是全世界最棒的堆积木专家——只要身边没有太多人打扰，他就做得很好。小汤米的医生告诉他们，小汤米没有毛病，不用担心，只要让他自然长大就可以。爷爷奶奶说小汤米被宠坏了，应该对他严加管教。朋友建议不要带小汤米出去玩。

这个孩子的父母也不知道一直顺着小汤米好不好，但是似乎也没有其他办法，他们都身心疲惫，感到非常沮丧，压力重重。他们不知道这个孩子到底怎么了。

·魏琪的故事·

魏琪是个甜美的小姑娘，今年上小学一年级，个子不高，胖乎乎的。她注意力经常不集中。她对外界的回应总是："哦！嗯！"她似乎不知道自己要去哪里，经常撞到家具上，也经常会在走路的时候摔跤。她的反应很慢，常常来不及伸出手脚，就摔倒在地。每次人们问她问题的时候，她都像没听到似的。魏琪做事总会慢半拍，周围重要的信息似乎都与她无关。此外，魏琪很容易疲倦，无论是全家出游还是到游乐场玩，很快就筋疲力尽了。她经常叹气说："你们去吧，我不想去，我好累啊！"她经常昏昏欲睡，叫她起床，要她穿外套，或催她上车，对父母而言都是一种煎熬。再简单的动作，她也得用很长时间才能完成，不管在什么情况下，她都会说："怎么办呢？我该怎么办呢？"

　　魏琪的理想是长大后当个芭蕾舞演员。她每天都会躺在电视前，观看她喜欢的《胡桃夹子》，每次看到主角们开始跳舞的时候，她就会摆好姿势，跟随她们一起跳。但她总是跟不上她们的动作，听力与身体的协调不是她的强项。魏琪的芭蕾舞跳得也不顺利，她喜欢自己的芭蕾舞裙，但分不出哪面是正面哪面是背面，需要别人帮忙才能穿好裙子。每次穿上薄纱，戴上头饰，穿上芭蕾舞鞋，还没开始跳舞，魏琪就会扑通一声跌倒在地。在做芭蕾舞的动作时，她不知道如何弯曲膝盖。在舞蹈课上，她经常会逃避练习，紧抓着妈妈的腿不放。对于魏琪的教育方式，爸爸和妈妈各有看法。无论魏琪在床上、车上还是椅子上，爸爸都会把她抱起来，还会给她穿衣服，就好像她没办法穿一样。他会叫她"我的小面条"。魏琪的妈妈认为，如果魏琪学不会这些自己能做的事情，就没办法自信地做好每个动作，更别提当个芭蕾舞演员了。妈妈说："如果我让她一整天都待在同一个地方，她可能一动不动地待在那里。"虽然魏琪缺乏活力，也不是那种活泼爱动的孩子，但是她能主动地做一些运动，也能做出一些不平常的动作。例如，她会把手脚都放在地上，然后前后摇摆，也会倒吊在窗边，只用腹部的力量来回地摆动身体。她还没找到荡秋千的秘诀，必须让别人推她，而且荡很久也不觉得眩晕。如果换成其他小朋友荡这么久的秋千，早就头晕眼花了。有时候，她会变得神采奕奕，主动推超市里的购物车。回到家，她会把买来的东西拿到房间里。她还喜欢用小车子推着弟弟。推或拉了重物之后，她的活力可以维持半小时左右，半小时后她就又回到了昏昏欲睡的状态。在学校里，魏琪大多时间都会是坐着。老师说："魏琪很难与小朋友们一起玩，也很难融入课堂的活动中，她缺乏活力，就好像电池的电快要用完了一样，必须充电才能重新动起来。一项手工活动她很少能做完，刚做一会儿她就觉得没兴趣了，也经常缺乏耐心。"魏琪的行为让她的父母感到很困惑，他们的其他孩子都很活泼主动，她的父母也不知道该怎么办。

· 保罗的故事 ·

保罗是个十分害羞的9岁男孩，他的动作笨拙，平衡感不好，经常跌倒。每次与其他小朋友在一起玩，他都不知道如何玩耍，要么闷闷不乐，要么就拖着沉重的步伐回家。某个周日的下午，他在爷爷家，12岁的堂哥邀请他一起玩投篮和弹珠。保罗毫无兴趣，试了一下，就说："我玩不好，反正也没什么大不了的。"然后他就转身离开了。保罗不爱去学校，有时候他会要求父母让他留在家里，而他们也会顺着他。他说自己不喜欢上学，因为自己什么都做不好，而且大家都会嘲笑他。保罗的老师觉得他的注意力可以维持很长的时间，而且阅读能力在平均水平以上，但老师不明白这么聪明的孩子，作业为何会写得一塌糊涂。他写字很费力，写字的纸都是皱皱的，到处都是被橡皮擦破的洞。他写字时握笔过于用力，会把手肘靠在肋骨上，还会伸出舌头。他在专心写字的时候还可能从椅子上跌落下来。老师认为只要多练习，保罗的书写技能就会有所提升。老师说保罗只是缺乏条理性，只要他有了条理性，就可以专注在写字上，表现也会更好。父母不知道保罗为何不能适应学校的生活，他明明能适应家里安静的生活。保罗是一个谦虚的孩子，不会为了吸引别人的注意力而去做特别的事情。他会几个小时一直观赏他的棒球卡，完全沉溺其中。保罗的父母认为他是一个完美的孩子，从不制造麻烦，不像其他小朋友那样吵闹、顽皮——尽管他笨手笨脚，经常打翻盘子。保罗也不会玩一些很简单的玩具，常常把玩具弄坏，父母认为这没什么，他们很庆幸自己的孩子和自己一样安静，守规矩又爱看书。然而，他的爸爸和妈妈并不知道他出了什么问题。

· 巴斯蒂安的故事 ·

巴斯蒂安今年8岁。他经常显露出烦躁不安的表情。他在学校的表现常常是这样的：他不停地翻书，摆弄着书签，拍打着尺子，用嘴啃铅笔。他会磨牙，发出嘎吱嘎吱的声响，他还会咬自己的衣服领子。他会晃动膝盖，用脚敲击地板，东张西望，还会用手指拨弄耳垂。他会把椅子向后倾斜，然后摇晃到前面。他在椅子上动来动去，坐在脚上或把膝盖靠到胸前。他每次只要逮到把纸团丢到垃圾桶的机会，就会从椅子上跳起来扔纸团。因为静不下来，所以他总是打扰老师和同学们。他以前还会玩钥匙绳，把绳子套在手指上转个不停。有一次钥匙串不小心飞了出去，撞到了黑板。现在老师规定他每天早上都得把钥匙交给老师，避免伤害其他同学。巴斯蒂安很喜欢寻求刺激，他总说"我还要，我还要"。即使是不恰当的碰触，他也要坚持去碰触。有一天，老师把胶水、洗衣粉和水摆放在桌子上，正准备上自然课，巴斯蒂安跑上去东摸摸、西碰碰，在一旁活蹦乱跳，老师说："先别碰这些东西，等其他小朋友到齐了，大家一起做实验。"但他还是坚持要碰这些东西，结果打翻了胶水，弄得整张桌子都是。"巴斯蒂安，怎么又是你？"老师说。"我不是故意的。"巴斯蒂安说道。他用力摇头，跳上跳下。他抱怨："为什么我总是惹祸呢？"

老师一边清理一边说："我该拿你怎么办呢？"

小汤米、魏琪、保罗和巴斯蒂安为什么显得比别的孩子"少根筋"呢？他们的父母、老师和医生不知道他们出了什么问题，这些孩子没有出现诸如麻痹、近视等疾病，他们似乎很正常，没有异样。他们很健康，也很聪明，只是运用日常生活中的某些基本技能让他们感到很吃力。这些基本的技能包括对普通的感觉做出回应、拟定计划、组织行动、控制自己的注意力与活动程度等。

他们的共同问题是出现了感觉统合偏差。

第 2 章

你的孩子有感觉统合
偏差问题吗

这一章用通俗的语言描述感觉统合偏差的常见症状和相关问题，可以帮助你确定感觉统合偏差是否会影响你的孩子。如果你孩子的感觉处理偏差是惊人的，这些信息可能会像闪电一样击中你。你可能马上就能识别出这些迹象，并为最终得到一些答案而感到欣慰。即使这些差异是微小的，对孩子令人费解的行为，你也可以利用这些信息获得新的认识。

什么是感觉统合偏差

存在感觉统合偏差的孩子无法使用感官接收信息，因而无法顺利地处理日常的事务，感觉统合偏差与失明或耳聋不同，它不是一种特定的问题，而是包括各种神经异常的概括性词语。

已故的著名治疗师简·艾尔斯（A. Jean Ayres）博士首先将"感觉问题"归因于"神经系统运作效率不佳"。她在20世纪五六十年代提出了感觉统合的理论，并指导其他的职能治疗师评估感觉统合异常。本章会详细探讨感觉统合偏差。

轻度感觉统合偏差会导致孩子发育迟缓。例如，孩子学习走路的时间比大多数孩子晚。当感觉统合问题严重时，会严重阻碍孩子的自我调节、运动、学习、语言和社会情感等方面能力的发展。感觉统合偏差可能始于孩子在子宫内的时期，可能会在婴儿期、儿童期、青春期或成年期变得更加明显，通常会持续人的一生。

米勒博士的团队和其他受人尊敬的职能治疗师沿用了艾尔斯博士提出的概念，将感觉统合偏差的治疗组群重新分类。表2.1显示了他们提出的感觉统合偏差的三个主要类型与亚型（相关术语会在第4章中进行解释）。

表 2.1　　　　　　　　　感觉统合偏差的主要类型

1. 感觉调节偏差			2. 感觉辨别偏差	3. 感觉动作协调偏差	
感觉过度反应	感觉反应不足	感觉寻求	触觉偏差 运动觉偏差 方位感偏差 视觉偏差 听觉偏差 嗅觉偏差 味觉偏差 内脏器官觉偏差	姿势偏差	运动偏差（运动和协调的问题）

　　感觉统合偏差发生在中枢神经系统，中枢神经系统主要指的是脑部。如果脑部处理事务的功能出现问题，就无法执行组织感官信息这一最重要的工作。存在感觉统合偏差的孩子无法针对感官信息做出反应，所以他们的行为变得没有意义或不协调。此外，这样的孩子很难运用感官信息来拟定计划或执行必要的任务。因此，存在这类问题的孩子不能轻松学会某些事情。

感觉统合偏差如何导致学习无效

　　假如一个孩子用力地拉扯一只猫的尾巴，猫将发出阵阵惨叫，流出口水。正常的孩子看到猫的这种惨状，就不会再重复这种可怕的行为了。他习得了谨慎小心。他将来再遇到类似的情况时，就会知道怎么办，他的行为具有了适应性（不去伤害猫了）。然而，存在感觉统合偏差（感觉处理偏差）的孩子很难读懂来自某些情境中的动作和非动作的"信号"，无论是猫发出的充满敌意的低沉叫声（听觉信号），弓起的身子（视觉信号），还是用爪子挠他的脸的动作（触觉）。他没有从这一经验中学会"主要部分"，以后再次遇到猫的时候，他还会这样做。或者，这个孩子能读懂猫的反应，却无法改变或控制自己的行为。他能接收到感觉信息，却无法管理这些接收到的信息，无法做出有效的行为反应。还有一种可能是，这个孩子有时可以接收到这些感觉信息，也能组织管理这些信息并做出适当的回应，只是今天他的感觉"接收器"关机了。

这样可能会造成以下结果。

◆ 孩子永远不能吸取教训，不断被猫抓伤，除非有人把猫抱走，或那只猫学会躲避这个孩子。否则他会一直重复这样危险的行为。孩子失去了学习的机会，不知道如何与其他动物和平相处。

◆ 孩子变得怕猫。他无法了解其中的因果关系，还会因为猫的行为无法捉摸而感到困惑，也变得很怕其他动物。

◆ 孩子最后可以了解其中的因果关系，学会拿捏分寸，善待小动物，而且还可能变得喜欢猫咪。不过这并非一下子习得的经验教训，这个过程中可能会被猫抓伤很多次。

"习得"是一个意义很广的词，第一种习得叫"适应行为"，就是为适应新环境而改变行为的能力。例如，学生学着达到不同老师的期望就是一种适应行为：适应行为或适应反应是一种有目标且有目的的学习。

第二种习得叫"动作习得"，就是熟悉了简单的动作之后，继续学习更复杂动作的能力。例如学会使用蜡笔之后，接着学习使用铅笔，或学了抛球之后，接着学习接球。

第三种习得是课程学习或"认知"。这是学会某些概念的能力。例如阅读、算术。这是一种把新学会的知识应用到已学会的知识之中的一种能力。人类的大脑与行为密切相关。存在感觉统合偏差的孩子因为大脑没有发展起神经的组织能力，所以他们的行为缺乏组织纪律性，这类孩子童年时很少参与活动，或者做事缺乏效率，总是笨手笨脚的。对于存在感觉统合偏差的孩子来说，无论是执行任务还是日常活动都是极大的挑战。

所以，这类孩子不能顺利完成任务，并不是孩子不愿意，而是因为他们没有办法做到。

感觉统合偏差的常见症状

下面是三类感觉统合偏差的常见症状。

第一类是"感觉调节偏差"（Sensory Modulation Differences），与孩子的大脑如何做出反应以及调节反应有关。孩子对于感觉的回应方式并不相同，感觉调节不良的孩子，有一些会反应过度（表现为敏感），一些极端敏感的感官回避者出现畏缩行为或抗拒、哭泣，经常说："哦，不！"有一些孩子会反应不足（表现为迟钝），这些感官迟钝者似乎没有感觉，经常说："等等，什么？"还有一些属于感觉寻求者，他们总是对某些刺激需要更多，总是说："我要更多，更多！"

第二类是"感觉辨别偏差"（Sensory Discrimination Differences），是指当一种感觉信号输入大脑的时候，孩子无法区分出来，经常出现困惑或感觉混乱的情况。感觉混乱者经常会有这样的反应："这种感觉信号是什么意思？"

第三类是"感觉动作协调偏差"（Sensory-Based Motor Differences），孩子的综合感官能力可以让孩子坐着、移动、写字、吃饭等。存在"感觉动作协调偏差"的孩子经常会出现感觉混乱。孩子可能会做出怪异姿势，在做动作时可能会遇到困难，比如，不知道自己该做什么动作，不知道如何移动身体，也不知道如何执行计划。在活动中，这样的孩子经常会说"我不想"，或者经常表现得笨手笨脚的，总是说："我做不到。"

我们在筛查症状时必须留意一点：每个孩子的症状都是不同的，毕竟人的大脑就像指纹一样独一无二。如果你的孩子出现了许多筛查表中列出的情况，那么他就可能存在感觉统合问题，你需要理解和体谅孩子，但不要忽视这些问题。

感觉调节偏差

感觉统合偏差中最常见的问题是感觉调节偏差（见表2.2）。孩子若出现其中

表 2.2   有感觉调节偏差孩子的表现

表现方面	过度反应的孩子 （哦！不！我不愿意！）	反应不足的孩子 （嗯，嗯）	感觉寻求的孩子 （要更多！）
触觉	逃避碰触或被碰触（无论是物品还是人）。碰触到肮脏的东西、某些布料、食物，以及轻微且出乎意料的碰触都会让他们出现逃离或对抗的反应	脸、手或衣服变得脏乱而不自觉；不知道自己是否被碰触；不留意周围的事物，经常打翻东西或抓不住东西，没办法控制玩具	在泥巴中打滚；故意把整箱玩具倒出来，东翻翻，西找找；经常咬不能吃的东西（如袖口）；经常撞到别人
活动与平衡能力	没有移动或在出乎他们意料的情况下被人移动时会没有安全感，而且害怕自己会掉落或失去平衡	没有意识到自己被移动，或对此不加反抗，没有注意到自己快要跌倒，自我保护能力很差，通常不会自动做一件事；有时感觉迟钝，比如荡秋千很久，也不觉得眩晕	喜欢需要快速旋转的游戏活动，而且一点儿也不觉得眩晕，总是不停地移动，总是坐不住，喜欢倒立，天不怕、地不怕，喜欢冒险
身体姿势与音乐控制能力	孩子可能出现不灵活和不协调的情况。他们会逃避那些有音乐伴奏的活动	孩子缺乏玩乐的内驱力。孩子在推拉、提重物后，这种情况会有所改善	孩子喜欢被人紧紧地拥抱，在操场上会比其他小朋友更喜欢耗费体力的活动

的一种或多种症状，而且较为频繁、程度强烈、持续的时间较长，就有可能存在感觉调节偏差问题。所谓"较为频繁"指的是一天发生好几次；"程度强烈"指的是孩子坚决逃避感觉刺激，或想尽办法获得自己需要的感觉刺激；"持续的时间较长"指的是孩子出现这种奇怪反应的时间长达几分钟或更长。

    表2.3会让你快速地了解这些共同的问题，后面的章节中你会看到更多的细节。

触觉偏差、活动与平衡能力偏差、身体姿势与音乐控制能力偏差是感觉调节偏差的显著特点。此外，有感觉调节偏差的孩子对于视觉、听觉、嗅觉、味觉的刺激还会产生非典型反应。以下列出了感觉调节偏差的常见问题（见表2.3）。

表 2.3　　　　　　　　有感觉调节偏差孩子的常见问题

感觉	过度反应的孩子 （哦！不！我不愿意！）	反应不足的孩子 （嗯，嗯）	感觉寻求的孩子 （要更多！）
视觉	眼前有许多东西的时候（文字、玩具、人等）会显得异常兴奋；书写时很难集中注意力，对于光线反应过度；总是保持警觉，小心翼翼	反应慢半拍，对眼前飞来的东西来不及反应，不懂得躲避强光；遇到或看东西时，似乎没看见	对于闪光灯、穿过百叶窗的阳光、闪亮的旋转物体以及闪烁的光等很感兴趣
听觉	经常捂住耳朵，隔绝外来的声音；无法忍受某些噪声，例如，一般人习以为常的吸尘器的声音，就会令他们大加抱怨	对于普通的声音无动于衷，但某些很夸张的声音会打开他们的"接收器"	喜欢吵闹的声音，电视会调很大声；喜欢人群和热闹，讲话声音很大
嗅觉	有些别人不会在意的味道（像熟香蕉的味道），会让他们非常反感	不会注意到不好闻的气味，无法闻到食物的味道	喜欢强烈的味道，甚至喜欢不好的味道；喜欢闻人、物品的味道
味觉	很反感某些质地的食物，也反感食物太热或太凉；吃完东西后，经常呕吐	对很辣的食物也没有感觉	会吃或用舌头舔一些不能吃的东西，如橡皮泥、玩具汽车等；喜欢很辣又很烫的食物

感觉辨别偏差

　　另一种感觉统合偏差是"感觉辨别偏差"（见表2.4），是指在辨别感觉与理解感觉方面出现困难。有"感觉辨别偏差"的孩子可能无法保护自己，或很难学习新的事物。这种孩子通常反应不足，且经常伴有"感觉动作协调偏差"。

表2.4　　　　　　　　　　　有感觉辨别偏差孩子的表现

触觉	不能区分自己身体的哪个部位被碰触，身体的感受能力很差。无法只凭触觉来分辨东西（必须有视觉的辅助）。不会穿衣服、扣扣子，不会使用筷子等餐具以及教室内的工具。不觉得疼痛，也不知道冷热。例如，无法判断擦伤的严重程度，不知道疼痛的情况是在好转或变坏，不知自己是冷还是热
活动与平衡能力	无法察觉自己是否快要跌倒（尤其是在眼睛闭上的时候）。转身、改变方向或在头没有抬起来、两脚没有站好的情况下，很容易变得混乱。无法判断自己的运动量是否已足够
身体姿势与肌肉的控制能力	不太会使用自己的身体。穿衣服或骑自行车时显得笨手笨脚，不知道手脚要放在哪里，无法判断某一动作所需的力量，握笔、玩玩具、开门、踢足球时，常常不是用力过度就是用力不够；与人互动时可能会撞到别人
听觉	孩子的听觉问题如果是感觉统合偏差（而不是耳朵感染）造成的，孩子就可能很难分辨声音之间的差异，无法重复韵文或撰写韵文。他们唱歌跑调；别人给暗示时必须看着那个人，不能光听声音；听力很差，在吵闹的环境中可能无法听到老师的声音，听声音时也很难专注，容易被其他声音干扰
嗅觉与味觉	无法区分味道，比如柠檬、醋、肥皂的味道；也无法判断一种食物是辣、咸还是甜；只能根据食物的外观来决定自己吃还是不吃

感觉动作协调偏差

感觉统合偏差的第三个问题是感觉动作协调偏差，又分为两种形式。第一种形式是姿势问题，包括活动时的表现、平衡感、身体两侧的协调能力等问题。这种形式的问题经常与反应不足、感觉辨别能力不佳等问题同时出现。有姿势问题的孩子可能存在下列几个方面的问题（见表2.5）。

表 2.5   有姿势问题孩子的表现

感觉动作协调能力	存在姿势问题的孩子会经常说"太累了！"
活动时的表现	可能会全身紧绷或肌肉松弛。不太会抓东西，很难摆出并保持稳定的姿势；完全弯曲与伸展四肢会有问题；无精打采，没什么力气；很难在地上爬行或转身投球
平衡感	走路或变换姿势时很容易失去平衡，经常跌倒
身体两侧的协调能力	很难同时运用身体两侧进行跳跃、接球、拍手、荡秋千等活动；两手很难配合，例如拿剪刀剪纸，一只手拿杯子另一只手倒水
身体单侧协调能力	没有惯用的手。拿东西或使用笔、叉子等工具时，并没有习惯使用的一只手；拿东西时可能会由右手换到左手，可能会用左手吃东西却用右手画画，或用两只手拿剪刀
跨越中线能力	很难使用一只手、一只脚或一只眼睛去做事情，例如用一只手画画

第二种形式是动作运用问题，即执行动作的偏差。执行动作的基础在于无意识的感觉处理以及有意识地进行思考，如果孩子存在动作运用偏差，就很难做出协调的动作，也很难随意地活动，有动作运用问题的孩子的常见表现如表2.6所示。

表 2.6 　　　　　　　有动作运用问题的孩子的表现

感觉动作协调偏差	存在动作运用问题的孩子会经常说"我不会做"
执行动作时的困难	1. 可能很难想出复杂的新动作 2. 可能很难安排好步骤，并将身体动作加以组织 3. 可能很难执行包含多个步骤的动作。可能会笨手笨脚、粗心大意（即使已经想着要小心）、动不动就发生意外
粗大（肌肉群）动作能力	在家具附近、拥挤的房间或热闹的操场上活动时，动作协调能力可能不好，显得笨手笨脚。无论是爬楼梯、跨越障碍赛、使用操场的设施，还是走路、爬行、滚动等大肌肉活动，对他们而言都相当困难。学习跳绳等新动作的能力不足
双手（肌肉）的精细动作	孩子在进行手部动作时经常出现困难，这些手部动作包括画画、写字、扣扣子、打开零食的袋子、使用餐具、拼拼图、玩乐高积木并将积木整理好等
眼睛部位（肌肉）的精细动作	很难用两只眼睛同时追踪移动的物体，很难集中注意力，很难将目光由远方转移到近处的某个固定的点上。在抄写板书、整理桌面方面可能会有问题。字写得乱七八糟，画画、玩积木、系鞋带时手眼不太协调
嘴部（肌肉）的精细动作	不会吸奶嘴，也不会用吸管。嚼东西、吞东西、吹泡泡、呼吸、闭上嘴巴有困难；经常流口水；到了三岁发音还不准，经常口齿不清晰

　　上面的这些检查表关注的是感觉统合偏差的特征。莎伦·A.瑟马克（Sharon A. Cermak）编写的另一份清单（见附录A）旨在帮助你记录孩子发展的行为模式。

　　接下来，让我们看看孩子的自我调节问题，这些问题通常与低效的感觉处理和整合同时发生。

自我调节的挑战

自我调节能力是孩子的重要能力。专门研究儿童内感受的职能治疗师凯莉·马勒说："很简单，自我调节能力就是我们控制自己感觉和行为方式的能力，孩子具有自我调节能力的时候，往往与周围环境是同步的。他们能注意到周围正在发生什么，能采取适当的行为，并在身体、精神和情感上恢复平衡的状态。"

然而，对于有感觉统合偏差的孩子而言，调节自己的感觉却非常有挑战性。这类孩子的自我调节能力可能在以下几方面存在问题，包括唤起程度、活动程度和注意力，社交与情绪功能，吃东西、如厕和睡眠。另外，孩子可能第一天是同步的，第二天又不同步了，这取决于孩子在那一刻的感觉信号输入和适应能力。

唤起程度、活动程度、注意力

唤起程度、活动程度、注意力方面的问题是常常与感觉统合偏差并存的自我调节问题。

◆ 唤起程度与活动程度过高：孩子可能会忙个不停，老是停不下来，常常烦躁不安。他们可能会动作僵硬，无论玩耍还是做功课都漫无目的，性子急躁，经常亢奋，几乎没办法好好坐下来。

◆ 唤起程度与活动程度过低：孩子可能会慢吞吞的，经常心不在焉，很容易疲倦，做事不会自动自发也不会坚持到底，对于周遭的一切不感兴趣。

◆ 注意力不集中：可能是感觉反应过度或反应不足，导致孩子的专注时间很短，即使他们喜欢的活动也不例外。他们很容易分心，无法专注于手头的工作，把注意力放在工作以外的事物上。他们可能也没有组织力，而且很健忘。

◆ 冲动：为了获得或避免感觉的刺激，孩子经常出现好动与冲动的行为。他们可能无法自我控制，一旦开始做某事就停不下来，如在取果汁的时候，可能会让果汁从杯子里流出来，走路时会不小心撞到人。此外，他们还会把玩具箱里的玩具全部倒出来，或在还没有轮到他们发言的时候，就抢着发言。

社交与情绪功能

与感觉统合偏差并存的调节问题是，孩子觉得自己是个怎样的孩子，孩子认为自己与别人的关系是怎样的，也就是孩子对自己的认知程度是怎样的。这些问题与感统偏差问题存在很大的关联性。

◆ 焦虑：孩子3岁的时候，在身体、情感和社交上就会出现焦虑情绪。到了这个时期，孩子就会经常担心："要是妈妈把我塞到汽车垫子底下把我压扁怎么办？要是我被困在后座上，看不到地平线怎么办？要是妈妈驾车超速发生车祸怎么办？要是我吐了怎么办？不，我还是不坐车了！"（第10章会提到长途旅行时如何帮助孩子应对触觉和运动觉问题，让每个孩子都享受旅程）。

◆ 适应能力差：孩子拒绝认识新朋友，不愿意玩新游戏，也不愿意玩新玩具，或不愿意吃不一样的食物。他们可能很难由一个情境转换到另一个情境；该出门、吃晚餐、洗澡、从浴缸中爬起来、从阅读活动转换为算术活动时，孩子可能表现得很固执，不愿意配合。即使只是稍微变动一下行程，孩子也会很不高兴，因为他们不要随大溜。

◆ 依恋关系问题：孩子出现分离焦虑，胆小，害怕跟"对他而言意义重大的长辈"分开。另一种情况是孩子可能会躲避父母、老师以及周围其他人。

◆ 挫折感：其他小朋友可以轻而易举就完成的事情，他们却必须花很长时间才能完成，因而可能很快就放弃了。他们可能是完美主义者，会因为

艺术作业、戏剧表演、功课进度不如自己预料的那样好而生气。

◆ 很难交到朋友：他们可能很难和别人相处，交朋友以及维持友谊都成问题。他们可能会是很差劲的参赛者，会自己制定规则，而且非赢不可，希望自己表现得最出色或得到第一名。他们可能需要控制自己的地盘，希望主导一切，而且不太愿意与他人共享玩具。

◆ 沟通能力差：把话说清楚、把话说出来等对他们而言可能相当吃力。他们可能很难通过说话或肢体语言、面部表情等表达自己的思想、感觉或需求。

◆ 功课问题：他们可能很难学习新的技能与概念；即使他们很聪明，别人可能还是会觉得他们的表现不如预期。

◆ 其他情绪问题：他们可能很顽固，不讲理，对于变化、压力、受伤的感觉格外敏感。他们很希望别人把注意力放在他们身上，而且会用负面的方式吸引他人的注意。他们可能会无缘无故地生气，总是找碴，可能会闷闷不乐，认为自己很笨、很傻、一无是处，简直就是一个失败者。不自信和低自尊是感觉统合偏差中的一个明显症状。

吃东西、如厕和睡眠

有感觉统合偏差的孩子自我调节能力较差，经常出现饮食、如厕和睡眠问题。这些是人们日常必须自己做的事情，无法让其他人代劳，人们也尽自己所能地体验这个世界。

如果松脆的食物、一冲水就哗哗响的马桶会令孩子们苦恼，而有感觉统合问题的孩子每天就会因为这类事情而苦恼和逃避，你能怎么办呢？

吃东西

每个孩子都有偏爱某类食物或不吃某类食物的特权。孩子渐渐长大，会渐渐接受各种食物。对于有感觉统合偏差的孩子来说，坐下来吃饭，简直就是一场战争。因为吃东西同时涉及八种感觉，而这类孩子的一种或几种感觉可能正处于反抗或不发挥作用的过程中。

孩子可能是一个挑食者，爱吃的食物种类有限。更令人担忧的是，孩子可能是一个"问题喂养者"，对可接受的食物清单有严格限制。不仅味觉和嗅觉，触觉和视觉也会影响孩子的进食和饮水能力。他们可能没有形成一种基于感觉的运动模式，包括吸吮、吞咽和呼吸，导致口腔咬合肌能力差，这会影响吃固体食物、尝试新食物、消化食物，也会影响孩子与家人的关系以及孩子的安全感。

营养不足可能会影响孩子的身体发育、体重和耐力，并导致孩子的表现就像溜溜球一样忽高忽低。因为饮食不规律，所以孩子的身体和大脑缺乏必要的脂肪酸、B族维生素、各种矿物质。举例来说，不吃花生酱、花椰菜、菠菜、豆子、甘薯的孩子可能缺乏镁这种必要的矿物质，而缺乏镁可能会导致听力受损、听觉处理能力出现问题、肌肉抽筋、睡眠不安稳，也可能会使孩子的耳朵经常发炎，进而产生感觉动作协调问题。

缺锌（可由蛋类、花生、麦麸、可可等食物中摄取）除可能影响孩子的味觉，进而影响他们的食欲之外，也有可能导致孩子肌肉松弛、出现听觉与视觉问题、起疹子、掉头发。

以下是一些改善孩子饮食的建议，来自营养学家凯利·多尔夫曼（Kelly Dorfman），他是《用食物治愈你的孩子》一书的作者。

◆ 不要吃垃圾食品。

◆ 用水代替果汁。

◆ 不要吃刺激物，可能包括巧克力、柑橘、碳酸苏打水、乳制品和食用色素。

◆ 添加营养补充剂，尤其是亚麻籽、核桃和鲑鱼中的Omega-3脂肪。大脑约60%是由脂肪组成的，需要好的脂肪才能正常运作。

感觉统合偏差会对饮食方面造成影响 ·······o

任何一种感觉偏差都会导致孩子的饮食问题。

◆ **视觉**：看到某些食物可能会唤起以前的不良饮食经历。盘子里食物的颜色可能令孩子反感，或者它们"看起来很恶心"。

◆ **触觉**：食物的质地、黏稠度和温度非常重要。反应过度的孩子可能会拒绝吃柔软、光滑的食物，拒绝吃块状、酥脆、耐嚼、颗粒状的食物，讨厌热食或冷食。对触感不敏感的孩子或辨别能力差的孩子可能不知道自己嘴里有什么，甚至不知道咀嚼到足以吞咽的程度，经常会出现吞咽不当而发生危险的情况。

◆ **嗅觉**：油炸或芳香的食物可能会使反应过度的孩子感到恶心。

◆ **味觉**：味道非常甜、酸、苦、辣或"坏掉"的食物可能会令孩子作呕，孩子可能渴望含糖零食，喝泡菜汁，吮吸柠檬，等等。

◆ **听觉**：听到别人咀嚼、吮吸和吞咽的声音可能会感到痛苦。孩子的这种情况经常会演变为"恐音症"，他们会比较讨厌某种声音。

◆ **身体姿势**：由于对来自肌肉和关节的感觉的处理效率低下，咀嚼可能很困难。

◆ **运动觉**：如果孩子姿势运用能力差，或者感觉不到自己是坐起来还是从椅子上摔下来，保持坐姿可能会给孩子带来挑战。他们可能渴望运动，无法长时间安静地坐着。

◆ **内脏觉**：进食甚至对进食的预期都可能会令他们痛苦。反应过度的孩子可能会害怕胃饱胀的感觉，或者避免可能导致胃部不适或腹泻的食物。

◆ 使用振动牙刷或面部/口腔按摩器，使牙齿和嘴巴脱敏，并提供深层压力，增加对其他感官输入的耐受性。

◆ 去见见掌握感觉统合方法的职能治疗师。

◆ 支持孩子的日常活动，林赛·比尔（Lindsey Biel）是《养育一个聪明的孩子》的合著者，他主张"感官丰富的生活"。

如厕

就像没有人能替孩子吃东西一样，也没有人能替孩子大小便。这项工作所涉及的感觉可能会使有感觉统合问题的孩子不知所措。

排便问题其实和摄入的食物息息相关。吃进去的东西消化吸收后还要排出来，有时会卡在排出的路上，有时会喷涌而出。挑食者饮食有限，拒绝食用有自然鲜艳颜色和大量纤维的健康食品的话，很可能患上慢性便秘或腹泻。

触觉问题也会导致大小便的问题。触觉反应不足的孩子没办法察觉自己的裤子是否湿了，没办法有效控制膀胱（包上尿布会让孩子保持干爽，但也是导致孩子无法控制膀胱的原因），他们可能会有遗尿症，经常尿床。如果他们是感觉寻求的孩子，就可能会"喜欢"尿布或内裤的感觉或味道。另外，身体的本体觉（即"身体位置的感觉"或"肌肉的感觉"）可能会影响孩子的肌肉发展状况，让孩子很难"抓握"。姿势控制的问题可能会使孩子很难平稳地坐在马桶上，他们总是会跌下去，甚至掉进马桶里。

玛利亚·惠勒（Maria Wheeler）是一位行为专家，也是《自闭症和其他发展问题患者的如厕训练》一书的作者，她的建议包括如下内容。

◆ 白天时喝大量的水，摄取大量的纤维，做大量的运动。

◆ 制订一个如厕计划表。

◆ 孩子上厕所的时候，在孩子脚下放上箱子或小凳子，让他们觉得自己的脚踏在了地上。

◆ 请教职能治疗师、营养师或其他方面的专家，解决孩子饮食失调以及如厕的问题。

感觉统合差异对孩子如厕的影响 ⋯⋯⋯⋯⋯⋯⋯⋯⋯○

孩子的感觉反应问题会导致如厕问题。

◆ 视觉：孩子看到粪便会呕吐或者想去检查一下，还会检查很长时间，因为那是他们排泄出来的。

◆ 触觉：反应过度的孩子可能会避免排便，因为便便又湿又黏，对潮湿反应迟钝的孩子可能无法有效地控制膀胱（厚厚的一次性尿布可以带走湿气让孩子的屁股保持舒适干燥，然而这可能是问题的一部分！）。感觉寻求的孩子可能会喜欢裤子里有便便的感觉或手上黏糊糊的感觉。

◆ 嗅觉：有些孩子会反感某些气味，比如大便的臭味，会拒绝靠近厕所。其他孩子可能对这种气味感兴趣，因为它来自他们自己的身体。

◆ 听觉：声音很大的抽水马桶可能会使听觉敏感的儿童不知所措；但听觉寻求的孩子可能会反复冲水，因为他们喜欢听到马桶发出的声音。

◆ 身体姿势：身体的某些部位以及肌肉的无力感，可能会让孩子难以握住物品。他们坐在马桶座圈上很难保持镇定。

◆ 运动觉：由于难以移动身体而久坐不动的孩子可能很难鼓起勇气活动身体。孩子可能会感到不平衡，或者很难感受当时的环境，就好像他们要从马桶上掉下来一样，或者总担心自己掉进去。

◆ 内脏觉：孩子可能无法识别膀胱憋尿或肠道胀满要拉大便的感觉，或者他们会觉得必须比其他孩子更频繁地使用厕所。

睡眠

除了饮食问题、如厕问题，孩子一天最后一个问题就是睡觉问题了。哄孩子睡觉，如何让孩子睡得安稳以及按时醒来等问题经常会困扰一个家庭。家里有感觉统合问题的孩子的父母经常会抱怨没有时间睡觉。

孩子可能需要长时间睡眠，他们即使筋疲力尽也可能不会打盹儿。睡眠问题通常是由分离问题引起的，他们可能想和父母一起睡觉。他们可能无法自己入睡，或者可能在夜间不断醒来。

睡眠紊乱会导致孩子低效的感觉反馈和无效的自我调节。孩子试图对抗困倦，反而会提升其唤醒水平，包括更高程度的压力、焦虑、抑郁和愤怒；会在孩子执行日常任务和做功课时降低其注意力、记忆力、判断力和解决问题的能力。

针对感觉统合问题的治疗能解决孩子潜在的自我调节不良问题。同时，某些感觉练习可以为父母提供更多的关于改善孩子睡眠问题的方法。父母满足孩子的感觉需求并制订感觉问题解决方案可以帮助整个家庭的成员睡得更好。

感觉统合偏差对睡眠的影响

某些感觉统合问题对孩子睡眠可能产生的影响如下。

◆ 触觉：孩子对睡衣和床单可能会感到刺痒，对毯子可能感到不舒服。床垫可能会让孩子觉得太硬（想想"公主和豌豆的故事"里的情景）。毯子可能太重或不够重。

◆ 听觉：妨碍孩子睡眠的声音包括某人的呼吸声或鼾声，房屋里的吱吱声响，空调或加热电机的声响。此外，雨声、蟋蟀叫声和外面交通工具发出的声音，都会影响孩子的睡眠。

◆ 视觉：处于待机模式的电子设备发出的微光、灯光等可能会使孩子保持清醒。

◆ 运动觉：被动的、意想不到的活动可能会打扰孩子，例如床友翻身或床垫发生移动。

◆ 身体和肌肉：孩子当天运动量没有达到一定标准，身体还没有做好睡觉的准备，就会不愿意入睡。

◆ 嗅觉：枕套闻起来可能不对劲儿，尤其是孩子熟悉的气味被洗掉后。

◆ 内脏觉：食欲不振、排便不规律、肠绞痛、心律不齐等都会导致孩子入睡困难。

我们可以先试着按照以下建议来帮助孩子入眠与维持睡眠。

◆ 白天的时候，让孩子做大量运动，例如荡秋千、慢跑等。让孩子进行体力活动，例如提洗衣篮；让孩子补充可以让大脑平静的物质，例如镁、脂肪酸、伽马氨基丁酸。不让孩子吃添加阿斯巴甜、味精、人工色素等让大脑兴奋的食品。

◆ 睡觉之前先让孩子洗个热水澡，然后再上床睡觉；上床前几个小时不看电视，也不看电脑或手机。

◆ 上床后给孩子讲一个好听的故事；按摩孩子的背部并在孩子肩部、手臂、腿部关节施予重压；用稍有重量的毯子紧紧盖住孩子的身体，然后说："只要假装睡觉就好！"

◆ 给孩子盖上毯子后，如果他们怕黑，就帮他们打开夜灯；播放助眠的音乐，如巴赫或莫扎特的舒缓小夜曲，珍妮弗·贾瑞柏（Genevieve Jereb）的"酷香蕉"（Cool Bananas），或者让他们听一听窗外的声音，如雨声和海浪的声音。另外，你也可以模仿父母哄你睡觉的方式。

感觉统合偏差是一个主要问题，它不仅影响儿童，而且影响整个家庭。成年人可以通过承认令人烦恼的感觉的方式来让孩子们感到更安全，让他们能够探索"刚刚好"的感官体验。比如器具上沾了宠物狗的口水，你可以说："我们找个水槽把它冲洗干净吧。"

此外，丰富的生活、补充营养和感觉统合治疗都能帮到孩子。感觉统合治疗能减少孩子的不适应行为，帮助孩子做到"同步"，这样他们就能发展出更成熟的应对策略和社交行为。

请注意，虽然许多有感觉统合问题的儿童还有行为问题，但大多数有行为问题的儿童没有感觉统合问题！对孩子进行细致的诊断是必要的，这样可以确定哪些症状与感觉处理问题有关，哪些与感觉处理问题无关，因为每个孩子偶尔都会出现不同步的行为。

什么人有感觉统合偏差问题

从人的感觉处理系统的分布上可以看出来，神经系统的整合能力因人而异，有些人的整合能力很差，而有些人的整合能力很强，有些人处于两者之间。

那些举止优雅又相当受欢迎的人们，如芭蕾舞者、运动员、有魅力的政治人物、可爱的小孩，具有很好的感觉统合能力。

有些人则不太会处理一些日常生活中的事情。他们总是笨手笨脚的，没有什么朋友，缺乏常识，自我控制能力也很差，他们可能有感觉统合偏差问题。

感觉统合系统是一个链条，其中一端哪怕只是轻微受损，孩子的大脑进行信息加工的时候也会出现差异，但这不是一种障碍。比如，孩子可能更喜欢清淡的食物，喜欢安静的活动，或者孩子比较喜欢辛辣的食物，喜欢粗糙的食物，而大多数孩子则不会出现以上情况。孩子也可能会为自己的感觉加工缺陷找到补偿的方式，因为大人经常会忽视孩子的这些感觉问题。如果孩子在家或学校得到了专业人士的帮助，就会表现得更好。

我们知道，感觉统合偏差会让孩子的其他各种症状变得严重。对所有这类孩子来说，如果能请专业的治疗师进行治疗，孩子的其他症状也能得到改善。我们也知道，还有一些"正常"的孩子，虽然没有其他严重的问题，但他们也存在感觉统合问题。如果我们针对这些孩子进行干预治疗，也会有效地帮助他们，这正是我在这本书中主要探讨的内容。

在"正常"的孩子中，有多少孩子受到感觉统合偏差的影响呢？依据过去的标准进行统计并不可靠。艾尔斯博士在1979年提出，有5%～10%的孩子有感觉处理问题，并且需要进行大量的干预治疗。2004年，一项关于感觉统合偏差的研究也给出了类似的保守估计。根据多年来的从教经验和观察，我认为有感觉统合偏差的孩子的比例应该比这个数更大，可能高达10%～16%。

通常，职能治疗师会指出，在所有出现感觉统合偏差的孩子中，男孩占

80%，而研究者们对这个数据也争议不断。很多专家认为，女孩出现神经障碍的可能性与男孩一样大，这些神经障碍包括感觉统合偏差、多动症和学习障碍，只是女孩不像男孩那样经常出现引人注意的行为问题，因而常常没有被重视，甚至被忽视。

越来越多的人被诊断出有感觉统合问题，面对日益增多的这类人，是否应该更加重视孩子的感觉统合问题呢？我们是在不加考虑地为孩子贴标签，还是只是在给孩子"找错"呢？

事实上，判断孩子是否有感觉统合偏差问题，是家长负责任的表现。随着我们越来越了解人类大脑的运作机制，我们也越来越了解到一个孩子与其他孩子不同步或看似"少根筋"的原因所在。现在，我们可以帮助这类孩子做一些事情，使他们达到感觉统合的状态。

希望就在眼前

如果你做完附录中的感觉统合评估问卷，就会更想了解感觉统合问题对孩子会有怎样的影响。如果你（和孩子的老师）勾选了许多"经常"的选项，你一定会认为孩子出现了感觉统合问题。你或许会问：孩子的发展是否已经超出了自己所能够掌控的范围？孩子会不会变成一个不正常的人？

孩子的许多感觉统合问题其实还是有办法解决的。如果孩子获得体谅、支持并在早期接受治疗，长大之后，还是有可能和正常人一样，能够自我控制的。

早期干预治疗主要是矫正和防止孩子发育迟缓。感觉统合问题的解决主要基于以感觉统合为框架的专业治疗。接受治疗之后，孩子在身体协调性、完成作业情况、情绪方面都会有所改善。幼儿的中枢神经系统具有很大的可塑性，所以让幼儿接受早期的治疗和干预，可以获得很好的治疗效果。"可塑性"是指孩子的大脑功能还未定型，随着孩子一天天地长大，他们的大脑会变得越来越难以改变，他们对于感觉的不正常反应会越来越适应。不过，如果你的孩子已经不是学龄前的儿童，也不要放弃希望，年龄较大的孩子甚至成年人，也可以从治疗中获得改善。请记住，寻求帮助永远都不晚。对那些感统失调极为严重的孩子来说，接受治疗是相当重要的。对于重度失调的孩子来说，治疗可以让他们获得明显的改善。

对孩子进行感统治疗，可以帮助孩子加工处理自己的各种感觉，让孩子的神经系统更好地发展。只要孩子积极参与有意义的活动，就可以改善其中枢神经系统一直渴望提高的感觉强度、持续时间和感觉质量，就可以增强其适应能力。孩子的适应能力增强了，大脑就会更好地进行感觉加工处理，最终其认知能力、学习能力、自信心和其他综合素质才能获得提高。孩子一定要能够按照自己的需求制订计划、有效率地安排活动并能及时地完成任务。如果孩子的感统偏差没有得到很好的干预，就会影响以后生活的方方面面。

对孩子进行感统治疗，可以提供给孩子必备的生活能力，也能为孩子的未来奠定坚实稳定的基础，这样孩子才能勇敢地面对未来人生中的各种挑战。如果不对这类感统失调的孩子进行治疗，感觉统合偏差就会影响孩子的生活质量，使他们深受其害。

对孩子进行感统治疗，可以帮助他们顺利地发展社交能力。那些有感统偏差的孩子缺乏玩耍的能力，而孩子的主要任务就是玩耍。孩子经常通过玩耍来认识小朋友。如果孩子没有接受治疗，就会缺乏交朋友的能力。

对孩子进行感统治疗，能够让他们学习更有效率；而孩子不接受治疗，则会影响其学习能力（在家的学习能力、在校的学习能力和对新事物的学习能力）。

对孩子进行感统治疗，能够改善他们的情绪，而不接受治疗，则会让他们觉得自己一无是处，长大后自尊变得较低。

对孩子进行感统治疗，可以改善家人之间的关系。随着孩子渐渐学会自我控制，家庭生活也会变得越来越和谐美好。有了专业人员的帮助，父母也能学会如何管教孩子，更欣赏自己孩子的优点。其他亲戚也会更耐心地对待孩子，不再过分批评孩子，而兄弟姐妹们也不会再那么讨厌这个不合群的孩子。反之，若不对

孩子进行专业的治疗，则会影响孩子与家人之间的关系。

约翰尼就是一个早期进行治疗并从中获益的好例子。学龄前的约翰尼被诊断为有感觉统合偏差，当时的他难以融入小朋友的活动中，也无法和别人玩耍，是非常令父母头疼的孩子。感觉统合偏差影响着他的身体协调性、平衡能力、听力、视力、食物偏好和睡眠，他总是很害怕。他经常生气，也很固执，看起来非常孤单。

移动会让约翰尼觉得不舒服，所以约翰尼很不愿意让脚离开地面。其他同学在操场上玩耍时，他只是站在旁边看着，不会参与其中。他总是拿着一根棍子，那是他和外界隔离的工具，只要有人接近他，他就会挥动棍子大喊："你出局了！"他的兴趣就是在安静的角落里看书。

约翰尼是我们幼儿园的第一个研究案例。我们与他的父母分享了我们的研究成果，并建议他们让约翰尼接受专业的治疗。我们告诉他们早期进行治疗可以预防将来可能发生的问题。

听了我们的话之后，他的爸爸两手抱在胸前，眉头紧锁，直摇头；妈妈则开始掉眼泪，还说："这真的是噩梦一场！"虽然他们半信半疑，但还是决定接受我们的建议。他们每两周来一次我们的治疗室，治疗师和老师建议他们为孩子提供"感统套餐"。在家长与学校的共同努力下，约翰尼的感统偏差问题得到了很大的缓解。

渐渐地，约翰尼开始参与一些活动。对于一些会把自己弄得脏兮兮的游戏或吵闹的拔河比赛，他仍然无法体会其中的乐趣，但是他至少学会了在画架上画画，还学会了荡秋千。他不再拿棍子当防卫武器，也学会了轻声细语地和别人说话。他交到一个朋友，然后又交到一个。他渐渐变成了一个真正的孩子。

现在，10岁的约翰尼会踢足球、爱打篮球，喜欢露营与攀岩，每个星期都会看一本书。他值得小朋友们信任，他非常灵活，每个小朋友都想和他做朋友。他的老师说："如果班上再有24个约翰尼该有多好啊！"

约翰尼是一个真实的案例。他过去的感统失调情况很严重，现在所有的症状已经不明显了。他吃东西仍会小心翼翼，在人群中仍会感到不自在，他仍不愿意乘坐扶梯，仍然事事追求完美。虽然他还有这些小毛病，但都属于正常的范围。我们都知道，这个世界上根本就没有完美的人！

不是每个有感觉统合偏差的孩子都可以像约翰尼一样成功，但只要父母采取行动，大部分孩子会有进步。这里我有一些很好的建议。

◆ 寻找机会，收集信息，并经常与儿科医生、老师和保姆沟通这些信息。

◆ 虽然做到这一点很难，但是父母必须接受孩子的不完美，并欣赏他与众不同的能力。

◆ 为孩子提供均衡的"感觉套餐"（见第11章）。

◆ 一定要有耐心，坚持不懈地为孩子提供支持。

◆ 帮助孩子学会管理自己的身体，帮孩子学会生活。

虽然帮助孩子成长的这条路漫长又坎坷，但家长们只要学会如何帮助孩子，让孩子的感觉统合有所改善，就一定会感到无比欣慰和自豪。

希望就在眼前。

第 3 章
你的孩子存在其他症状吗

本章我们主要来探讨经常伴随SPD一同出现的其他症状。根据这些"看起来相似"又"重叠"的特征，你会知道SPD不是只在你孩子身上才有的独特表现。我们接着会在第4章中讨论典型的感觉处理与整合以及我们会出错的方面。

SPD问题对人们的影响不分年龄、不分种族，也不分认知能力强弱，几乎世界各地都有这种问题。有着不同问题的人们身上也存在SPD问题，包括自闭症患者、脑瘫患者、早产儿以及某些天赋异禀的人。虽然这些人似乎没有太多的共同点，但在处理感觉问题时，他们往往会有相似的感觉处理机制。

SPD不会导致以上问题，但容易让这些疾病变得复杂。因为孩子在解释和使用感觉输入方面的困难越大，行为输出的问题就会越大。例如，孩子在运动、饮食、社交、表达自己的想法以及被轻轻触摸时是否能够保持冷静等方面会表现出差异化。

与感觉统合偏差类似的症状

许多感觉统合偏差的症状看起来很像其他疾病，很难辨别它们之间的差异。举例来说，孩子如果不专心，常常注意力不集中，很有可能被诊断为感觉统合偏差。同样，如果孩子常常坐不住或动来动去，也很有可能是感觉统合偏差。除被诊断为感觉统合偏差之外，有这些症状是否意味着存在其他病症的可能呢？答案是肯定的。可能包括注意力缺陷多动症、学习障碍、听觉或视觉辨别能力不足、语言问题、过敏、营养不良、情绪问题，或者还有另一种可能——这是个正常的孩子！

有些孩子只有感觉统合偏差，而有些孩子除了有感觉统合偏差，还伴有其他障碍，例如多动症和学习障碍。感觉统合偏差、多动症和学习障碍都是相当常见的问题，会对孩子的行为造成影响。图3.1中的重叠部分说明了这三种问题之间的关系。必须说明的一点是，感觉统合偏差与许多症状（包括孤独症）相关，而多动症和学习障碍只是其中两种。

一个孩子身上可能同时存在三种问题，而且这三种问题会叠加表现出来。

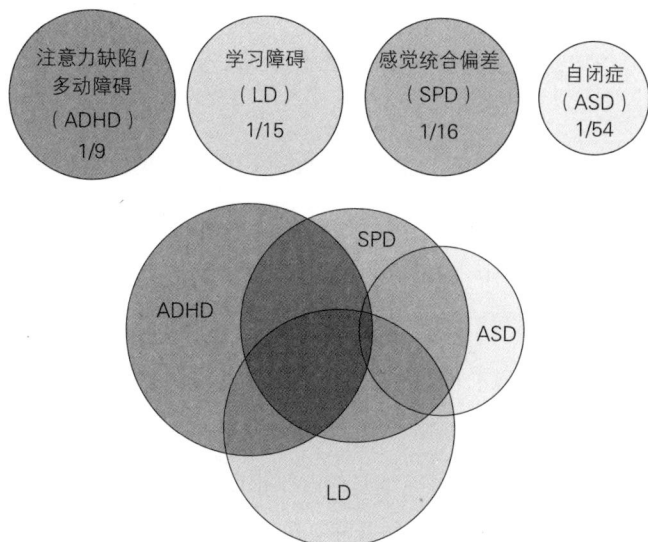

图 3.1　ADHD、ASD、LD、SPD 可能交叉重叠

就像某些专家说不准一个孩子是否患有SPD一样，父母也经常一头雾水。因为SPD可能单独出现，也可能伴随着其他症状一同出现。许多患者可能被误判，因为很多其他感觉症状经常与SPD同时出现。

那么，如何区分SPD和其他疾病呢？判定的标准是孩子对触摸和被触摸或移动和被移动的不寻常反应。

例如，如果一个孩子拒绝拥抱，不能跳跃，挑食或难以写作，他可能患有SPD。如果他不仅难以专注于他不喜欢的活动，而且难以专注于他喜欢的活动，他就可能患有 SPD。如果他经常坐立不安和蠕动，他就可能患有SPD。如果他的朋友很少，他也可能患有SPD。

但是——会不会还有其他事情发生？会的，确实如此！其他诊断可能是不同的问题：注意力缺陷/多动障碍（ADHD）、自闭症（ASD）和/或学习障碍（LD）。

针对患病率的研究表明：

◆ 大约每16名儿童中就有1名（6.25%）患有SPD。

◆ 大约1/9的儿童（约11.11%）患有多动症，其中约40%的儿童还患有SPD。

◆ 大约每54名儿童中就有1名（约1.85%）患有自闭症，其中约95%的儿童还患有SPD。

对于本书而言，我们认为LD的假设患病率为1/15（约6.67%），其中许多人还患有SPD。

图3.1中重叠的圆圈以一种非学术的方式说明了这四个常见问题的一般关系以及四个常见问题可能的叠加方式。

下面的描述提供了有关孩子可能有的这些相似情况的信息，而不是SPD或与SPD共存；然后简要描述SPD可能与其他几种症状共存的情况。

学习障碍（LD）

与SPD相似的一种症状是学习障碍，关于学习障碍有很多不同的定义。

（1）简单的定义：学习障碍指的是"4R"的障碍，即在阅读（reading）、写字（writing）、算术（arithmetic）和人际关系（relationships）这四个方面出现了障碍。

（2）临床上的定义：学习障碍是一种神经方面的问题，会影响个体处理信息的能力，进而导致学习方面出现障碍。学习障碍会影响输入（接收外来信息）、整合（处理与加工信息）、记忆（运用、储存、检索信息）、输出（通过语言或肌肉活动传达信息）这四个学习步骤。

（3）正式的定义：2004年美国公布的《身心障碍个人教育促进法案》将学习障碍定义为：基本的心理过程出现了一种或多种障碍，这些心理过程涉及语言（讲述或文字）的理解和运用。有学习障碍的人在倾听、思考、说话、阅读、拼

写和算术等方面会出现障碍。

根据这个定义可以看出，SPD并不属于学习障碍，但SPD会使孩子的听力、视力、动作技能、处理与管理信息的能力受到影响，继而会导致孩子在未来出现学习障碍。目前，美国有SPD问题的孩子并不一定有资格接受特殊教育、职能治疗、身体治疗、语言治疗等免费服务。如果老师或家长能证明孩子除SPD之外，还患有其他疾病，难以参与教育计划，这样的孩子才有资格获得比如职能治疗、语言治疗和物理治疗这些免费服务。但是，当一个患有SPD的学生的家人和老师证明他的感官差异与其他限制他学习能力的资格问题并存时，他就可以接受治疗。最常见的资格问题是"3R"问题——阅读reading（阅读障碍和过度阅读）、书写writing（书写障碍）和算术arithmetic（计算障碍）。

阅读障碍的问题在于大脑的不同部分很难同时处理视觉、声音和运动——阅读的感官组成部分。

过度阅读体现的是一种非常强的阅读能力，孩子在很小的时候就对字母和数字产生强烈的迷恋，但缺乏阅读理解和口头沟通能力。这可能是一个孩子有天赋或患有自闭症的迹象，或者两者兼而有之。儿童可能有很强的听觉和视觉记忆，但对普通的声音和景象反应过度，同时还有其他与众不同之处。

书写障碍是一种转录障碍，包括书写、打字和拼写。触觉、视觉和运动的感觉不统一，导致精细运动协调能力低下。SPD儿童中约有40%同时患有书写困难症，他们与患有自闭症和多动症的儿童有共同的脑部异常。孩子可能会笨拙地握着铅笔，潦草地写字。21岁的他们可能会在写作时思路不清，省略单词，犯语法错误，在组织和表达思想方面存在问题。

计算障碍会导致孩子数字、时间和空间方面的问题。视觉、听觉、运动和身体意识都与数学概念（加减法等）有关。

你能做些什么来帮助有阅读障碍、书写障碍和计算障碍的孩子？要考虑职能治疗结合多感官治疗，要整合视觉、听觉、触觉和运动觉。

◆ 由发展性视光师进行发展性视力评估。

◆ 在家里和学校，让孩子们动起来!阅读、写作和算术涉及整个身体，而不仅是眼睛和手。多让孩子们数数自己的跳跃次数，让他们爬梯子，打系着绳子的球，投篮；大声朗读故事和诗歌，数硬币，搅拌饼干面团。发展和增强感官和感知技能的体育活动将对这些孩子产生积极的影响。（见第11章和第12章）。

注意力缺陷／多动障碍（ADHD）

SPD看起来和ADHD很相似，但它们是不一样的。有时两者表现出来的行为看起来相似，但潜在的原因不同。研究揭示了感觉差异是如何在整个大脑中发生的，以及这类人的大脑神经是如何变化的（关于大脑的更多信息，见附录B）。

这两个问题虽然不同，但可能同时影响孩子（或成人）。大约40%患有SPD的儿童患有ADHD，反之亦然。

根据DSM-5，多动症的症状是注意力不集中，或多动和冲动，或三者兼有。必须有注意力不集中和/或多动和冲动的六种症状才能被诊断为ADHD。

这些症状也出现在患有SPD的儿童身上，所以我们要问："这是ADHD还是SPD?"若一个孩子感到不安，希望移动得更快，他是患有多动症还是有感觉寻求症呢？若他很容易被周围的刺激物分散注意力，是多动症还是因他是感觉回避者呢？若他不能安静地坐着，他是有注意力缺陷多动障碍、感觉睡眠障碍还是笨手笨脚？若他不注意听别人说话，是多动症还是对声音的辨别与大多数人不同呢？

此外，这些症状并非ADHD或SPD所独有。各种各样的孩子都很容易分心，丢东西，坐不住。教育诊断专家帕特里夏·S.莱默（Patricia S. Lemer）设计了一张表（见表3.1），显示患有多动症的儿童、患有SPD的儿童、有与学习相关的视觉问题的儿童、患有过敏和营养缺陷病症的儿童，以及有典型的7岁以下问题的儿童会出现极类似的症状!

表 3.1

多动症可供参考的症状 （帕特里夏·S. 莱默）					
症状	ADHD	SPD	视觉 问题	营养 缺乏	典型的 7 岁 以下问题
注意力不集中孩子经常会_____（至少出现 6 项）					
不注意细节或犯粗心的毛病	P	P	P	P	
在某项任务或活动中很难集中注意力	P	P	P	P	P
从来不听别人讲话	P	P	P	P	
不能听从指令或无法完成工作	P	P	P	P	P
在管理时间、安排任务顺序和组织活动方面有困难	P	P	P	P	P
对于需要持续集中注意力的任务，回避、不喜欢或不愿意	P	P	P	P	P
总是丢东西	P	P	P	P	P
容易被外界的刺激分散注意力	P	P	P	P	P
在日常活动中经常记不住事情	P	P	P	P	
多动和冲动，孩子经常出现_____（至少出现 6 项）					
在座位上坐立不安	P	P	P	P	P
很难安静地坐着	P	P	P	P	P
总是需要过多的跑步和攀爬	P	P		P	P
玩安静的游戏很困难	P	P		P	P
总是动个不停，静不下来	P	P		P	P
不停地讲话	P	P	P	P	P
经常脱口而出，说出问题的答案	P	P	P	P	P
很难排队等待	P	P	P	P	P
总是打断别人的话语或侵犯别人			P	P	P

辨别ADHD和SPD以及其他情况很重要。在感觉统合领域，著名的露西·简·米勒博士与其他职能治疗师对SPD的潜在神经问题和生理基础做出了如下概括，他们的目标主要是区分SPD与ADHD以及其他疾病，为不同类型的SPD儿童提供最佳的治疗方案。

他们研究发现，许多患有SPD的儿童与患有ADHD的儿童在对意外感觉的反应上存在不同，如轻触、巨大的噪声、闪烁的灯光、强烈的气味等。患ADHD的孩子往往会对新奇的感觉充满警觉，接着会像大多孩子一样，对这种感觉上瘾，后来又习惯这些感觉。

不过，一些患有SPD的儿童可能对这些日常感觉不敏感。在日常生活中，这种不敏感似乎对这些感觉上的掉队者影响不大。其他患有SPD的儿童可能会有不同的反应，他们持续保持警惕，不习惯这种感觉。日常生活对这种感觉回避者的影响太大了。在实验室之外，家长和老师可能会注意到SPD和ADHD的差异。职能治疗师和儿科主任闵·欧彻博恩（Mim Ochsenbein）教授指出了SPD儿童与ADHD儿童之间的不同。例如，许多SPD儿童更喜欢在熟悉和可预测的环境中进行"和以前一样的、一成不变的"活动，而患有ADHD的儿童则喜欢新奇的活动。大部分患有SPD的儿童都能控制冲动，当情绪"刚刚好"时能冷静下来，集中注意力，也能进行感觉输入。与此同时，患有ADHD的儿童往往无法控制冲动，不能进行感觉输入，能帮助他们冷静下来并集中注意力的是不断出现的新奇事物。

确定孩子的具体情况是很重要的，以便选择最好的治疗方式。多动症的治疗方法一般有如下几种。

◆ 认知行为疗法（让孩子在做事前学会思考）。

◆ 服用能改善注意力和控制冲动的药物。一些药物可以帮助患有SPD的儿童。

◆ 对患有SPD和ADHD的孩子的父母进行培训，帮助父母用非惩罚性的方式

来养育自己的孩子。

◆ 进行专注于感觉统合的职能治疗。生活中有目的性的活动能帮助这两种
类型的孩子，解决不同的问题。

自闭症（ASD）

自闭症是一种影响大脑和身体的多系统疾病。根据DSM-5，患自闭症的孩子
在如下三个方面有定性缺陷。

◆ 社会互动差，非语言行为的运用受损；有限的关系；缺乏社会/情感互
动，比如别人难过的时候体会不到，或者别人被笑话逗得哈哈大笑时自
己却无法共情。

◆ 沟通能力差，说话迟缓，交谈困难。

◆ 对感觉输入反应过强或过弱。

除了感官调节的挑战与过度或不足的反应（在DSM-5中被称为"超反应或低
反应"），感觉辨别和基于感觉的运动技能通常也是严重自闭症患者的问题。感
觉问题有时会被忽视，这可能是他们面临的最大挑战。

根据DSM-5，一些自闭症儿童有智力障碍（ID），而一般人的智力水平会达
到或高于平均水平。有些自闭症儿童可能有轻微的智力损伤，在与人社交的过程
中，需要一些支持，或发展更多与感觉世界适应的行为（第1级）。有些自闭症
儿童有中度智力损伤并需要大量的支持（第2级）。一些智力严重受损的自闭症
儿童需要更多的支持（第3级）。

表3.2展示了患有自闭症的双胞胎兄弟在家里如何得到阿布罗爷爷和阿布拉奶
奶的策略性支持。扎切尔的自闭症等级是1级，他没有智力障碍，仅需要一些支
持，所以爷爷奶奶提供了"刚刚好"的帮助。菲利普患有的自闭症等级为3级，
他有智力障碍，需要爷爷奶奶强力的支持。

表3.2

如何策略性地帮助自闭症双胞胎	
扎切尔：自闭症，等级1，没有智力障碍	菲利普：自闭症，等级3，有智力障碍
10岁的扎切尔和他的双胞胎兄弟菲利普放学回家。扎切尔有轻微的ASD。他把书包从肩膀上拿下来，小心翼翼地挂在钩子上，拥抱了爷爷阿布罗，然后直接走进厨房。阿布拉奶奶看到他用嘴咬着衣领，和以往一样悲伤。她给了他一个大大的拥抱，接着抱起他。大大的拥抱带来的挤压感让他感到放松。奶奶说："我做了吉事果，可比你的衣领好吃。"扎切尔一屁股坐在治疗球上，一边吃着吉事果，一边在治疗球上来回弹跳。过了一会儿，他说："数学课上，老师简直让我发疯。我听不进去。"阿布拉奶奶问："你当时在想什么呢？""电池。"他说，奶奶又递给他另一个吉事果。"给我讲讲电池的事情。"他有了一个点子，想用太阳能给电池充电。奶奶一边听，一边点头。他觉得很舒服，觉得自己被理解和接纳了。他看着奶奶，说："我真希望你是我的老师。"	菲利普有智力障碍。爷爷阿布罗在门口和孙子们打招呼。他先拥抱了扎切尔，接着帮菲利普从肩膀上拿下书包，挂在钩子上，然后带着菲利普去上厕所（因为菲利普从来不在学校上厕所，他讨厌冲厕所的声音和厕所的味道，学校的厕所不像家里的厕所让他安心）。菲利普上完厕所后，发出了类似"阿爸！"的声音，接着爷爷指导他的下一步行为。爷爷指着挂图上的图片说："冲水，拉上拉链，洗手。"接着他们来到厨房。阿布拉给了菲利普一个大大的拥抱，把他安置在治疗球上，给他一个无麸质的椒盐脆饼（因为菲利普不喜欢吉事果）。菲利普嚼着椒盐脆饼的时候，奶奶站在他身后，按着他的肩膀，用力向下压着治疗球，这样他才能弹起来。菲利普咧着嘴，发出了快乐的笑声。在家人的帮助下，他的各种感觉能够同步。

　　是什么原因导致孩子出现自闭症呢？每个人都想知道。这种障碍似乎是由各种基因（尚未确定）和来自环境中的毒素等应激源引起的。

　　《超越自闭症》（*Outsmarting Autism*）一书的作者帕特里夏·S.莱默指出，科学家们的担忧越来越多地指向肠道微生物群。肠道微生物群指的是胃肠道内所有的微生物、细菌、病毒、原生动物和真菌束。通常情况下，当肠道微生物群协调一致的时候，大脑的神经连接也会协调一致。

　　莱默指出，通常情况下，大脑会把传入的感觉信号结合在一起，就像一个指挥家使管弦乐队整体发出美妙的声音。然而，患有自闭症和有感统问题的孩子，

他们的大脑神经连接可能无法协调一致。

自闭症的病因正在得到越来越多的研究，它的影响也在研究之列。这些研究阐明了为什么自闭症患者大脑的非典型结构和功能会导致非典型行为。例如，一项研究发现，一些自闭症儿童的胼胝体（左右脑之间的连接结构）较小，这会影响儿童的听觉系统和语言发展。

后续的研究表明，患有ASD和SPD的儿童在某些方面看起来相似，而在某些方面则不同。这些孩子的大脑有一个共同点，就是在处理和连接感觉信息时并不规律。"连接不足理论"解释了大脑前后部分之间的不规则连接，它干扰了同步的大脑活动，从而影响了孩子们的行为表现。

每个自闭症儿童都有独特的感觉差异模式。一个孩子可能有出色的视觉辨别能力，是一个有天赋的艺术家，但他的听觉辨别能力可能比较差，语言能力也可能较差。另一个孩子可能有极强的听觉能力，喜欢听歌曲和故事，但他的视觉辨别能力则可能较差，运动技能也可能较差。

对一些人来说，调节触摸、运动、声音和视觉刺激的能力总是很麻烦。自闭症的著名发言人坦普尔·格兰丁（Temple Grandin）博士描述了感官刺激对人的折磨。当她还是个孩子的时候，被触摸就会让她觉得自己像只野兽，直到她设计了一个挤压机——她的"拥抱盒"，来满足她对被拥抱的正常渴望。普通的声音会让她心跳加速、耳朵疼痛，除非她通过有节奏的、典型的自闭症行为来"关闭"自己的耳朵。

虽然小坦普尔不喜被触碰和某些声音，但她渴望视觉的刺激。"我喜欢条纹衬衫和荧光涂料，"她写道，"我喜欢看超市的推拉门来回移动。"凭借出色的可视化技能和对动物的热爱，格兰丁博士长大后获得了动物科学博士学位。

对环境的敏感可以是一个额外的奖励，并带来令人非常满意的职业生涯。在人类文明中极具创造力的计算机专家、作曲家、发明家、画家、作家、数学家、工程师、医生、教师，都在利用他们的"超感官"能力造福世界。如果没有他们，我们将何去何从？

了解感觉和运动问题如何使儿童的日常生活复杂化，对于设计适当的干预方案至关重要。父母必须确保自己的孩子得到有针对性的治疗。

其他涉及感觉统合问题的情况

除了自闭症、注意力问题和学习障碍，许多其他情况也涉及感觉处理的挑战（第8章是关于视觉的，第9章是关于听觉和语言的）。下面将简要讨论各种心理健康问题、遗传综合征、过敏和其他一些"重叠因素"。

心理健康问题

许多心理健康问题会在儿童时期出现。SPD可能引起或促成心理和情感问题。研究表明，感觉和运动的挑战通常在儿童障碍完全表现出来之前就已经存在，这表明大脑处于脆弱状态。此外，儿童时期的感觉和运动障碍与成年后的焦虑和其他情绪障碍有关。

如果感觉和运动障碍既没有被发现，也没有通过基于感觉的干预及早得到解决，大脑的潜在脆弱性可能会加剧以下情况：

◆ 焦虑症   ◆ 强迫症

◆ 双相情感障碍   ◆ 精神分裂症

◆ 抑郁症   ◆ 选择性缄默症

不幸的是，SPD经常被误解为心理问题。将SPD与精神和情绪障碍区分开来如同将其与注意力缺陷/多动障碍（ADHD）和学习障碍（LD）区分开来一样重要，因为它们的治疗方法差别很大。心理疗法或"谈话疗法"，加上药物和职业疗法来改善日常功能，可能有助于所有表现出感觉症状的儿童。然而，单独的心理治疗并不能解决实际的感官问题。

遗传综合征

据估计，多达18%的SPD儿童具有神经发育相关基因的遗传表征。此外，许多已知的遗传疾病可以有32种感觉差异作为临床特征。这里有一些例子。

唐氏综合征（Down Syndrome）是因多出一条染色体而造成的先天性疾病。这条多出来的染色体会影响胎儿大脑与身体的正常发育，造成智力障碍，影响孩子的感觉统合能力。唐氏综合征的一般症状包括生长发育迟缓、有较明显的特殊面容、肌肉松弛、难以做出精细动作与大动作。这种疾病会影响孩子正常的运动和身体协调能力，也会让孩子在活动中难以保护自己，更会影响孩子的说话能力和咀嚼能力。

脆性X综合征是自闭症的第一个已知遗传原因，是由X染色体上的一个基因突变引起的。患有脆性X综合征的儿童几乎都是男孩，他们有感官过度反应和基于感官的运动障碍方面的问题。

与SPD共存的不太常见的先天性综合征可能被忽视或误诊，包括Angelman 综合征、CHARGE 综合征、Dandy-Waler 综合征、Ehlers-DAnlos 综合征、Prader-Willi 综合征、Russell-Silver 综合征、Smith-Lemli-Opitz 综合征、Williams 综合征、X染色体和Y染色体变异综合征。

有些特征是避免或渴望感官信息输入，特别是视觉和触觉，对疼痛的敏感度降低；睡眠和饮食方面存在问题；肌张力较低；存在爬行、平衡、行走和说话等运动协调问题，以及注意力难以集中的问题。

职能疗法可以提高运动、社交和语言方面的技能。其他疗法，包括物理疗法和语言疗法，也能对患有遗传综合征的孩子有所帮助，特别是感觉统合的治疗方法会更有效。

过敏

有感觉统合问题的孩子会出现过敏症状，他们会对灰尘、花粉、微生物、草、动物的毛发、食物、乳制品中的酪蛋白、小麦中的麦麸等出现过敏反应。这些敏感反应可能导致湿疹、哮喘和其他慢性健康问题。此外，食物、药物、空气中的化学物质也会伤害孩子。这些过敏原会对孩子正在发育的神经系统造成伤害，导致他们出现学习和行为方面的问题。

医学博士多莉丝·拉普（Doris Rapp）在其著作《这是你的孩子吗？》中讨论了过敏的主要症状，这些症状包括揉鼻子及"过敏性敬礼"（孩子用手掌自下向上搓鼻子的动作），出现"黑眼圈"，易怒，沮丧，有攻击性。孩子会对感觉刺激过度反应或反应不足（尤其是对声音和碰触的反应）。

药物治疗并不是解决问题的最好方法。对大部分孩子来说，家长找出引发孩子过敏的食物（如牛奶、小麦等）和环境中的刺激物（如毛绒玩具等），并加以排除才是解决之道。这样试过之后，你将会发现，许多与过敏反应和感觉统合问题相关的症状就会一扫而空，而且不会出现副作用。

更多类似症状和叠加症状

在不同程度上，感觉处理问题与每一种身体和心理状况都会出现重叠的现象，甚至与普通的感冒重叠。当你的嗅觉、味觉、触觉等暂时不灵时，你就会难受；而当感冒过去，你的感觉恢复了，你就会感到很舒服。

当然，并不是所有的疾病都像感冒那样短暂和微不足道。以下是一些可能与SPD相似或重叠的持久症状。

◆ 胎儿酒精障碍是一种可预防的非遗传病，母亲怀孕期间饮酒会影响婴儿，其症状包括体重低、协调性差、视力和听力有问题。对某些国家来说，这通常是儿童的一个"隐藏"问题，因为这些国家对酒精的使用缺乏监管。

◆ 恐音症（厌恶声音）是一种听力问题，在这种情况下，重复的人类声音，如呼吸声、咀嚼声和吮吸声，会立即引起孩子强烈的身体反应——

尤其是愤怒、厌恶或冲动。

◆ 儿童秽语多动综合征是一种神经系统疾病，涉及重复的、不自主的动作（抽搐）和发声。问题可能在于对某些刺激的过度反应，渴望强烈的自残刺激，或许还存在视力和听力问题。

对于这些和其他症状重叠的情况，结合听觉训练、咨询和多学科方法，可以为其带来一些缓解。

某些孩子的正常阶段

诚然，成长中的孩子会避开某些食物，忽视大人的指示，在需要安静的时候渴望行动，摔坏玩具，经常被绊倒和摔倒。除非这些行为总是让孩子和他周围的人感到痛苦，否则不要过于担心。

第4章

理解感觉处理过程以及会出现的偏差

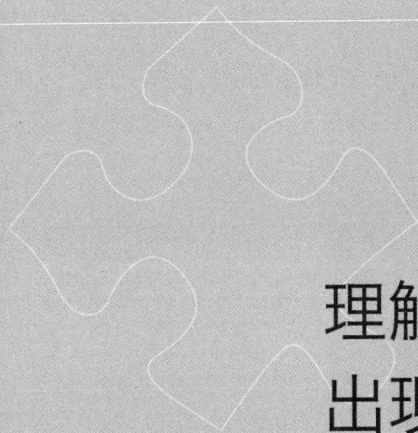

了解关于感觉处理和SPD的基本信息对我们来说是至关重要的。你需要了解感觉，了解孩子感觉处理能力的发展阶段，以及当孩子的感觉处理能力不能正常发展时会发生什么。

·感觉·

我们的各种感觉器官为我们提供赖以生存的必要信息，让我们作为社会性生物融入生活，确保我们的安全。

我们的各种感觉器官会接收来自身体内部和外在世界的各种刺激信号。我们每做出一个小动作，每吃一口饭，每接触一次物体，都会用到感觉器官。这些感觉器官汇集在一起并相互协调，这就是"多感官的统合"。多感官的统合是一个相当重要的过程，它能告诉我们发生了什么事情，事情发生的地点和发生的原因。此外，它还会告诉我们如何应对各种突发事件。

我们越是从事重要的活动，感觉对我们来说就越重要。这也是人类的两项非常重要的活动（吃和生育），需要我们所有的感觉同时参与的原因。

有时，在某些环境中，感觉会告诉我们危险即将降临。我们感觉到自己身陷危险之中，才会采取某些应对措施。举例来说，如果感觉到一只狼蛛正爬过我们的脖子，我们就会用"战斗或逃跑"的方式来保护自己。人类面对不利的刺激时进行逃避是正常的本能反应。

有时候，感觉会告诉我们，一切都很好，我们觉得很安全且很满足，想要寻求更多相同的刺激。例如，我们吃了一块巧克力，感觉很好吃，就会想吃更多的巧克力。

我们觉得无聊的时候，就会寻求更多的刺激。如果我们已经精通了一项技能（例如直线溜冰），就会尝试比较复杂的动作（例如八字形滑行）。

为了做好某项工作，我们所有的感觉器官都需要密切配合，才能做出恰当的回应。只有这样，我们才会有很好的平衡感。因为人类拥有高度协调的大脑，才能让各种感觉器官密切配合。同理，也只有当我们的大脑顺利运作的时候，我们的身体动作才会正常。我们有很多种感觉，其数目之多超乎想象，有些感觉产生于体外，有些则产生于体内。

外部感觉

从我们身体之外接收感觉信息的感官系统，就是"外部感官"或"环境感官"，而来自外部感官的这些感觉信息则被称为"外部感觉"（或称"外感受觉"）。外部感觉一般指的是我们最熟悉的五种感觉（见图4.1）。

触觉——触觉系统提供触觉信息，我们的皮肤将接收到的这些感觉信号传至我们的大脑（见第5章）。

视觉与听觉——视觉与听觉提供影像与声音的信息，通过我们的眼睛与耳朵传至大脑（见第8章和第9章）。

嗅觉和味觉——嗅觉与味觉提供气味与滋味的信息，这些感觉信号由我们的鼻子与嘴巴接收并传至大脑。

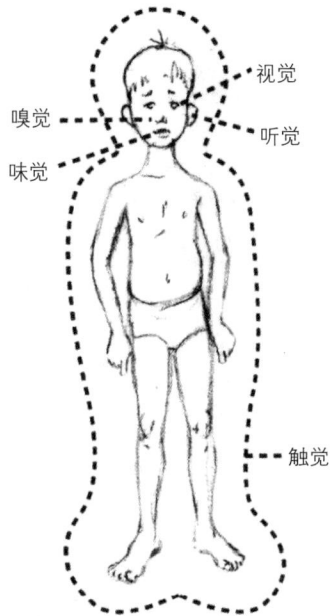

图 4.1 外部感觉

我们可以意识到外部感觉，并控制自己的部分外部感觉。我们能在三年级全班合影照片中找到自己的孩子，也可以闭上眼睛，不去看自己不喜欢的景象。我们可以辨别电话铃声与门铃声，也可以把耳朵捂上，不去听刺耳的小提琴声。我们可以用指尖碰触键盘，也可以把手塞进口袋里。发育成熟之后，我们的大脑会使我们的外部感觉系统更加完美，让我们能够按照合适的方式应对外部的刺激。

内部感觉

当我们谈到"感觉通道"的时候，首先会想到外部感觉，很少会想到内部感觉。内部感觉有时又称作"隐藏的、特殊的、附近的体觉"，或"以身体为中心的感觉"。我们意识不到这些感觉，不过这些感觉一直跟随着我们，我们甚至无法停止这些感觉。

内部感觉（或称"内感受觉"）是来自身体内部器官的感觉。内部感官有独立的"心智"，可以让身体维持运作，这是生存所需的感觉。内部感官也可以调节我们的各种功能，它会自动运作，提醒我们需要吃东西、喝东西、排尿、脱毛衣、战斗、逃跑、拥抱和亲吻等。

此外，当发生在我们身上的事情非常奇怪、可怕或错误时，内部感觉器官会让我们以强烈的"直觉"保持警惕。有时我们对内的感觉是无意识的。其他时候，我们很清楚这些感觉。当我们的心跳加速时，我们会为主场球队而欢呼，为生日礼物感到兴奋，我们知道这些。

表 4.1　　　　　　　　　　内部感觉如何影响孩子的行为

正常的孩子	内部感觉有问题的孩子
课间休息后，11 岁的乔又渴又热。他脱掉外套并挂起来，走到洗手间，洗了洗手和胳膊，把水泼在脸上并喝了一大口。他从里到外都精神焕发，准备静下心来学习数学	课间休息后，11 岁的唐并没有意识到自己又渴又热。他没想过脱衣服或喝水。他迷迷糊糊地走到桌前。数学课开始了，唐满脸通红，汗流浃背，目不转睛地盯着窗外

内部感觉提供了一个人的身体感觉的物理信息，包括：

◆　心律和血压　　　　　　　◆　体温和疼痛

◆　饥饿和口渴　　　　　　　◆　呼吸和吞咽

◆	消化和排便	◆	瘙痒
◆	触摸	◆	睡眠

注意，触摸是通过内感受系统传递物理信息的。触觉系统不是处理触感吗？是的，但方式不同。毛发细密的皮肤部位（如手臂或小腿）会受到社交接触信息的刺激，比如母亲的爱抚。同时，在无毛的皮肤区域，如手掌和手指，触觉感受器会收到关于物体的物理信息，如橘子的重量、质地和形状等。

内感受提供了关于自我感觉的情感信息，包括：

◆	觉醒状态	◆	共情
◆	情绪	◆	爱与恨
◆	动机	◆	笑和哭
◆	直觉	◆	紧张

根据卡拉·科辛斯基的说法，我们身体当前的状态，包括身体上和情感上的，会在日常生活中影响我们。她在自己的著作《内感：我是如何感受的》中说，当被要求专注于工作、家庭和学校的需求时，我们可能会被迫忽视我们身体的真实感受，以完成任务。SPD患者可能感觉不到饥饿、口渴、失败和压力等生理和心理暗示，或者他们可能无法忽视和抑制内感受信息，因此行为会受到影响（见表4.1）。

除了内感受，还有两种内部感觉能给我们提供重要信息：

◆ 前庭平衡觉提供了关于我们头部相对于地球表面的位置、头部在空间中的运动轨迹以及我们是否平衡的信息。这种感觉来自内耳（见第6章）。

◆ 本体觉（本体感觉）提供了关于我们身体位置和身体部位运动的信息。这种感觉来自肌肉、关节和韧带（见第7章）。

在所有感觉中，艾尔斯博士强调，触觉、前庭平衡觉和本体觉这三种感觉

非常重要，因为这三种感觉能让我
们感受到自己的存在（见图4.2）。
它们是人体系统运作的基础，也是
儿童健康发展的根基，这三个感觉
系统若能自动且有效率地运作，孩
子就可以观看、聆听、留意外面的
世界。

　　一般来说，孩子出生时就具备
了完好的感觉器官，已准备好处理
一生中的感觉信息。

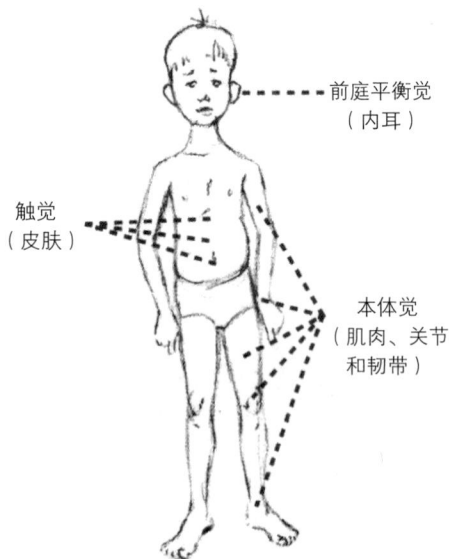

图 4.2　触觉、前庭平衡觉、本体觉及来源

感觉处理过程

　　感觉处理过程是一种神经系统加工信息的过程，此过程中接收来自身体与周
围的信息并加以组织，运用到日常生活中。感觉信息加工是一个动态且不断循环
的周期性过程，这个过程发生在约由一千亿个神经元、一条脊髓和大脑所组成的
神经系统中（见附录B）。

　　艾尔斯博士指出，大脑可以说是一部感觉信息加工处理的机器，一次信号的
输入，大脑中就会有超过80% 的神经系统投入感觉信息加工或组织工作。如果
我们的大脑能有效地处理感觉信息，就会自动产生适应反应来适应环境和各种变
化，适应反应是我们遇到挑战或获得教训时的行为和思维方式。如果我们觉得自
己很安全，不用将所有精力都投入求生的活动上，就会把自己的感觉投入日常的
其他各种活动中，如学习、玩乐、工作和人际关系。

感觉处理过程包括感觉信号的接收与检测、感觉统合、感觉调节、感觉辨别、感觉动作协调等方面。本书中所探讨的只是复杂感觉中最简单和最基本的方面。

感觉信号的接收与检测

接收感觉信号是感觉处理的一个过程。人类的末梢神经系统是脊髓与脑之外的神经系统，是神经的起始点也是末梢，每分钟都会接收数百万个感觉信号。来自皮肤、肌肉、耳朵、眼睛、嘴巴、鼻子等的感觉信号，会经由末梢神经系统传递至中枢神经系统。大家不妨想象一下，一些即将到来的感觉信息会对神经系统说："咚！咚！咚！我们来了！"

在感觉信号的检测过程中，中枢神经系统会注意到这些感觉信号，大脑会说："进来吧，各位感觉信号！我可以看到（听到、碰到、闻到……）你们！"

感觉统合

在大脑中，感觉统合是感觉信息连续处理的过程中，把来自一个或多个感觉系统的感觉与大脑神经进行连接："快来见一见你们的伙伴！"大脑会与不同的感觉信号说："触觉，你和视觉合作。听觉，你和动作相互配合。"涉及的感觉系统越多，信号就会越精确且面面俱到，适应行为也会越有效率。

感觉调节

感觉处理过程的另一个组成部分是"感觉调节"，指的是大脑对于感觉输入信号的自我管理过程。此过程可快速调节进入中枢神经系统的感觉信号，使之维持平衡，不同的感觉系统需要相互合作，我们才能及时应对外来的刺激。

即将到来的感觉信息会启动感觉接收器，这个启动接收器的过程就是"刺激"。刺激可以促进感觉输入与行为输出的连接，是发出警告的信号。感觉信息会说："请注意！"

我们多半会注意有意义的感觉信号。如果摇椅的摇动令我们安心，大脑就会发出"继续"的信号，让我们继续摇动摇椅；如果旋转令我们恶心想吐，大脑通常就会要求我们停止旋转。

如果我们遭遇危险，大脑就会通知我们，这种告知我们某事危险的感觉信号相当重要。我们的身体接收到危险的信号后，就会格外注意，就会进行自我防御。人类和所有的动物一样，一出生就有生存所需的警觉能力，如果我们预感到危险即将降临，神经系统就会说："不好了！快想想办法怎么解决！"

然而，我们也有很多无关紧要的感觉。我们的大脑通常是通过一个叫"抑制"的过程，把一些无用的信息过滤掉，而把焦点集中在当前真正重要的信息上。如果没有这个"抑制"过程，我们就会不管这些信息是否真的有用，而把注意力分散在所有的感觉信息上，最终导致出现注意力不集中的现象。举例来说，我们没有必要对接触到皮肤的空气或走路迈步时的平衡感转移做出回应，因此，我们会忽视这些信息。我们的大脑会说："静下心来，不需要大惊小怪，根本不用理会这些信息。"

有些信息现在不重要，但会在一开始时引起我们的注意。过一会儿，等到我们习惯了这些信息，就会对其感到习以为常。感觉信息在这个过程中变得不再特别，因而被屏蔽了。刚开始时，我们会觉得安全带很紧、柠檬很酸，但是过一会儿，我们就习惯了。

并不是每个人都可以习惯成自然，"反应敏感"是一些人经常经历的过程。无论外来的刺激多么不重要、多么寻常且无害，他们的大脑都会认为这些刺激很重要、不寻常或者很有伤害性。他们很快就会感受到刺激，而且这种感受持续的时间会比一般人长，这些刺激会让他们不堪其扰，无法专注，他们总是觉得安全带很紧、柠檬很酸。

感觉调节功能对孩子行为的影响见表4.2。

表 4.2 感觉调节功能如何影响孩子的行为

感觉调节功能正常的孩子	感觉调节功能有问题的孩子
休息的时候，7 岁的玛利亚会玩抛球游戏。她对这个游戏很感兴趣，所以不在乎路面有多滑，也不在乎自己的手有多冷，但路滑、手冷常令她没办法很好地接到球。第一次接不到球时，她相当沮丧；第二次接不到时，她很气恼；第三次接不到时，她对这个游戏彻底失望了。她说："我要去跳绳了。"跳了几分钟后，她的身体暖和起来，感觉好多了。休息时间结束之后，她回到教室里，一直到午餐前，她的心情都很平静，也很专心	贝丝也是 7 岁。在玩抛球游戏时，冰冷的地面让她分心，她无法集中注意力。在第一轮和第二轮时，她没办法把球接住。贝丝又试了一次，但她的手实在太僵硬了。她突然大发脾气，尖叫着："我讨厌玩这个游戏！"她一抬腿，把球踢到草地里，自己靠在建筑物上，大哭起来。这件事让她整个早上都闷闷不乐，无法静下心来上阅读课，也不肯吃午饭

我们来举例说明什么是感觉调节。假如你想用煤气炉烧开水，刚开始时，你可能会用力过猛，导致火一下子就变得很大，如果你不调节开关，水很快就会沸腾；但如果你旋转开关，火就会变小，以一般的速度把水烧开，这样一来，你就控制了火的大小。

"刺激"与"抑制"取得平衡后，我们就能顺利进入另一种状态：由原本不专心的状态进入专心的状态，由生气的状态进入愉快的状态，由昏睡状态进入警觉的状态，由放松的状态进入准备行动的状态。感觉调节功能的好坏，可以决定我们在生活各个方面的自我控制能力。

感觉辨别

感觉辨别也是感觉处理过程的一个组成部分，与感觉的时间及空间有关。比如说，你正在海滩上和孩子玩飞盘，飞盘从空中飞过。如果你有很好的感觉辨别能力，就可以感受到飞盘正朝自己飞来，并判断飞盘的速度与位置，然后算好飞盘的速度与降落位置，把飞盘接住。"好了！"大脑在加工处理这些信息时会这么说，"我知道这是什么意思，也知道如何应对！"

感觉辨别能力使我们能够获得如下信息。

◆ 事物的性质：我移动的速度有多快？我在哪里？声音大不大？鞋子紧不紧？这个水桶重不重？冰块凉不凉？

◆ 类似的感觉：我以前有没有听过那首歌呢？和"大"押韵的是"打"还是"太"呢？我右手臂伸展的程度是否和左手臂一样呢？这只兔子摸起来像不像我养的猫呢？

◆ 感觉间的差异：我听到的声音是"乖"还是"怪"呢？这是"停"的标志还是"前进"的标志呢？哪一列火车正在移动，是我坐的这一列，还是对面轨道上的那一列？

神经系统逐渐成熟的同时，感觉辨别能力也会跟着一起发展。孩子渐渐长大之后，对感觉的回应会从自我保护的状态转变为有辨别能力的状态，孩子会辨别自己的身体与环境发生了什么变化，并学会利用这些感觉来组织自己的行为。例如，当外婆来到门口的时候，孩子会跑过去拥抱外婆，这个反应是他们将所看见的景象、所接触的人形成感觉信息并加以统合后所产生的。

有一点需要特别注意：在日常生活中，感觉辨别能力往往优于感觉防御能力。当然，一个人无论多大年龄，在面对真正的威胁时都会启动防御机制。随着年龄的增加，我们的自我防御能力并未消失，只是降低了而已。表4.3可以说明，随着孩子的不断发育，辨别能力与防御能力如何转换。

表4.3　随着孩子不断成长，感觉辨别能力会变得比感觉防御能力更重要

孩子的不同时期	婴儿时期：感觉防御能力的重要性大于感觉辨别能力	学步时期：感觉防御能力与感觉辨别能力基本达到平衡	幼儿园时期：感觉辨别能力的重要性大于感觉防御能力
感觉防御能力与感觉辨别能力的关系	感觉辨别能力 〈图〉 感觉防御能力	感觉辨别能力 〈图〉 感觉防御能力	感觉防御能力 〈图〉 感觉辨别能力

感觉动作协调

我们的中枢神经系统，只需一毫微秒就能对输入的感觉信息进行接收、检测、整合、调节和辨别。感觉信息加工的最终结果是把大脑中加工过的信息传送出去，便于我们提前做好准备。很快，大脑就会说："好了，我们移动吧！"（或者"我们行动吧！我们不要心动！我们想想！集中注意力！我们说话、大叫、哈哈笑吧！"）

举例来说，动作输入的信息如果传递到手臂、腿部、眼睛或其他部位，我们就准备好以恰当的方式开展行动。所以，可以鼓励孩子多做一些运动，并鼓励他们做得更棒。动作输出包括姿势反应与练习。

姿势反应

有效的感觉加工对一般活动来说是必不可少的。孩子如果具备一般活动所需要的感觉信息，就具备好的姿势反应能力及双侧协调能力。姿势反应能力可以帮助孩子将躯干、脖子、头部挺直，对抗地心引力。平衡能力与双侧协调能力可以让孩子体验不同的动作与姿势，可以做出并保持一个稳定的姿势，也可以做出不稳定的姿势（例如弯下腰去取铅笔），然后恢复平衡。

孩子如果有结实的肌肉，就可以弯下腰捡东西，也可以抓起、转动、灵活使用汤匙或转动门把手等东西。孩子坐上秋千后，可以像艾尔斯博士所说的那样，让这项活动持续下去。他们会喜欢很多种不同的承重运动，例如爬行、做俯卧撑。他们可以顺利地变换姿势，把身体的重心从一只脚转移到另一只脚上，也可以转动身体，或像旗杆上的旗子一样，在躯干四周挥动自己的手臂。孩子如果有结实的肌肉，站立或坐着的时候，都可以保持平衡的姿势。他们可以同时利用身体的两侧接球、看鸟儿飞翔、两脚跳跃，也可以利用身体的一侧踢球。到了四五岁时，他们还会用惯用的手写字。

有了好的姿势反应，孩子就可以控制自己的身体，克服困难，对自己更有信心。

练习

如何学习跑步、跳绳、打字、使用数码相机呢？怎样才能登上卡耐基音乐厅（Carnegie Hall）的舞台呢？

答案是：练习，练习，再练习！

练习（希腊文是praxis）一部分来自有效率而无意识参与的感觉处理，另一部分则来自有意义的思考。Praxis 是一个广义的词，是指协调且自发的行动（"动作计划能力"这个词多半用作praxis 的同义词），这是一种能力，主要包括：

◆ 预估一个不熟悉且复杂的动作可能会需要的步骤；

◆ 组织自己的身体各部分，以执行某动作计划；

◆ 执行、落实计划，或让计划有进展。

通过练习，我们可以处理日常生活中需要完成的任务。我们可以学会荡秋千、用打气筒给自行车打气、书写、进行数列组合、碾磨胡椒粉、在电梯里按下所去楼层的按钮等。这些我们并非天生就会，必须靠后天的学习。所以孩子必须不断地摸索和练习，比如，练习给别人分发生日蛋糕、拉上衣服的拉链、整理自己的书包等，以各种方式活动自己的身体，慢慢培养出这些技能。孩子每练习一次，他们的动作计划能力就能获得一点儿提升。

在孩子学会一项动作技能后，就会尝试更具挑战性的技能，孩子做的动作越多，会做的动作就越多。举例来说，孩子学会了玩攀爬架，就会对自己更自信，于是孩子就会尝试爬树或玩单杠，这也是适应行为的表现。

正常的感觉加工过程

简而言之，感觉加工过程包括感觉输入、组织加工和动作输出。感觉输入是神经系统接收信息的过程，这些信息来自内部的接收器以及身体的表面。接着，大脑把这些感觉加以组织，在动作输出的过程中，大脑会把指令传送到整个身体，让我们可以执行想要执行的动作，例如跑步、玩耍、攀爬、说话、吃东西和睡觉等。我们进行这些活动时，会产生很多感觉输入（通过感觉接收器输入），并将更多信息传送到大脑。图4.3就说明了这个循环过程。

感觉处理是如何进行的呢？假设你坐在沙发上翻阅报纸，你往往不会去留意接触肌肤的沙发、外面经过的车子或手的位置。这些感觉信息彼此不相关，无须回应。

一会儿，你的孩子跑到你身旁，对你说："爸爸我爱你。"这时，你的视觉、触觉、听觉等会同时受到刺激。遍布于末梢神经系统的感觉接收器会接收到这个信息，并将这个信息带到中枢神经系统，接着传递到你的大脑中。

这些感觉信息彼此相关，你的大脑很快就把这些信息组织在一起，并传送出去，让你可以做出与自己的感觉相关的动作反应，你对孩子的语言回应可能是："亲爱的，我也爱你。"

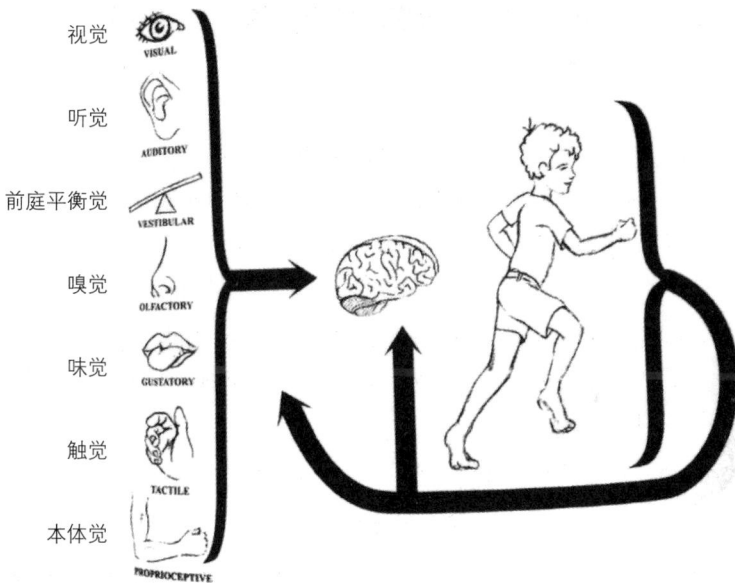

图 4.3　感觉加工的过程

注：这幅图选自安尼塔·本迪（Anita C. Bundy）和简·库莫（Jane Koomar）合著的《感觉统合：理论和练习》（Sensory Integration: Theory and Practice）中的第 256 页"精心地干预：练习的艺术"（2002 年出版）。

你的情绪回应也是流露出高兴与幸福感。

此外，你知道自己与孩子所在的位置，因此知道要花多少时间才能走到孩子身边，预估好拥抱孩子需要多大力气之后，你就会做出回应，把报纸放下，弯下腰，张开手臂，然后拥抱孩子。

中枢神经系统的每个部分都无法单独运作，信息必须在不同的部分之间来回传递，只要感觉信息传入神经系统，神经系统同时输出动作信息，我们就可以执行需要执行的任务。

大脑处理感觉输入的效率越高，行为输出就会越有效；行为输出越有效，我们获得的反馈就会越多，这可以帮助我们接收新的感觉信息。人在维系生命活动的过程中，不间断地进行感觉信息处理。

感觉输入、组织加工和动作输出三种与感觉相关的动作回应

发出声响的喇叭

感觉输入：你在前往工作地点的途中，一边走一边跟随着耳机里的音乐哼着歌。到了十字路口，你先看看两侧，确定安全后，才穿越马路。紧接着，你听到了喇叭的声音，听觉器官接收到声音的刺激之后，会将这个声音信息传送到你的大脑。

组织加工：大脑中突然出现更紧急的任务，于是下达命令：停止听音乐。大脑先将所有不相关的声音过滤掉，然后分析新信息。经过分析后，大脑判定此声音属于危险信号，于是将此信息加以组织。

动作输出：大脑要你对此做出适当的回应，于是你向后退了一步。

酸李子

感觉输入：你眼前有一颗李子。这个李子看起来饱满多汁，应该成熟了，而且会很甜。于是，你咬了一口，但咬下去之后才发现李子很酸，与预期的不同。味觉器官将此信息传送到你的大脑。

组织加工：大脑认为太酸的李子对身体有害，并将此感觉信息加以组织。

动作输出：大脑告诉口部肌肉如何回应，于是你吐出李子，并告诉自己下次要更仔细地确认。

倾斜的椅子

感觉输入：你坐在海边的折叠椅上，结果椅子的后腿陷入沙子中，你在没有预期的情况下向后倾。

组织加工：大脑分析这个失去平衡的状况。

动作输出：大脑指示你要保护自己，于是你的肌肉开始收缩，头往前伸，手抓住了扶手，你重新取得了平衡，没有向后倒下去。

婴幼儿特有的感觉处理发育期

孩子的各项能力都有一个发展的过程。孩子在不断地长大，同时也在不断地形成自己的感觉。

艾尔斯博士利用一幅图来说明感觉发展的四个层级。这四个层级就像孩子搭建的积木一样：首先，小朋友把第一层的积木摆放好，接着把第二层积木摆放上去，然后，他们又搭第三层和第四层。感觉处理能力就像搭积木一样，也是一层一层建构起来的，每一层都建构在之前的基础上。同理，孩子若要处理复杂的事务，就要具备触觉、前庭平衡觉、本体觉这些基础的感觉能力（关于四个层级的讨论，可参考附录C）。

艾尔斯感觉统合的四个层级变化见图4.4。

学龄前的孩子玩得最多的就是积木，因为玩积木能提升孩子的多种能力。玩积木游戏的好处包括以下几个。

◆ 能够让孩子通过皮肤调节触觉（尤其是出乎意料的轻微碰触），并通过碰触物体（触觉）来辨别物体的物理性质。

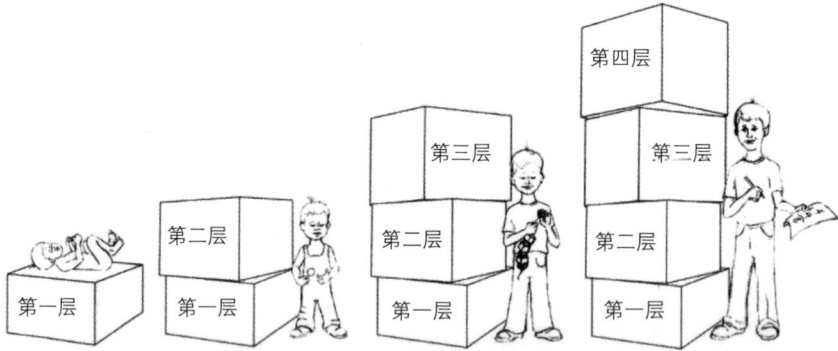

第一层
初级感觉系统
· 触觉
· 运动和平衡
· 身体姿势
· 计划动作能力
· 视觉和听觉

第一层
初级感觉系统
· 触觉
· 运动和平衡
· 身体姿势
· 计划动作能力
· 视觉和听觉

第二层
感觉启动能力
· 身体觉察能力
· 应用身体双侧的能力
· 左利手还是右利手
· 计划动作能力

第一层
初级感觉系统
· 触觉
· 运动和平衡
· 身体姿势
· 计划动作能力
· 视觉和听觉

第二层
感觉启动能力
· 身体觉察能力
· 应用身体双侧的能力
· 左利手还是右利手
· 计划动作能力

第三层
感知—动作能力
· 听觉辨别能力
· 视觉辨别能力
· 手眼协调能力

第一层
初级感觉系统
· 触觉
· 运动和平衡
· 身体姿势
· 计划动作能力
· 视觉和听觉

第二层
感觉启动能力
· 身体觉察能力
· 应用身体双侧的能力
· 左利手还是右利手
· 计划动作能力

第三层
感知—动作能力
· 听觉辨别能力
· 视觉辨别能力
· 手眼协调能力

第四层
学习和准备能力
· 功课学习技能
· 复杂的运动技能
· 管理注意力的能力
· 组织行为
· 自尊和自控

图 4.4　艾尔斯感觉统合的四个层级

◆ 能够让孩子随着地心引力来调节自己的身体姿势，也能够让孩子在空间
   中随意地移动（前庭平衡觉）。

◆ 能够让孩子觉察到身体的各个部分（本体觉）。

◆ 能够让孩子协调身体两侧的运动（双侧协调）。

◆ 能够让孩子与外在环境互动，能够让孩子制订计划、组织活动、进行一
   些陌生的活动。

◆ 能够让孩子做自己想做的事（执行动作和完成各种练习）。

孩子的内驱力（或称自我动机）会驱使他们积极参与各种活动，这些活动有
助于他们的感觉加工处理。在日常生活中，孩子会探索环境，尝试新的活动，努
力面对更大的挑战。战胜新的挑战会让孩子具有成功的快感，这种快感会激励孩
子勇往直前。

感觉处理偏差

到目前为止，本章一直谈论的是典型的感觉处理。那么什么是感觉处理偏
差呢？

偏差是可以预料的，因为每个人对感觉的反应都有自己的方式。有的人喜欢
炎热/嘈杂/辛辣/明亮，有的人喜欢凉爽/安静/清淡/阴暗，等等。

某些天才儿童高度发达的感觉处理能力给了他们巨大的优势，而一些发育不
佳儿童的感觉处理能力则可能给他们带来巨大的挑战。有时一个孩子虽然在学术
或音乐方面有天赋，却在写作或体育方面表现得不好。

本书所关注的感觉处理偏差会导致孩子在学校和社会中难以有效地互动。感
觉刺激可能会对孩子的运动、情绪、注意力或适应性反应造成挑战。

患有SPD并不意味着大脑损伤或患有疾病，而是艾尔斯博士所说的大脑"消
化不良"，或"大脑交通堵塞"。以下是孩子可能面对的困境。

◆ 儿童的中枢神经系统可能无法接收或检测到感觉信息。

◆ 大脑可能无法有效地整合、调节、组织和区分感觉信息。

◆ 紊乱的大脑可能会发出不准确的信息来指导孩子的行动。如果没有对他们有目的地做出的反应给予准确反馈，他们可能会在看、听、集中注意力、与人或物互动、处理新信息、记忆等方面出现问题。

若要找出最适合孩子的治疗方式，就要先了解孩子的感觉统合偏差属于哪一种形态，这有助于确定适当的治疗方法，帮助他们"融入团体"，成为学校和家庭中真正的一员。

第2章对感觉调节偏差、感觉辨别偏差、感觉动作协调偏差进行了分类，以下将做进一步说明。

感觉调节偏差

感觉调节偏差是SPD的一种常见情况。出现这种情况，主要是因大脑的中枢神经系统在时间掌控方面出现了问题。神经抑制和神经兴奋必须同时进行，这样产生的感觉信息才能同步。

孩子的神经系统如果出现了调节问题，情况会怎样呢？神经调节方面出现问题可能会导致以下情况。

感觉逃避：过度反应——"哦，不！"

感觉调节偏差最常见的问题是，对来自一个或多个系统的感觉信息做出过度反应。对于触觉刺激与听觉刺激过度反应是最常见的现象，这些现象常被称为"触觉防御"或"听觉防御"。

一个孩子若面对过快或过于强烈的抑制现象，就会产生感觉的低阈值，也就无法分辨这些感觉是否有用，更无法分辨这些感觉是积极的还是消极的。如果把一个感觉处理功能不正常的孩子比喻成一个茶壶，把茶壶里的水比喻为孩子的感觉，则上述情况就会是这样：如果火太大，就会让茶壶（孩子）里的水（感觉）

不断沸腾翻滚，进而冒出来。这时孩子的所有感觉接收器都被启动。这种孩子需要别人的帮助，心情才能平静下来。

感觉过度反应会使大脑无法有效抑制感觉。有这类问题的孩子不会区分刺激对他们来说是否有用，会把注意力放在所有的刺激上。这容易导致他们对刺激做出过度唤起反应，对所有的感觉进行防御，表现得恼怒、烦躁，甚至出现有威胁性的反应。

有一部分正常的孩子面对新奇的感觉体验时也会有警觉反应，如对轻微的碰触很敏感，或对土豆泥中的土豆块儿敏感，但过一会儿就适应了，没事了。然而，感觉过度反应的孩子对这种警觉却没办法马上适应或忘记。面对这种情况，正常孩子的反应是"哦，不，这是什么呀？"而感觉过度反应的孩子往往会表现为"哦，不！不要对我做这种事！"遇到害怕的事物，如遇到大黄蜂，有人会生气、大骂，而大多数正常的孩子则会出现战斗、逃避、僵住不动或害怕的反应，但终究会平复下来。然而，感觉逃避的孩子遇到相同的情况时，往往会出现过度的反应。

那么，感觉逃避的孩子会出现怎样的过度反应呢？他们如果选择以"战斗"的方式来应对，那他们不仅会表现出强烈的反抗行为或强烈的敌意，还会产生不理睬、无所畏惧和歇斯底里的行为。

如果他们选择以"逃避"的方式来应对，就会出现厌恶反应。所谓厌恶反应，是指对某种感觉的厌恶和反感，并产生强烈的回避行为。他们可能会逃跑、躲到桌子底下、爬到家具上，或者伸出双手挥舞，进行自我防御，然后想尽办法逃离威胁。他们也可能会选择被动躲避来应对，不再接近那些让他们感到难受的人和活动，或者直接走开。家长、老师往往会以为孩子不玩泥巴与旋转木马是因为"那些东西无法引起他们的兴趣"，但其实他们也很想参与其他小朋友喜欢的活动，只是他们无法参与而已。

如果他们选择以"僵住不动"的方式来应对，可能就会僵在原地，不移动也不说话，甚至会出现呼吸困难的情况。

如果他们选择以"害怕"的方式来应对，那么对他们来说，周围的一切就会变得很可怕，所有事情都会让他们感到绝望，他们会不停地大哭大闹，他们会变得很胆怯、很谨慎，不愿意接近不熟悉的人和陌生的环境。

无论如何，他们会避免感觉特别是触觉和运动体验，因为他们不能忍受。他们可能会因日常生活的变化、嘈杂的噪声和拥挤的环境而苦恼。他们可能会把不经意的触碰误解为威胁生命的一击，或者觉得如果被轻推一下，就会从地球上掉下去。"感觉处理和情绪调节之间的密切联系解释了为什么患有SPD的儿童的反应方式过于夸张，"布洛克和费尔内特·艾德在他们的著作《被贴上错误标签的孩子》中写道，"他们经常对强烈的环境刺激做出反应，就好像他们处在致命的危险中：他们真的相信他们是这样的。"

对于反应过度的孩子来说，崩溃是很常见的。临床心理学家杰德·贝克认为，崩溃是一种不断升级的负面情绪反应，通常是由感官过载引起的。尖叫、扭动、用力地抽泣，都是孩子情绪崩溃的表现。正常儿童为了引起别人的注意会当众发脾气，但当他们得到想要的东西时就不再发脾气了，而崩溃对SPD儿童来说可能是一个私人的、孤独的、可怕的事件。他们崩溃不是为了引起注意，而是因为他无法应对过度的感觉刺激。

这些孩子的崩溃可能一天发生几次。他们情绪激动，大声喧哗，这种状态会持续很长时间，可能几个小时。他们的反应频率、强度和持续时间可能"超出了标准"，远远超出了其他孩子对同样情况的反应。他们一旦出现崩溃，是很难停止的。最好的办法是在他们崩溃之前阻止他们。贝克博士这样的治疗师可以帮助家长和老师学会预测诱因的方法，让孩子控制自己的情绪，找到冷静的策略，并制订计划防止孩子即将会出现的崩溃。

另一个问题可能是交流困难。孩子可能会对非语言暗示反应过度，如大笑或扬起眉毛，并以焦虑或敌意做出反应。他们可能对别人的不快非常敏感，即使不快不是针对他们的。针对孩子进行社交用语治疗，改进孩子与人的沟通技能，才

能帮助孩子学会与别人自如地互动。

感觉不灵敏：反应不足——"等等，什么？"

感觉调节的另一种亚型是感觉反应不足，或"对感觉敏感度低"。

一个对感觉反应迟钝的孩子，往往对感觉的阈值很高。这种孩子就像坐在小火上的茶壶，他们的感觉没有接收到足够的"热量"，因而没被激活。他们需要人们点燃他们的"炉火"。

与发育正常的孩子相比，这种孩子对感觉的反应不那么强烈。

感官分散者需要大量的刺激才能达到普通的唤醒或警觉程度。他们对这个世界的反应是："等等，什么？"

感觉调节有很多维度。一个孩子的感觉反应不足可能导致他孤僻和难以参与活动。他可能只对他的内心世界和自己的身体感兴趣。

在另一个维度上，另一种感官上的掉队者可能非常有天赋和创造力，以至于他们不会注意感官上的刺激，因为他们太专注于自己的世界。他们可能会忽视周围的生命，包括他们自己的身体，似乎他们生活在自己的宇宙中。他们可能看起来被动，缺乏主动性。他们可能很容易疲劳，看起来很困，而且在婴儿期，他们可能一直喜欢睡觉。

反应迟钝的孩子可能会不停地吃啊吃，也许并不知道自己已经吃饱了（饭前给他们水、汤或新鲜水果来填饱他们的肚子，分量要小）。他们可能会咀嚼不能吃的东西，如衬衫袖口和玩具，以通过嘴获得感官信息（在网上搜索"感官咀嚼"学习一下，给他们嚼口香糖，以满足他们的口腔运动冲动）。

正常的孩子很容易懂得某些暗示，感觉反应不足的孩子却无法懂得。他们可能会因为反应不过来而撞到别人的桌子。孩子不会把"热"和"尖锐"与痛苦的感觉联系起来，因而经常不知不觉就伤到自己；孩子会想体验某些感觉，去吃一些不能吃的东西，比如吃自己的袖口、玩具等。

他们可能很难了解手势的含义，经常会误解非语言暗示，对于非语言信息的反应速度也很慢，无法"解读"别人的面部表情，也不懂别人的肢体语言。他们对小丑的古怪笨拙没有反应，对于老师要求小朋友进教室的指令也不懂，看到别人皱眉或听到动物咆哮也无动于衷。

喜欢刺激：感觉寻求—— 经常说"我要更多！"

感觉寻求的孩子比其他孩子更渴望获得刺激，而且这些刺激很难满足他们。他们会叫道："我还要！"他们会很喜欢碰触与寻求感觉刺激，也很喜欢冲撞，他们的大脑与身体会要求他们采取行动，但行动通常没有规则。

他们喜欢打嗝、放屁、说话，就是喜欢发出声音。他们可能会咬自己的手指、袖口或衣领。他们喜欢移动，也很喜欢耗体力的活动，例如在轮胎秋千上荡很久，通常不会感到头晕。他们会在草席上做出倒立的姿势，喜欢攀爬游戏区的单杠，或在书架上、窗台上、车顶上爬来爬去。这些孩子的另一个特点是，追求某种刺激感觉，却对其他感觉不在意。

电视荧幕上不断变换的影像会吸引他们的目光，闪光灯、噪声、人群、举办的各种活动（例如足球赛等）也会引起他们的兴趣。他们可能会用鼻子去闻东西，寻求令一般人反感的强烈气味，可能喜欢辛辣的食物、腌渍的食物、柠檬汁、跳跳糖。他们很喜欢冒险，天不怕地不怕，很难控制自己，总是令人头疼。

感觉不稳定：兼有反应过度与反应不足的特点——"喜欢这个，讨厌那个"

另一种感觉调节问题是过度反应与反应不足的综合症状，有这种症状的孩子头脑会快速地转个不停。反应的不稳定会干扰这些孩子的适应行为，他们可能会对某些感觉过度敏感，对某些感觉毫不在乎。他们可能会很好动，却不愿意尝试那些会把自己弄得脏兮兮的活动。反复不定是这些孩子常见的症状。

感觉不稳定的孩子可能会寻求强烈的感觉刺激（如在游乐场玩不停旋转的设施），同时无法忍受这些感觉的刺激。他们可能有时会寻求强烈的感觉刺激，有

时又会逃避这些感觉刺激。他们会受到时间、地点、食物、睡眠质量、感觉刺激等因素影响。从他们的行为来看，他们拿不定主意，似乎是在说："我喜欢这个，我讨厌那个。"

他们的感觉有时会出现波动，有时不会。他们可能害怕凌乱的玩具，渴望运动，对气味浑然不觉。他们可能会寻求强烈的感官体验，比如动感单车，但可能会出现这样的情况——周二渴望体验，周五却避而远之。他们可能不喜欢巨大的噪声或被动的触摸，但自己却喜欢大喊大叫，主动触摸看到的一切。他们不稳定的状态是多么常见！

这种孩子在日常生活中会遇到很大的困难。他们心神不定，很容易心烦。一旦心烦意乱，他们的行为会让照顾者感到困惑。他们有时的行为是协调的，而有时的行为则让人不可理喻。如果是他们喜欢的东西，他们的注意力就能持续很长时间，直到受到某些感觉干扰为止。我们很难了解这些孩子需要什么帮助，或何时需要帮助，因此养育和教导他们相当困难。

感觉辨别偏差

感觉混乱——经常问"那是什么意思？"

有感觉辨别偏差的孩子很难辨别刺激的不同，洗澡水热还是太热？把花生嚼得足够碎了，还是不能吞下去？是哪里痛——耳朵痛、牙痛还是胃痛？

他们的中枢神经系统无法精确地处理感觉信息，因此，他们也无法运用感觉信息产生有目的的适应行为，维持日常的正常运作。他们会误判某些东西与经验的重要性，其他人可以利用感觉信息来保护自己，在环境中不断学习，并与他人维持良好的互动，但是他们"获得"这些感觉信息都成问题。

完成视觉空间的任务对他们而言是一个相当艰巨的挑战，他们可能无法判断物体与人在空间中的位置，也可能在社会互动中错过重要的视觉信号。他们经常出现听觉辨别方面的问题。这些问题使他们很容易对发音相似的字或口头的指示不知所措。

　　感觉混乱的孩子身体觉察能力比较差，经常跌倒，也很难防止自己跌倒。在握着铅笔、玩玩具或与其他小朋友玩的时候，他们不懂得拿捏力度，常常弄断铅笔，费很大的劲也搭不好积木，或因为注意力不集中而撞到别的东西。感觉混乱的孩子一般会出现碰触的问题、移动的问题，通常不清楚身体所在的位置，也存在动作能力偏差。

　　感觉混乱者通常对某些感觉反应过度。对触觉的过度反应意味着他们可能会避免接触土、洗发水、纽扣和玉米棒等。因此，他们将很难辨别这些物品的物理性质，因为要了解某个东西，必须触摸它，只看是不够的。

　　当感觉混乱者在触碰、移动和身体位置方面有困难时，他们通常也会有运动偏差。这并不奇怪，他们需要进行练习来提高感官辨别能力。

感觉动作协调偏差

　　SPD的孩子除会出现感觉调节的问题之外，还可能出现与感觉动作协调相关的问题，这些问题会影响他们的活动。

姿势挑战："趴趴熊"孩子——经常说"我不想"

　　姿势偏差会造成孩子姿势不良，让他们在移动和稳定身体方面产生问题。他们可能会有肌肉松弛的问题，全身"软塌塌的"，坐着或站着的时候总是弯腰驼背，看书或吃饭时总是趴在桌子上。这些趴趴熊一样的孩子，就像被"地心引力怪兽"包围了。他们的问题可能出在前庭平衡觉与本体觉方面，由于前庭平衡觉与本体觉的处理能力不佳，他们无法判断自己身体所在的位置，也不知道自己的身体在做什么。

　　艾尔斯博士指出，人类是两侧对称的生物，这种障碍的主要症状与此相关。孩子若无法发展出双侧协调的感觉，就会出现姿势偏差，无法挺直身体，无法做动作，也无法同时或单独使用身体的两侧。"双侧统合"是将身体双侧的感觉神

经系统进行统合，同时处理双侧感觉信息的过程。"趴趴熊"孩子可能会有双侧统合的问题，导致双侧协调不佳，无法同时使用身体的两侧。举例来说，快跑、跳绳、骑脚踏车对他们来说会相当困难。

自己的身体要摆放在哪个位置、如何保持平衡等，对他们来说相当困难。此外，变换姿势（像跪下、踮脚尖）而不跌倒，对他们来说也是一个挑战。他们很难控制自己的眼睛（眼睛的活动），这导致他们的双眼协调功能、深度知觉、身体运动、动作计划的能力不佳。他们有跨越中线的问题（眼睛、手、脚无法跨越身体中线在另一侧操作），在画架上画水平线的动作会让他们觉得不自在。他们经常会为了赶上同学的速度而筋疲力尽。他们抓握门把手、水龙头、玩具、饭盒的力气很小，坐在地上时双腿经常呈W状，膝盖向前，两脚向侧边伸展，这样能让他们坐得比较稳。一般的孩子都会喜欢进行肌肉的收缩和伸展的活动，将身体的重心从一只脚转移到另一只脚上，两脚并拢，然后转动身体，像动物一样跑等，然而，这些活动对"趴趴熊"孩子来说太困难了。

运用能力偏差：笨手笨脚的孩子——经常说"我不会做"

运用能力偏差是第二种感觉动作协调偏差，是指孩子的感觉处理能力与动作计划能力在发育时期遭受干扰。

运用能力偏差会使孩子变得笨手笨脚，动作没有效率，无法把身体的各个部分组织在一起。那些有运用能力偏差的孩子走楼梯的时候，经常踩空，拿不住汽水瓶，这些都是"目标偏离"问题。艾尔斯博士指出，这些孩子的智力与肌肉可能都正常，问题出在他们的智力与肌肉的"连接"上。因为某些因素导致触觉、运动、身体位置等信息无法由大脑传输到身体各部分，孩子无法"收到"这些信息就无法应用这些信息（下一章会用许多例子来说明SPD如何导致运用能力偏差）。

·感觉统合偏差可能的成因·

接下来我们讨论造成感觉统合偏差的原因，可能包括如下方面。

1. 遗传体质，父母、兄弟姐妹或其他近亲有感觉处理偏差。

2. 由胎儿时期的环境因素导致，主要包括：胎儿吸收了化学物质、药物、铅等有毒物质；母亲吸烟、吸毒或酗酒；一些无法避免的孕期并发症，如病毒、慢性病、很大的情绪压力、胎盘的问题等。

3. 早产或胎儿体重过轻。

4. 出生创伤。造成出生创伤的原因主要包括紧急剖宫产、胎儿缺氧，或在出生后不久就动手术。

5. 出生后的环境因素，主要包括：

环境中的污染物质；过度刺激，如遭受虐待、战争等；刺激不够，很少有机会活动、玩耍以及与他人互动；长期住院。

早年生活的压力，例如在家中或在经营不善的孤儿院等机构中被剥夺被看护的权利，贫困，粮食短缺；其他形式的社会/情感忽视，导致对早期神经发育的刺激不足。

不好的童年经历，如遭受虐待、战争和其他导致过度刺激的身体威胁。

6. 其他不明原因。

许多令人振奋的研究慢慢揭开了感觉统合偏差的面纱，艾尔斯博士在这个领域的研究，为我们奠定了基础。到目前为止，已有SPD的量化研究和脑功能造影研究，这些研究证实了感觉统合偏差患者的脑部结构与正常人的大脑结构有区别。如今，科研人员对于SPD问题的区分更加明确，对于SPD的成因也更加了解，这些科研进展会为SPD患者带来有效的干预治疗。

·六项重要声明·

在本书中，你将会看到许多清单，这些清单罗列了有感觉统合偏差孩子的特点。此外，你还会看到，这些孩子在家里与在学校里表现出的各种感觉不统合的行为。你可能会说："这不就是在讲我的孩子吗？"你也可能会说："这一定不是在讲我的孩子，我的孩子没有出现任何一种症状。"也许你的孩子处于以上这两者之间。

阅读本书时，请记住以下几点。

1. SPD的孩子并不会出现本书中提到的所有症状。SPD并不只是一种症状，而是很多种症状，没有人会出现所有感觉统合症状。

2. 通常SPD的孩子不只是一种感觉有问题，而且他们的问题主要集中在一个系统内，比如触觉系统，他们也不一定会出现该类别的所有症状。换言之，有前庭平衡觉偏差的孩子也许平衡感很差，但可能肌肉张力很好；有触觉偏差的孩子可能无法忍受轻微的碰触，但却没有口部防御，吃东西不成问题。

3. 孩子的某个感觉系统可能会同时出现过度反应与反应不足的情形。孩子对于某种感觉可能会反应过度，对于某种感觉却反应不足；孩子可能会受到时间、情境等因素的影响，并对相同的刺激产生不同的反应。也许昨天，孩子因为经过了充分的休息，听到火警警报器的声音时可以调适得很好，但是今天，孩子因为没有休息好，就连听到关门的咔嚓声也会崩溃。总之，情境是反应差异的重要因素。

4. 有时候，SPD的类别并不明确，而且各类别大多数情况下会出现重复的症状。例如，感觉过度反应与感觉反应不足的症状，看起来就与SPD及运用能力偏差类似，而且往往会与感觉辨别偏差及感觉动作协调偏差相结合。

5. 孩子虽表现出SPD的症状，但其实属于另一种状况。例如，被碰触时会退缩的孩子看起来有触觉过度反应的问题，但实际上他们的问题可能是焦虑症，或被虐待所导致的。

6. 每个人或多或少都会出现感觉处理的问题，因为我们一直都在进行感觉处理，而且不可能随时都处在良好的状态。所有的刺激都可能暂时干扰大脑的运作，使大脑感受到过多或过少的感觉刺激。

表4.4列出了感觉统合正常和感觉统合偏差五方面比较的情况。

表4.4 感觉统合正常与感觉统合偏差的比较

	感觉统合正常	感觉统合偏差
什么 （what）	具有从身体外部及外在环境接收感觉信息，并将这些信息加以组织并运用的能力。我们借由这项能力来维持日常的运作	触觉、前庭平衡觉、本体觉处理效率不佳。有感觉统合偏差的人可能很难处理其他基本的感觉信息
哪里 （where）	发生在中枢神经系统（神经、脊髓、大脑），是一个平衡且互惠的过程	发生在中枢神经系统，感觉输入与动作输出的过程中
为何 （why）	让我们得以生存、理解这个世界并以有意义的方式与环境互动	中枢神经系统中的神经元连接效率不佳
如何 （how）	通过皮肤、内耳、肌肉、眼睛、嘴巴和鼻子接收感觉信息，是自动发生的	感觉神经元无法将有用的信息传送到中枢神经系统，或动作神经元无法把有用的信息传送到身体各处，无法让身体产生适应行为
何时 （when）	在母亲子宫里时就开始发育，童年时持续发育，到了青少年时期，大部分功能已发育完全	发生在出生之前、出生时，或出生后不久

第 **5** 章

如何辨别孩子的触觉问题

小朋友玩绕圈圈游戏

幼儿园里的小朋友聚集在一起，准备玩绕圈圈的游戏。贝克老师已经准备好了各种形状的南瓜，有橡果形小南瓜、长条南瓜、飞碟形南瓜、锥形南瓜、普通的圆南瓜和美洲南瓜（西葫芦）。大部分孩子都坐在自己的方形毯上，罗伯特却站在一旁。其他小朋友都坐好了以后，他才小心翼翼地拿着他的方形毯，朝着墙的方向走去。他从自己的口袋里拿出两只塑料恐龙，两手各握一只。他终于坐了下来——选了一个最远的位置，尽力远离其他小朋友。

帕崔克拿着自己的方形毯，却没有好好坐下来，而是像飞机坠机一样，整个人咣当一声趴在地毯上。他把手脚张开，在地毯上来回地移动，一边移动一边说："大家快来看！我是雨刷！"贝克老师说："帕崔克，把手放开！"他才停下来。

绕圈圈活动终于开始了，贝克老师把每一个南瓜都传了下去，让小朋友摸一摸南瓜。

帕崔克用力挤压着每个递到他手里的南瓜。他把南瓜放在地上滚，还把南瓜放在两腿间，由上而下地摩擦着，并用舌头去舔南瓜，还把美洲南瓜捧起来啃。贝克老师提醒他："只能用手摸，不要用嘴咬。你把南瓜递给蕾娜，该轮到她摸了。"

可是蕾娜看着窗外，很不专心。每次帕崔克把南瓜放到她的大腿上时，她都会吓一跳，然后看也不看，就把南瓜传给罗伯特。但是，罗伯特不愿意碰那些南瓜，当蕾娜把第一个南瓜递给他时，他用塑料恐龙戳她的脸。蕾娜吓得往后退缩，丢下南瓜。她认为罗伯特不想接南瓜，就直接把南瓜放在他面前。罗伯特用他的恐龙把每个南瓜都推开了。

最后，贝克老师把南瓜堆放在地毯中央，然后说："大家现在看着南瓜，有谁可以说说自己都看到了什么？"

几个小朋友举手发言:"这个南瓜很重。""美洲南瓜很光滑。""小飞碟南瓜凹凸不平。"贝克老师说:"你们都很棒!那你呢,蕾娜?你有什么要补充的吗?"

蕾娜顿了一下,然后说:"我看见了六个南瓜。"

"没有错!"贝克老师说,"还有呢?"

"就这些。"蕾娜说。

贝克老师转向罗伯特,然后问:"那你呢?"

罗伯特说:"好无聊。"

"才不无聊!"帕崔克大声喊道。他冲向前,把所有的南瓜放成一堆,然后坐在上面滚动。"真好玩!"

贝克老师把南瓜拿走,然后说:"我们把南瓜收起来,唱首歌,然后是自由活动的时间。"

绕圈圈活动就此结束了。

一般人或许会认为罗伯特、帕崔克、蕾娜与正常的学龄前儿童没有什么区别,我们或许会把事情看得很简单,认为小朋友就是这样。但是,如果我们看得更仔细一些,就会注意到他们的异常行为。

碰触与被碰触会让罗伯特觉得很痛苦,他会避免与其他小朋友靠得太近,而且会把自己的恐龙当作防御武器。触碰方形毯会让他觉得不舒服,他不愿意用手去碰南瓜。碰触与被碰触会让帕崔克很高兴,他会用整个身体去摩擦地毯,与其他小朋友扭打在一起,还会很粗鲁地玩南瓜,把南瓜放在嘴里咬,或把南瓜放在地上,还在上面滚。蕾娜不擅长靠触摸来认东西,她没有把注意力放在南瓜上,所以无法感觉到南瓜是重是轻、是大是小、是凹凸不平还是很光滑。她只注意到南瓜的数量,没有注意到南瓜的特点。

这几个孩子看起来或许很不一样，不过，他们有一个共同点——他们的触觉都出了问题。本书接下来先介绍触觉系统的运作方式，然后分析罗伯特、帕崔克、蕾娜的感觉统合偏差问题。

˙灵活运作的触觉系统˙

触觉系统对于人类的生理、心理会产生深远的影响，每个人从出生开始，都需要持续的触觉刺激，才能让身体有组织地持续运作。

我们通过皮肤的感觉接收细胞（称作"感受器"）获得感觉信息，这些接收器遍布于全身上下的皮肤之中。轻微碰触、重压、振动、移动、疼痛等可以让触觉接收器启动。

感受器在无毛的身体部位——如指尖、手掌、脚底、嘴唇和舌尖，密集而敏感。一些毛囊中的感受器——如睫毛、头发等也非常敏感，在触碰未及皮肤之前就能察觉到。较少的感受器位于被细毛覆盖的区域，这些区域的触觉信息不那么重要，如手臂、腿和躯干等。

虽然我们认为触觉信息主要来自皮肤，但有些触觉是内部的。关于肌肉收缩和关节压缩的信息通过本体觉系统进行传递，关于肺、心脏和膀胱的信息通过内感系统传递，它们告诉我们体内发生了什么，这是感觉统合的另一个例子。

这些是外部感觉，都来自体外的刺激。我们一直不停地在碰触与被碰触，碰触他人、家具、衣服和汤匙等。即便我们全身赤裸，我们的脚也会接触地面，而空气也会碰触我们的皮肤。

艾尔斯博士指出："在所有的感觉当中，触觉尤其与身体持续运作有关，会影响其他感觉。"触觉一直是演化过程中占有主导地位的感觉，不仅在人出生时占有主导的地位，而且在整个人生之中也会持续对身体的运作产生影响。触觉的影响力超乎一般人的想象。

感觉系统使我们与世界建立联系，从我们依偎在母亲怀中时，它就开始运作。感觉系统为我们提供了必要的信息，这些信息对于我们的身体意识、动作计划能力、语言的发展、情感安全和社交技能都很有帮助。

触觉系统是由两个部分组成的。第一个部分是保护系统（或称防御系统），其作用是提醒我们注意身边潜在的危险刺激。保护系统的触觉接收器主要分布在长着毛发的皮肤中，如头部、面部、生殖器周围，轻微的碰触就会让这些接收器产生相应的回应。

有时候轻微的碰触会让我们有所警觉，例如一只蚊子叮了我们，我们的神经系统会发出"不好了！"的信息，然后，我们就会进行自我保护，做出及时的回应。有时候，轻微的碰触对我们很有吸引力，例如爱人温柔地抚摸我们，这时我们的神经系统就会说："没问题！"这是人们为了繁衍后代而做出的正面回应。

在正常情况下，随着我们与其他人或事物产生的互动越来越多，触觉的调节能力也会渐渐提升，我们就学会了抑制不重要的感觉，也学会了忍受婴儿期无法忍受的轻微碰触。当然，如果有陌生人靠得太近，我们还是会闪避；如果睫毛进入了眼睛里，我们还是会不停地眨眼。然而，与剧烈的疼痛相比，我们对轻微的不适往往不太注意。

当然，知道我们是在主动地触摸某物，还是在被动地触摸某物是很重要的。同样重要的是知道我们正在触摸什么或什么正在触摸我们。

触觉系统的第二个部分是触觉辨别系统，这一系统可以让我们辨别正在感受的碰触属于哪一类。我们能感觉到妈妈的皮肤很温暖，爸爸的胡须很扎人，脚下的沙砾很粗糙……这些感觉让我们有了洞察力和直觉，也让我们更加了解这个世界。我们以前曾在哪里有过同样的触觉呢？这种触觉代表了什么？我们应该如何应对呢？有了记忆与解释碰触意义的能力，我们就能慢慢地发展出触觉辨别的能力。神经系统传递出的信息是在告诉我们：我们正在碰触某个东西，或者某个东西正在碰触我们；我们身体的哪一个部位受到了碰触，碰触是轻还是重；触碰我们的物体特性如何，例如其大小、形状、重量、密度、温度和结构怎样。触觉辨别系统的接收器位于皮肤内，尤其是手掌、指尖、脚底、嘴巴和舌头上。深层的碰触或"触压"会引发接收器对刺激的回应。继续读下去，你就会明白，人们的正常功能为何需要可靠的触觉系统，以及人们的触觉失调为何会对各项功能造成严重的影响。通过触觉辨别系统，我们获得了有意识的洞察力、直觉和关于世界的知识。我们在哪里感受过这种触摸？那种触摸意味着什么？我们该怎么做？有了记忆和理解触觉意义的能力，我们就能逐渐发展出触觉辨别能力。

神经系统告诉我们如下信息：

◆ 我们正在接触某物或某物正在接触我们；

◆ 触碰发生在我们身体的哪个部位；

◆ 触摸是轻是重，强烈还是轻微；

◆ 我们的感觉持续了多久；

◆ 物体的属性如何，例如它们的大小、形状、重量、密度、温度和纹理等。

你会明白为什么一个平稳运行的触觉系统是正常工作和生活所必需的，以及触觉处理的差异是如何影响孩子的。

·失调的触觉系统·

SPD会干扰孩子的触觉。他们经常会因为被碰触而难受，从而避免接触人和物品。他们可能存在感觉调节、感觉辨别或基于感觉的运动技能方面的问题。

触觉过度反应的孩子

在没有预知的情况下，触觉过度反应（触觉防御）的孩子如果被别人轻轻地碰触，就会出现负面的情绪反应；即使不是真的被碰，只是孩子预感到会被碰触，也会出现类似的反应。别人的碰触往往会让他们觉得不舒服，他们会感到害怕或惊恐，出现逃避、害怕、僵住不动等反应。

大人帮他们穿衣服或把他们抱起来时，他们会挣脱。他们会脱掉衣服，挣脱安全座椅。如果别人靠得太近，他们就会感到不舒服，甚至会打对方，或对别人大喊大叫。

他们的手指碰到颜料、宠物或其他人时，会吓得跑掉。他们也无法忍受不熟悉的人碰触他们。对于那些令他们感到沮丧的东西或人，他们可能会选择逃避，不再接近。

洗澡的时候，他们经常害怕得哭出声来。如果在洗手时，不小心弄湿了袖口，他们会洗到一半就突然停下来，不知如何是好。

所有的孩子都需要靠触觉来了解这个世界。触觉防御的孩子该如何获得触觉信息呢？答案是——靠碰触！

父母们在知道了自己的孩子有触觉反应过度的情况时，通常都很困惑。他们会替孩子抗议："我的孩子经常会要求大人拥抱或帮他按摩背部。他手里总是习惯性地拿着东西，怎么能说他有触觉偏差呢？"

要回答这个问题，首先需要了解孩子喜欢或不喜欢哪种接触，或者渴望哪种碰触。一般而言，他们不喜欢别人让他们处于被动状态，也不喜欢在没有任何预先提示的情况下碰触他们，如轻吻。亲吻对他们而言就是侵犯，他们会试图擦掉吻痕。他们不喜欢别人轻轻地碰触他们，却会接受甚至要求别人给他们结实的碰触，例如给他们一个"熊抱"。这种拥抱是结实的碰触，会带来很大的身体压力与美好的感觉，确实有助于缓和他们对于轻触的敏感反应。

然而，即使孩子很渴望拥抱，但如果拥抱他们的人不是他们觉得"很好"的人，他们也可能拒绝。所谓"很好"的人可能包括父母或值得他们信任的人。他们觉得"很好"的人可能包括同学、保姆、亲戚，或者爷爷、奶奶等。

触觉调节正常的孩子只在早上醒来的时候或者白天需要触觉信息，感觉统合偏差的孩子则比触觉正常的孩子更需要触觉信息。为了获得大脑所需的刺激，他们可能会很积极、重复地碰触某些物体的表面或者亲近某些质地的物品，这些物品的表面与质地可以安抚他们，让他们觉得舒服。举例来说，他们可能会像动画片《史努比》里的莱纳斯一样，总是抱着毯子；他们也可能会一直握着某样东西，如棍子或玩具等；他们可能会把玩具送进嘴里。这些东西或许是他们的防御工具，让他们在面对环境里突如其来的碰触时，能够自我防御。

表5.1列出了触觉反应过度的孩子与正常孩子的对比。

表5.1　　　　　　　　触觉反应过度如何影响孩子的行为

正常的孩子	触觉反应过度的孩子
艾萨克3岁，可以接受爸爸在他上学前替他梳头洗脸。虽然他不喜欢这种感觉，不过仍然可以适应，而且马上就能调节过来。他的神经系统已经发育完全，他能抑制"逃跑"的冲动	维尔3岁，上学前爸爸想帮他梳头与洗脸，他却退缩不前。他会把爸爸一把推开，大叫："你把我弄疼了！"他对碰触很敏感，他在抗拒所有的碰触，所以才会出现"反感或逃跑"的反应。吃早餐时，他一直闷闷不乐

触觉反应不足的孩子——"等等，什么？"

触觉反应不足的孩子往往无法注意到碰触的感觉，也无法知道这种碰触是舒服的还是疼痛的。当妈妈抱起他们的时候，他们不会发出满足的声音，反而好像在说："等等，正在发生什么呢？"脚趾被踩到的时候，他们不会大叫："好痛！"反而好像在说："我没注意到疼。"

与触觉过度反应的孩子随时保持警觉的状态相比，触觉不灵敏的孩子则往往无法对触觉做出有效回应，因而无法进行自我保护。事实上，除非碰触的力度很大，否则他们完全不会注意到碰触的感觉。

表5.2对比了触觉调节正常和触觉反应不足的孩子的表现。

表 5.2   触觉反应不足如何影响孩子的行为

正常的孩子	触觉反应不足的孩子
兰迪 6 岁，他从脚踏车上摔了下来，擦伤了膝盖。他跑进屋里哭哭啼啼地告诉保姆发生了什么事。保姆帮他包扎伤口，并安抚他。他继续在屋里一跛一跛地走着，抱怨了一会儿，停止了哭泣。等到朋友来家中玩的时候，他就忘了受伤带来的疼痛	乔治 6 岁，他从脚踏车上摔了下来，两个膝盖都擦伤了，但他并不在意膝盖的伤。他再次坐在脚踏车上，继续骑车。保姆后来发现了，想要帮他清理伤口，他却不理她，还说："我不疼。"

触觉寻求的孩子——"要更多！"

　　所有的孩子都需要凭借丰富的感觉来了解周围的世界，而触觉寻求的孩子比大多数孩子需要更多的皮肤接触，需要更用力的拥抱。他们会碰触遇到的任何东西，经常一边跑，一边碰撞家具和墙壁，还会去碰其他孩子都知道"不该碰"的东西。那些不能碰的东西，如易碎的盘子、很热的蜡烛都是他们"非碰不可"的东西。

　　别人认为某些物体的表面摸起来很不舒服，而这类孩子却很渴望碰触那样的东西，并不断地去碰触。例如，他们会在粗糙的树皮上摩擦自己的手，或光着脚丫走在碎石上。他们会在嘴里塞满食物，跟别人靠得很近，冲撞别人，用手去抓别人或碰触别人，就算别人早就说过这样很讨人厌，他们还是会我行我素。他们很喜欢那些会把自己弄得脏兮兮的游戏，他们会寻找水坑、泥巴、橡皮泥、胶水、颜料等一类的东西，越玩这种东西，他们就越开心。感觉寻求的孩子坚持寻求触觉刺激，也经常引起很多麻烦。

　　表5.3对比了触觉调节正常的孩子和触觉寻求孩子的不同表现。

表 5.3 触觉寻求如何影响孩子的行为

正常的孩子	触觉寻求的孩子
幼儿园老师把小朋友召集在一张铺着塑料桌布的桌子周围，并在每个小朋友的前面挤了一些剃须膏。维格尔 5 岁，很喜欢用手指头蘸着剃须膏画画。他在自己面前的桌布上抹了一些剃须膏，然后在剃须膏上写下自己的名字。当布莱斯开始烦他时，他大叫一声："住手，不然我对你不客气了！"然后很快往后退。之后，他把手洗干净，开始在离布莱斯很远的一张桌子上拼拼图	布莱斯 5 岁，很喜欢用剃须膏画画——这是他们老师自创的手指画活动。他把剃须膏抹在自己的手上、胳膊上、脖子上和脸上，但这样还不过瘾，他开始把剃须膏抹在维格尔身上。维格尔对他说："住手，不然我对你不客气了！"布莱斯回到桌前，把剃须膏抹到其他小朋友的位置。他们都表示反对，老师也走过去制止。他可以整天这样玩，但他的行为已经影响到其他小朋友

他们喜欢玩脏兮兮的东西，不仅会弄脏衣服与教室，还会让周围的人感到反感。他们主要是想获得神经系统所需的刺激，而非惹恼别人。由于他们无法说明自己的需求，因而常常让别人觉得不舒服而讨厌他们。对这些孩子进行治疗，可以帮助他们的神经系统进行调节。如果是在家中与学校，则可通过许多安全、适当、有趣与简单的触觉活动来帮助他们（可参考《感统游戏：135个促进感觉统合的游戏，在欢笑中玩出聪明和健康》一书中的建议）。

感觉不稳定的孩子——"我喜欢这样，我不喜欢那样。"

就像一枚硬币有两面，感觉不稳定的孩子，会出现感觉过度反应和反应不足的情况。也许这一分钟，他们还很喜欢某些活动，比如梳头或被紧紧地拥抱，而下一分钟，却又变得非常讨厌这些活动。他们会因别人碰触他们的手臂而大声尖叫，但锁骨受伤却没有太大反应；他们可能很喜欢在床垫上跳来跳去，却很讨厌背部按摩，"我喜欢这样，不喜欢那样"是他们的口头禅。

表5.4对感觉调节正常和感觉不稳定的孩子做了对比。

表5.4　　　　　　　　感觉调节能力如何影响孩子的行为

正常的孩子	感觉不稳定的孩子
彼得 10 岁，他和他的朋友科迪今天不打算坐公交车，而是一路踢着罐子，走路去彼得家。 两个小男孩踢完罐子后，很有活力，来到彼得家后，就开始在厨房里揉面团，一起烤制脆饼。彼得经常做脆饼，所以很习惯手上满是面粉的感觉，他喜欢把面团揉成动物和人的形状	科迪没有乘坐公交车，而是走路去彼得家。他很享受揉面团的感觉，也和彼得玩得很开心。后来，彼得妹妹开始吹萨克斯。萨克斯的声音惹毛了科迪，他变得很不开心。他再也无法忍受手上的面团，于是跑到洗手间把手上的面洗掉，然后冲了出去，一句话没说就离开了

触觉辨别偏差："那是什么意思？"

有感觉统合偏差的孩子，很难把注意力放在人或物的物理特性上，如果他们有感觉调节的问题，就说明他们的中枢神经系统正在被其他事物干扰着。如果他们属于感觉逃避型的孩子，他们的手就会"永远离不开"口袋，或者为了保护过于敏感的手掌，而总是握拳。如果他们属于感觉寻求型的孩子，他们就会去碰触出现在眼前的东西，从不会分辨这么做是否恰当。

如果孩子的感觉调节出了问题，感觉辨别系统可能就无法顺利运作（触觉分辨能力差的孩子往往会有触觉方位感，但并不是每个个体都如此）。感觉辨别效率不佳或感觉辨别系统发展不完全，都会影响孩子运用触觉系统的能力，使孩子难以使用触觉系统来应对日益复杂的活动需求，会影响孩子的各门功课。即使他们之前已经玩过积木，或用过三孔活页夹，再次接触这些东西时，他们还是需要重新摸索，重新感受这些东西的重量、质地和形状。他们的大脑中可能会出现很多问号，然后会问："那是什么意思？"

触觉辨别正常的孩子和有触觉辨别偏差的孩子，在某些方面的表现是不同的，见表5.5。

表5.5　　　　　　　　　　触觉辨别偏差如何影响孩子的行为

正常的孩子	有触觉辨别偏差的孩子
埃利是幼儿园的小朋友，她正在用橡皮筋与雪茄盒做"竖琴"。触觉分辨能力可以帮助她辨别橡皮筋的不同，她选了几条特性不同的橡皮筋，有些大、有些小，有些细、有些粗，有些松、有些紧。她把这些橡皮筋绑到雪茄盒上，仔细排列好，避免橡皮筋叠在一起。她拨弄这些橡皮筋，可以弹出美妙的声音	5岁的帕斯蒂拿了一大把橡皮筋，她不知道哪些橡皮筋弹性大，哪些弹性小。对她来说，这些橡皮筋没什么两样，因为她的触觉辨别能力不好，无法分辨。她很努力地把一条橡皮筋捆到雪茄盒上，但失败了，然后她就放弃了。感觉的调节偏差成了她的问题

有此症状的孩子似乎无法掌控自己的双手。他们的手仿佛不是他们的，而像不熟悉的附属物品一样。他们不能用手指向他们想要的书，也不能不看着纽扣而扣好扣子。他们很难学习新的活动技能。他们无法通过触摸判断东西的材质，无法分辨出教室里的物品，更无法执行普通的手指的工作。如果受伤了，他们也不知道哪里受伤了，更无法判断疼痛是严重了还是减轻了。他们甚至无法察觉自己是否饿了，也不知道自己是否需要小便。

触觉如何影响日常活动

触觉除有助于我们自我保护、区分不同的物体、完成任务之外，也提供给我们日常各种活动所需的信息：

◆　身体觉察（身体感知）　　　◆　功课学习

◆　动作执行（动作计划）　　　◆　安全感

◆　视觉辨别　　　　　　　　　◆　社交技能

◆　语言

身体觉察（身体感知）

触觉与本体觉都会影响个人对身体各个部位的认识，也会影响身体各个部位之间的联系以及身体部位与周围环境的联系。有了良好的触觉辨别能力，孩子就可以发展身体觉察能力（身体感知），身体就像有了地图一样，能轻松执行有目的性的动作，知道处于何处，正在做什么事。

触觉失调的孩子一般缺乏良好的身体觉察能力，无法很自在地在环境中运用身体各个部位，只要一移动就会碰到东西。穿衣服时，他们的手脚不知道该怎样摆放。他们宁愿站在角落，也不愿意和不熟悉的人在一起。移动甚至可能会让他们感觉衣服不舒服。他们的中枢神经系统会告诉他们："最好站得非常直，这样才能避免一切不舒服的感觉。"

正常的孩子和身体觉察能力差的孩子表现得不一样，见表5.6。

表 5.6　　　　　　　　　身体觉察能力对孩子行为的影响

正常的孩子	身体觉察能力差的孩子
詹姆斯是三年级的小朋友。他很喜欢音乐课上教的"脑袋、肩膀、膝盖和脚趾"这首歌。随着节奏变快，触碰的速度也要变快，他很喜欢这种节奏越变越快的感觉。音乐结束后进入了休息时间，詹姆斯穿上夹克，拉上拉链，然后戴上手套，朝教室外走去	罗杰站在最后一排，低着头，感觉没什么精神，还皱着眉头。他讨厌"脑袋、肩膀、膝盖和脚趾"这首歌。这首歌的节奏太快，他很难及时碰触自己的身体部位。休息时间还没到，他就很专注地穿夹克，但穿夹克对他来说是个很难的任务。戴手套让他很不舒服，也实在太麻烦了，于是他干脆不戴手套，直接把手插入衣服口袋

动作执行（动作计划）

每组新的动作都需要练习（动作计划能力）。小朋友第一次玩攀爬架、第一次把皮带穿过皮带环时，都必须有意识地将他们所要做的动作计划好。通过这种练习，他们就可以成功做好这些动作，因为他们已将各种触觉统合在一起。

有些孩子没办法很自在地展现自我。这些孩子的动作计划能力可能很差（或者说有动作运用能力偏差），他们可能会笨手笨脚的，很难计划或组织自己的动作。比如，他们可能不愿意吊在单杠上，或者不愿意在单杠上练习用双手一点一点地往前移动。如果碰触蒲公英会让他们觉得不自在，他们就不会伸手去采蒲公英。他们越不愿意尝试，不会做的事情就会越多，许多技能就会越生疏，因此，对这些孩子来说，不愿意练习会让他们相当吃亏。

动作计划能力对孩子的影响是比较大的（见表5.7）。

表 5.7　　　　　　　　　　动作计划能力对孩子行为的影响

正常的孩子	动作计划能力差的孩子
查理 4 岁。他早上醒来，穿上蓝色牛仔裤，把新皮带系上，扣好。他一只手拿着葡萄柚，另一只手用汤匙舀出果肉。该准备上学了，他爬进车里，系上安全带。到了学校，他解开安全带，跳下车去。他在学校的柏油路上看见一辆新的三轮车。这辆三轮车比他之前骑过的要大，不过他知道怎么坐上去。他伸手去握车把，伸脚去踏踏板。他骑了一会儿，感受到骑车的快乐	拉斯 4 岁。他起床时动作慢吞吞的。妈妈已经把蓝色牛仔裤和皮带放在他床边，但他不愿意穿牛仔裤，也不想系皮带，做这些事情对他来说太困难了。他费了很大劲儿才穿上他最喜欢的裤子——一条有松紧带的运动裤，然后小心翼翼地走下楼。他每下一个阶梯都会先迈右脚，再迈左脚。他把一把汤匙插进葡萄柚里，结果不小心撞掉了盘子。该上学了，他费了好大劲儿才爬进车里，然后等妈妈帮他系上安全带。到了学校，他没办法自己解开安全带，需要老师帮助。解开安全带后，他像蜗牛一样慢悠悠地下了车。在学校的柏油路上，拉斯朝一辆旧的三轮车走去。其他小朋友都骑着脚踏车绕圈，只有他坐在一旁，不停地晃着脚

粗大动作控制

执行动作在两大类活动中必不可少。第一类是粗大动作。所谓粗大动作，就是负责协调体积较大的肌肉或身体中央的肌肉，控制弯腰、举东西、扭转、伸展等动作，并控制四肢的活动。

那些触觉有困难或者本体觉不好的孩子，往往体会不到周围世界中物体的感觉，他们要很久才能学会粗大动作的控制技能，所以很难用有意义的方式学习、移动和玩耍。粗大动作控制能力不足的孩子的表现见表5.8。

表 5.8　　　　　　　　粗大动作控制能力如何影响孩子的行为

正常的孩子	粗大动作控制能力不足的孩子
格温 10 岁。她很喜欢玩 "上上下下" 这种快速移动的游戏。这种游戏的规则是一个人把球高举过头，传给下一个人，下一个人拿到球后，必须弯腰，把球由胯下丢出去，传给下一个人。对格温来说，这个游戏真的太好玩了！	吉姆 10 岁。玩 "上上下下" 的游戏对她来说很困难。她的动作很慢，也很笨拙，双手拿着球会让她觉得不舒服，而且有时候她手中的球还会不小心掉下去。每次她停顿下来而耽误了比赛的时候，其他小朋友都会很生气。对她而言，这个活动一点儿也不好玩……

精细动作控制

执行动作在另一类活动中也必不可少。这类活动被称作 "精细动作" 活动。精细动作通常是在儿童的粗大动作发展完成之后开始发展的，指的是手指、脚趾、舌头、嘴唇等小肌肉群的运作。

有触觉偏差的孩子经常轻轻握拳或把手插进口袋，避免触觉的刺激。他们很难运用普通的工具，如餐具、剪刀、蜡笔和铅笔等。孩子在学校时，需要大量地写字，并执行其他精细的动作。因此，如果年龄稍大些的孩子这类能力出了问题，就会感到非常沮丧。这类孩子的自理能力很差，吃东西时往往掉得到处都是。此外，他们的发音不准确，无法顺利地沟通。他们可能会用手势代替说话，因为他们不太能控制舌头与嘴唇的精细动作。

精细动作控制能力正常和在这方面有偏差的孩子的表现见表5.9。

表 5.9　　　　　　　　精细动作控制能力如何影响孩子的行为

正常的孩子	精细动作控制能力差的孩子
亚历克斯是幼儿园的小朋友，今天他们班要进行木工活动。亚历克斯在木箱中寻找所需的工具，选了自己需要的材料，制作了一架飞机。他把飞机拿到外面，试了许多不同的方法，尽力让飞机飞起来。晚餐时，他很仔细地说明飞机的制作方法，还说了飞机飞得多棒之类的事。亚历克斯的动作执行能力很棒	罗伊 4 岁，他想制作一架飞机，但不知道怎么开始，于是老师就拿给他两片木片。他不太会用锤子，老师帮他用锤子钉好木片。他的飞机看起来很棒，他在室外尝试着放飞，结果飞机落到了他的脚边。接着，他站起来，收起飞机，一直到放学的时候，都没再试试放飞。晚餐时，爸爸问他今天在学校做了什么，罗伊没办法表达自己的想法，于是就把那架可爱的飞机拿给爸爸看。罗伊有精细动作控制能力运用方面的问题

视觉辨别

触觉系统在视觉辨别能力的发展过程中扮演着重要的角色。视觉辨别能力指的是大脑解释眼前景象的能力。孩子可以通过触摸物体，把物体与物体的差异存储在大脑中。举例来说，他看见了雨水坑，不用触摸就能知道雨水坑又湿又凉，踩在水坑里会让鞋子湿漉漉的，因为他之前有过这样的经历。

通常，幼小的孩子一般会同时触摸与观看，许多累积起来的触摸经验形成了视觉辨别的基础。然而，孩子的大脑如果对触觉的刺激管理不当，就无法把触觉与视觉的信息结合在一起。可以说，他们会看东西，却不了解自己看到的东西。

视觉辨别能力对孩子行为的影响见表5.10。

表5.10　　　　　　　视觉辨别能力如何影响孩子的行为

正常的孩子	视觉辨别能力差的孩子
幼儿园的老师发给每位小朋友一些剪成各种形状的塑料片。每个塑料片都有不同的性质：有的大，有的小；有的是红色的，有的是黄色的；有的是圆形的，有的是正方形的，有的是长方形的。接着，老师把一系列形状类似的塑料片放到地毯上，请小朋友找出他们手上的塑料片与地板上的哪一个塑料片形状一样。乔伊马上就知道答案了，因为她5岁的时候，已经碰触过许多类似的东西。她把自己手上的红色正方形塑料片放在了地板上形状相同的塑料片的旁边	克莉丝5岁，老师把一个黄色矩形大塑料片拿给她，克莉丝没有拿住，塑料片掉到她的大腿上。轮到她配对形状时，克莉丝不确定塑料片的大小与形状，只知道塑料片是黄色的。她犹豫了一下，然后把黄色矩形大塑料片放在一个黄色正方形小塑料片旁边。班上有个同学指出了她的错误，老师就请这位同学告诉克莉丝如何找到相同的形状

语言

触觉有助于语言能力的发展。婴儿凭借碰触来探索周围的世界，他们一边移动一边触碰，积累了不少经验，他们可以从其他人对他们的评价中吸收语言的信号。

"那是小雏菊，可以轻轻碰哦！"

"用力拉小推车，用力，再用力！"

"脚伸出来，我帮你穿鞋。"

"球在哪里？在沙发底下。去捡球，把球抛给爸爸。"

"哇！你摔了个倒栽葱！好可怕！快来我这里，我帮你拍拍。"

就这样，说话与动作、身体部位、物件、地点、人、感觉进行了连接。通过这样的方式，孩子学会了动词、名词、介词、形容词、副词和表达情感的词语等。

语言能力对孩子行为的影响见表5.11。

表 5.11　　　　　　　　　　语言能力对孩子行为的影响

正常的孩子	语言能力差的孩子
杰夫是八年级的学生，上星期，他在烹饪课上做了美味的墨西哥玉米卷。今天，烹饪课老师要求班上的同学把制作流程写下来，看他们记不记得各个步骤。杰夫写的是："在预热的烤箱中加热玉米卷的饼皮。研磨奶酪。把生菜切成小碎片。把香菜切碎。把番茄与辣椒切成丁。用黄油快速炒碎牛肉或火鸡肉。把油沥干。把洋葱剥皮切片。把调味料放在碗里，让客人自行选择"	盖文 13 岁，很喜欢吃东西，觉得选修烹饪课应该很容易。不过，烹饪食物对他而言相当困难。他触觉辨别偏差，所以不知道该怎么处理墨西哥玉米卷的原料，也不会用汤勺与菜刀。他把所有的东西都混在一起。现在，他必须写下墨西哥玉米卷的制作流程，但他不确定制作玉米卷的步骤，也不知道要用什么话来描述这些步骤。他希望向老师证明他很想写好制作流程，但是，他该如何证明呢？他写的是："炖肉。切菜。上菜"

　　有感觉统合偏差的孩子触觉经验有限，这也导致他们的语言发展受阻。除此之外，孩子的口腔、嘴唇、舌头、下巴的触觉觉察能力很差，也存在与感觉相关的动作问题，这种动作问题称作"口腔失用症"。口腔失用症会影响孩子的发音能力以及声音排序能力，而这些能力是形成语言所必备的能力。

功课学习

　　触觉加工能力会对孩子小时候的学习能力产生重大的影响，许多东西都需要用手操作，比如乐器、篮球、粉笔、铅笔等。如果孩子能热衷于探索触觉经验，就能够凭借这些能力发现新的东西，打下一生的知识基础。

　　触觉信息会让触觉失调的孩子分心，妨碍他们学习。他们可能会在需要安静的时候烦躁不安，抱怨别人都很烦人，也很难静下心来完成功课。这些孩子会错过使用指南针、叉子、铁锤等工具的技能学习。他们会错过认识自然的机会，无法忍受用手碰触脏乱的东西，也无法分辨橡果与松果的不同。他们会错过大量解决问题、沟通、人际关系等方面技能的学习机会。

　　功课学习能力对孩子行为的影响见表5.12。

表 5.12　　　　　　　　功课学习能力如何影响孩子的行为

正常的孩子	功课学习能力差的孩子
胡安 6 岁，很喜欢自然课。这天，自然老师带来了一个玻璃罐，罐子里装着好几只毛毛虫。胡安很想知道毛毛虫摸起来是什么感觉，于是就问老师："我可不可以抓那只看起来软绵绵的毛毛虫呢？"老师把罐子递给了他。他拿起那只毛毛虫，把它放到自己的手臂上，说道："好痒啊！"	瑞嘉图 6 岁，不喜欢自然课。其他小朋友在谈论毛毛虫时，瑞嘉图刻意不去看毛毛虫。老师请他拿起装毛毛虫的罐子，他拒绝了。他在自己的座位上动来动去，还把手放在屁股下面。他讨厌爬来爬去的虫子

安全感

我们在婴儿时期经常得到母亲或其他照护者的呵护，他们满足着我们的基本需求。我们首先会喜欢上他们的触碰，被他们搂在怀中我们会有安全感。

婴儿与一个或多个照顾者形成安全的依恋关系，由此为孩子未来的人际关系奠定了基础。如果我们觉得有人关心我们、爱我们，我们的情绪就会很稳定，并学会以温暖的情感回馈他人。此外，如果有人可以"触摸到"我们内心的情感，我们就可以发展出对其他人的同理心。即便是我们不喜欢的人皮肤擦破时，我们也知道他们会痛。别人洗澡时，我们知道他们很高兴。

对于有触觉偏差的孩子来说，建立亲密的依恋关系会相当困难。对普通的情感，过度反应的孩子可能会逃离，而反应不足的孩子则可能会毫不理会。他们很难发展出同理心。别人不觉得痛或不舒服的东西，会让过度反应的孩子觉得痛或不舒服，别人觉得痛或不舒服的东西，反应不足的孩子则不觉得痛，也不认为不舒服。总之，他们对别人的感受无法真正感同身受。

这些孩子可能很难在与别人相处的过程中体会到乐趣、热情和快乐。他们比其他小朋友更需要爱，但无法敞开心胸去接纳别人的爱。他们的情感安全出了问题，童年时如此，长大之后也是如此。事实上，许多成年人会因自己或另一半的触觉失调，导致情感的亲密程度降低，两个人之间的关系也会出现问题。触摸的多或少会影响两人的亲密关系：太少会让另一半觉得自己被拒绝，太多则会让另一半觉得不被尊重。触觉偏差还会限制孩子的想象力，让他们不擅长幻想与假扮，他们无法分辨真实与虚假。他们可能会很死板，不知变通。

与正常孩子相比，缺乏安全感的孩子的表现见表5.13。

表 5.13 　　　　　　　　　　安全感如何影响孩子的行为

正常的孩子	缺乏安全感的孩子
9岁的迈克很喜欢夏令营。处在新的环境中，他可以很自在，也很喜欢交朋友。有一天晚上，小伙伴们开始玩创意联想游戏，游戏的题目是："如果你在一个沙漠岛上，你需要什么？"迈克提出了一些建议，包括一个装雨水的小木桶、一个睡袋、一个望远镜（这些都是他所熟悉且曾经接触过的东西），还需要一个可以说话的伙伴。调控良好的触觉系统给了迈克情感上的安全感	詹姆士9岁，他不喜欢露营。他很想念妈妈，妈妈是他唯一可以依赖的人，可以给他情感上的支持，所以他希望妈妈一直陪在他身边。对他来说，其他人似乎都不可靠。夏令营的小伙伴们在玩沙漠岛联想游戏时，他没有提供任何建议。他所能想到的就是：我讨厌被丢下，讨厌夏令营，也讨厌离开家

社交技能

触觉发展良好的人能与别人形成良好的人际关系。我们最初与母亲建立亲密的依恋关系，到后来才能与别人建立友谊和良好的人际关系。以此为基础，我们开始敞开心胸，接纳他人，可以自在欣然地触碰别人和被别人碰触。我们开始喜欢与人接触，并学会如何玩耍——这是人类的一大特色。这样，建立有意义的人际关系才变得有可能。

如果人们无法理解有感觉统合偏差的孩子会出现的行为反应，就会讨厌或忽视这些孩子。感觉不灵敏的孩子常常不会注意到碰触的感觉，这会导致他们在社交中遭遇尴尬。感觉寻求的孩子也会在社交中做出不被欢迎的行为，如他们可能会捉弄其他人，这是因为他们想寻求大大的压力所带来的触觉；他们也同样无法有效运用感觉信息。感觉混乱的孩子、"趴趴熊"孩子、笨手笨脚的孩子，在社交中一样也会经常碰壁。

触觉逃避的孩子会出现社交方面的特殊问题。他们习惯与人疏远，这样的行为会让人觉得他们很不友善，或者比较喜欢独处。他们看起来不愿意接纳别人，所以别人也不愿意接纳他们。他们不知道如何面对这个自己必须妥协，又混乱无序的"游戏场、政治圈"。

触觉防御的孩子长大之后往往变成很"酷"的人，他们可能既谨慎又自制，而且往往不知变通。他们似乎不太相信别人，或很喜欢批评别人，别人可能会觉得他们"很另类，难相处"。他们或许可以与某些人建立社交关系，但是这些关系多半建立在共同的利益之上，不涉及身体的互动。

与正常孩子相比，社交技能差的孩子的表现见表5.14。

表5.14　　　　　　　　社交技能如何影响孩子的行为

正常的孩子	社交技能差的孩子
杰克 8 岁。排队用餐时，他和路易斯玩耍，撞了路易斯一下，而路易斯也撞了他一下。他们两个哈哈大笑，继而打打闹闹，直到所有三年级的小朋友都排好队准备出发才停止。当老师注意到他们并皱起了眉头时，他们就停止了打闹，乖乖地走过走廊。杰克对于触觉所作出的正面回应，为他的社交技能奠定了良好的基础	科蒂斯 8 岁。他在和伊莱抢占最后一个座位，他不希望后面有人。伊莱轻轻碰到科蒂斯。科蒂斯过度反应，打了伊莱一下。接着，伊莱也挥拳打了回去。两个男孩发生冲突，老师过来把他们两个分开。科蒂斯说："是伊莱先动手的，都是他的错！"伊莱则说："我只不过是不小心碰了他！他怎么就这么大惊小怪呢？"对科蒂斯来说，与同伴相处是一个不小的挑战，因为只要别人靠近，科蒂斯就会全身不自在

筛查孩子是否有触觉偏差

下面的筛查可以帮助你评估孩子是否有触觉偏差。当你将这些可识别的特征和孩子的某些行为进行对照时，就可以判断他们是否存在触觉偏差。可能你的孩子并不具有所有的感统偏差的特征，但他们所表现出来的行为可能部分符合感觉处理偏差的特征，这也值得你注意。

对感觉过度反应（触觉防御）的孩子而言，被动的碰触是他们面对的一个难题。他们可能会出现以下情况：

☐ 对轻微的碰触产生负面的情绪反应，并产生焦虑、敌意或做出攻击性的行为。被轻轻地碰触之后，他们可能会退缩，可能会用手去抓或揉一揉被碰触的地方。婴儿时期的他们可能会拒绝拥抱，觉得这样不能安抚情绪，也无法带来快乐。

☐ 别人从背后靠近或在他们没看到的情况下碰了他们，他们很可能会产生负面的情绪反应。

☐ 脸被轻轻地碰触时，他们很可能会产生对抗或逃离的反应。

☐ 身上的毛发受到碰触时，他们可能会出现负面的反应。一阵风，甚至小小的微风都可能"激怒"他们。

☐ 头发受到碰触，像梳头、剪头发、洗头这样的事都会让他们出现对抗或逃离的反应。

☐ 他们很容易因为下雨、刮风或一些芝麻绿豆般的小事而不高兴。

☐ 非常怕被人挠痒痒。

☐ 对身体的疼痛过度反应，轻微的擦伤会让他们整天嚷嚷，抱怨个没完，过于小题大做。别人可能会怀疑他们是否有忧郁症。

☐ 对不相似的触觉刺激做出相似的反应，淋了雨时，可能会像被刺刺到时一样激动。

☐ 被理发师、牙医、护士等碰触时，他们会强烈反抗。

☐ 无缘无故地表现出固执、任性或者"勉强"的行为，只因他们对触
   觉的刺激表现出厌恶的情绪。

☐ 别人想友善或亲密地拍他们的背或拥抱他们时，他们会断然拒绝，
   尤其当这个人不是他们的父母或熟悉的人时。他们可能会完全拒绝
   父母（或从小照顾他的人）以外的人碰触他们。

☐ 需要安静专心时，很容易分心、不专注，容易烦躁不安。

☐ 喜欢拥抱胜过亲吻。他们可能会渴望拥抱所带来的压力感，却无法
   忍受亲吻的轻触，会想尽办法擦掉令他们讨厌的吻痕。

☐ 不会修剪指甲。

☐ 不喜欢惊喜。

对感觉过度反应的孩子而言，主动地碰触是一个难题。他们可能会出现以下
情况：

☐ 不肯刷牙。

☐ 很挑食，偏好某些质地的食物，比如只喜欢很酥脆的食物或泥状的
   食物。他们可能很讨厌某些食物，比如番茄酱、蔬菜汤，或者很黏
   牙的食物，比如米、蛋糕上的糖霜等。

☐ 不肯吃煮的食物，也不吃冷的食物。

☐ 不肯亲吻别人。

☐ 讨厌洗澡，或者坚持用过热或过冷的洗澡水。

☐ 经常握拳或把手保护起来，避免被碰触。

☐ 吹毛求疵，迫不及待想洗掉手上的一点点脏污。

☐ 不肯光脚在草地、沙滩上走，也不愿意光着脚在水里走。

☐ 踮着脚尖走路，尽量避免与地面接触。

□ 经常会抱怨新衣服太硬、衣服的面料太粗糙，或嚷嚷衣领、皮带、帽子、围巾等让他们不舒服。

□ 抱怨鞋袜不舒服，尤其是抱怨袜子的缝线让他们不舒服。他们可能不肯穿袜子，抱怨系鞋带很麻烦，坚持在湿冷的冬天穿沙滩凉鞋或在闷热的夏天穿笨重的长靴。

□ 比较喜欢短袖与短裤，即使是冬天也不肯戴帽子或戴手套，因为他们不喜欢衣物摩擦皮肤的感觉。

□ 比较喜欢长袖上衣和长裤，即使是夏天也坚持要戴帽子和手套，避免皮肤暴露在外面。

□ 尽量避免碰触某些质地的物品，如某些布料的衣服、毯子和毛绒玩偶等。

□ 需要一直碰触某些材质的物品，并通过这些碰触来获得安抚。比如离不开某个喜欢的毯子。

□ 逃避上美术课、自然课、音乐课，或不愿参加体育活动，避免碰触的感觉。

□ 避免碰触沙子、手指颜料、糨糊、泥巴、黏土等，一想到要碰触这些东西，就有可能会哭出来。

□ 进行障碍赛或需要移动的游戏时会避开人群，眼睛一直盯着其他人，不准别人碰触他们。

□ 很粗鲁地对待宠物，或避免碰触宠物。

□ 经常拿着棍子、玩具、绳子或其他"武器"来自我防御。

□ 用大家可以接受的说法解释自己为何不喜欢碰触的感觉，例如，他们会说"妈妈说不可以把手弄脏"或"我对土豆泥过敏"。

□ 远离团队，不肯到其他小朋友家里玩。

□ 很难与他人建立情感连接。遭遇许多社交障碍之后，他们可能会习

　　惯独来独往，几乎没什么亲密的朋友。

　　感觉反应不足而导致感觉不灵敏的孩子，可能会对被动碰触与主动碰触产生异常的反应。这些孩子可能会出现以下情况：

☐ 除非碰触的力度很大，否则可能不会引起他们注意。

☐ 自己的脸脏了也不知道，尤其是嘴与鼻子周围；很难注意到自己脸上有面包屑，也很难注意到自己在流鼻涕。

☐ 头发乱七八糟，有稻草或沙子跑进头发里也不知道。

☐ 很难注意到室内外冷热的变化，常常穿着夹克，即使流汗也不知道脱掉，或者冷到发抖，也不知道穿上外套。

☐ 被树枝刮伤、瘀青、被刀割伤等都没什么反应，手指或锁骨受伤了也不以为意。

☐ 光着脚丫踏在尖锐的碎石上也不会抱怨石头太尖、太热或脚指头被刺到。

☐ 对于辛辣的、很酸的、很热的食物没有反应，反而很喜欢这样的食物。

☐ 对于天气（是刮风还是下雨）或其他细节不加留意。

☐ 不知道自己弄掉了东西。

☐ 别人靠在他们身上时或周围太挤时，不知道移开。

☐ 缺乏动力，对大部分小朋友很喜欢的玩具不感兴趣，也没有想去看看的欲望。

☐ 他们需要强烈的感觉刺激来帮助自己融入周围的世界，却不积极寻求感觉的刺激。

☐ 游戏时如果伤到别的小朋友或宠物，他们一般不会感到自责；事实上，那是因为他们不知道别人会痛。

　　感觉寻求的孩子需要额外的触觉刺激（包括主动刺激与被动刺激）。他们可能会出现以下情况：

☐ 经常要求别人给他们挠痒痒，或帮他们按摩背部。

☐ 喜欢晃动或移动等强烈运动带来的感觉。

☐ 出现在眼前的东西，他们非得去看一看或感受一下。例如，他们会
去推一推别人，碰一碰别人，用头去撞家具或撞墙。有些东西，其
他小朋友都知道不能碰，他们却 "非碰不可"。

☐ 经常会把一些东西抹在手臂上和大腿上，以此来获得轻触的感觉。

☐ 经常会很用力地揉自己，甚至咬自己。

☐ 不断用手指头拨弄头发。

☐ 常常脱掉袜子、脱掉鞋。

☐ 似乎很喜欢光脚走在一些别人会觉得不舒服的表面上。

☐ 喜欢一些会把自己弄得脏兮兮的游戏，而且一玩就玩很久。

☐ 喜欢很热或很冷的环境。

☐ 很能忍受夏天的闷热与冬天的酷寒。

☐ "拼了命" 地吃东西，常常把食物塞得满嘴都是。

☐ 喜欢热腾腾或冷冰冰、过辣或过甜的食物。

☐ 两岁以后，看到想探索的东西，还是会往嘴里塞（嘴巴可以提供比
手指更强烈的感觉信号）。

☐ 很靠近别人，而且会用手去摸别人，即使这样的触碰很让人讨厌。

有感觉辨别问题的孩子可能会出现以下情况：

☐ 身体的意识较差，不知道自己身体的各个部位在哪里，也不知道身
体各个部位的关系。他们和自己的手脚以及其他部位似乎 "脱节"
了，好像这些部位是他们不熟悉的附件一样。

☐ 如果不用眼睛看，就无法判断身体的哪个部位被碰触。

☐ 穿衣服时，手臂、大腿、脚不知道要怎么摆放。

☐ 用手去找口袋、盒子、书桌里的东西时，无法只通过触摸来辨别自己熟悉的东西，必须要用眼睛看才行。

☐ 不知道他们所使用的相似物品有何不同，比如蜡笔与马克笔。

☐ 很邋遢，鞋子经常穿错，袜子松垮垮的，鞋带也不绑，腰带也不会系。

☐ 逃避触觉接触，比如从来不抢其他小朋友喜欢的玩具等。

☐ 很难感受到物品的物理特性，如质地、形状、大小、温度和重量等。

☐ 很怕黑。

☐ 喜欢站着胜过坐着，这样他们才能看到周围的一切。

☐ 笨手笨脚的，在教室里常常扮演"小丑"的角色。

☐ 想象力有限。

☐ 因为缺乏触觉的经验，所以语言词汇也有限。

有触觉运用能力偏差的孩子可能会出现以下情况：

☐ 很难组织、执行包含一系列动作的活动。如剪切东西、贴东西、把拼贴画拼好、涂指甲油等。无论是新奇的体验还是熟悉的活动，对他们来说可能都很困难。

☐ 对于粗大动作的控制能力很差，不太会跑步、爬行和跳跃。

☐ 手眼协调性差。

☐ 有些动作其他小朋友不用眼睛看就可以执行，他们却需要视觉的辅助才能执行，如拉拉链、扣扣子和解开扣子等。

☐ 戴手套或穿袜子的动作很奇怪。

☐ 精细动作的控制能力较差，很难做出精细的手部动作，如很难握住与使用餐具，很难握住教室里的常用工具（如蜡笔、剪刀、订书机、打洞机等）。

□ 对他们来说，写字、画画、完成工作单上的工作与类似的任务会相
  当吃力。

□ 精细动作的控制能力差，光脚走路或穿上夹脚拖鞋时，很难控制自
  己的脚趾；吸东西、吞咽、咀嚼、说话时不太会控制嘴巴的肌肉。

□ 吃东西时，掉得到处都是。

□ 自我协调能力差，不是"自动自发"的孩子，需要别人帮助才能动
  起来。

第6章

如何辨别孩子的前庭平衡觉问题

·两个孩子在游乐园·

杰森·格林总是动个不停，却不太说话。他是个"不停地动话却不多"的孩子。他3岁开始说话时，会说的词很少。他喜欢火车，所以他会说的词只有"噜噜"和"嘟嘟"。杰森实在太爱火车了，爸爸叫他"我们的小火车头"。

凯文·布朗是杰森最好的兄弟，也喜欢火车。然而凯文不像火车，倒是比较像指挥官。他是个"几乎不动，话却很多"的孩子，妈妈笑他是"NATO"（No Action，Talk Only，即只动一张嘴的孩子）。

两个孩子一起玩时，凯文会指挥杰森，杰森也很高兴地听凯文吩咐。有一次，凯文提议把红色小拉车、大轮子、旧三轮车组成一辆火车，杰森点头答应了。两个小男生笨手笨脚地把绳子乱捆在一起，好不容易把火车组装好了。接着，凯文让杰森把火车从陡峭的车道上推下去，这样他们就能看到火车冲进车库了。但是，杰森并没有把火车推下去，而是坐进小拉车里，大喊着："嘟嘟!"火车很快地滑下车道。凯文吓死了，他既无助又害怕，只能看着火车失控翻车。

杰森跌落到一个小丘上，他若无其事地从地上爬起来说："实在太棒了！真好玩，要不要试试看，凯文？"凯文吓得说不出话来。

今天是杰森6岁的生日，两个家庭一起到游乐园玩。杰森喜欢摩天轮、旋转木马，过山车更令他兴奋不已。他觉得天堂就是翻来覆去的大"茶杯"，在里面坐很长时间也不觉得头晕。

凯文对游乐园不感兴趣。他从不觉得游乐园好玩，移动得太快、荡得太高或转圈圈都会让他跌倒或绊倒，这些让他相当害怕，因此他只喜欢游乐园里那辆缓缓移动的小火车。

他们先玩的是"滑梯"，规则是坐在铺了东西的麻袋上，从坡顶往下滑。杰森很渴望地拉了拉爸爸的袖子，想要获得他的注意与允许。爸爸与杰森踩着阶梯

往坡顶爬。杰森两脚踩在同一个阶梯上，先是右脚，然后是左脚。他太急着想爬上去，不小心跌倒了两次。

凯文和妈妈惊呆了，在下面傻傻地看着。凯文不想滑滑梯，只想指挥，每次只要有人准备好滑下去，他就会把手举起来，大喊："滑下去吧！"他举起手时，肩膀也跟着抬了起来。妈妈问凯文想不想和杰森坐在同一个麻布袋上。她说，很多人都坐在同一个麻布袋上，一起滑下来。

"不用了，非常感谢。"凯文说，"你也看到了，我必须告诉大家该在什么时候往下滑，并确定大家都滑下来，所以没办法滑滑梯。"

杰森和爸爸从坡顶冲了下来。"太棒了！"杰森说，"我们现在去玩过山车，过山车最好玩了。"

凯文说："不要，我们去玩火车。火车很好玩，而且小朋友坐火车不危险。"杰森有点儿失望，不过也同意了这个想法。

"嘟嘟！"他们的火车开动了。

凯文和杰森的动作感觉经验与别人有很大不同，他们都出现了异常的行为模式。

无论是主动移动还是被移动都会让凯文不开心，坐在快速移动或旋转的游乐设施上都会让他不舒服。他有恐高症，他喜欢站在地面上，用擅长的口语技能来指挥。凯文有感觉调节偏差、前庭平衡觉过度反应的问题，所以无法忍受移动，而且有重力不安全感。与他相反，移动与被移动会让杰森觉得兴奋，他会不断尝试快速移动与不断旋转的活动，玩很长时间都不觉得晕眩。杰森有感觉寻求的调节异常，很渴望移动，不过他的移动方式毫无逻辑。

除了感觉调节的问题，两个小男孩都有感觉动作协调偏差。凯文有运用能力偏差，他难以完成组装火车的复杂任务。此外，他还有姿势偏差，他难以单独完成某个动作，无法仅仅举起一只手，他只要举起一只手，另一只手就会跟着举起来。

杰森因为有运动能力偏差，双侧的协调能力也不好，所以捆绳子时笨手笨脚的，走楼梯时还会摔倒。杰森还有语言问题，他必须借助肢体语言来沟通，所以会通过点头或拉扯爸爸来表达想法。不过，他在获得强烈的前庭平衡觉之后，如滑滑梯之后，会变得比较爱说话。接下来，我们会介绍前庭平衡觉如何运作，再解释凯文与杰森出现了什么感觉处理问题。

运作顺畅的前庭平衡觉系统

前庭平衡觉系统会告诉我们哪儿是上面、哪儿是下面，我们的身体是否是直立的，还会告诉我们自己相对于地表的位置。前庭平衡觉系统会将平衡与移动的感觉信息由后背、眼睛传输至中枢神经，并让肌肉有张力，帮助我们顺畅且有效率地移动。

前庭平衡觉可以告诉我们自身与物体是否在移动，并可让我们了解自己移动的方向与速度，这些信息在我们需要快速逃离时相当有用。事实上，战斗、逃离、寻求食物等都需依靠前庭平衡觉系统提供正确的信息。正如艾尔斯博士在书中提道："前庭平衡觉系统具有基本的求生价值，也是最原始的感觉系统之一，它在感觉统合的过程中扮演着重要的角色。"

前庭平衡觉接收器位于内耳的毛细胞中，犹如一个可让感觉信息穿越的"前厅"。内耳接收器就像木匠，会把我们做的每个动作以及头部位置的变化记录下来，即便是再小的动作也不放过。我们静止不动、缓慢移动、头部向前、向后或向侧边倾斜时，某些内耳结构会负责接收大脑与身体的位置信息。我们来举例说明这些内耳结构的工作内容，我们先两脚着地站好，闭上眼睛，把头倾向右边，让头部恢复到与身体垂直的位置，然后睁开眼睛。你的头现在垂直了吗？如果垂直了，就表示你的前庭平衡觉系统完成了任务。

我们快速地朝相反的方向移动或绕圈时，有些内耳结构会接收头部与身体的方向信息与速度信息。现在，站起来，再转两三圈，你是不是觉得有点头晕呢？

在正常情况下，你应该会觉得头晕。如果接收了太多的旋转刺激，前庭平衡觉系统就会马上通知你。停止旋转后，你或许很快就可以恢复平衡了。

这些内耳接收器受到了什么刺激呢？答案是重力！

艾尔斯博士指出，重力是"生命中持续不断的常见力量"，控制了我们的每个动作。

我们对于重力的反应在慢慢进化。我们的祖先在头部两侧发育出重力接收器，这个重力接收器有三个作用：1.让我们保持与地面垂直；2.让我们能够感觉得到自己在移动，使移动更有效率；3.通过水纹的振动，侦测是否存在某些威胁（其他生物的移动）。

几百万年后，仍然是由重力接收器来帮助我们执行相同的任务，只是，原本的水纹振动如今变成了空气振动。除内耳外，人类还有外耳与大脑皮层可以精准地处理前庭平衡觉与听觉。前庭平衡觉系统与听觉系统感受到的分别是移动产生的振动与声音产生的振动。我们的前庭接收器相当敏感。事实上，我们都有迫切想要了解自己相对于地球位置的需求，这种需求超过了我们对于食物和触觉的需求。

在《儿童与感觉统合》（*Sensory Integration and the Child*）一书中，艾尔斯博士提道：前庭平衡觉系统是统合的系统，可形成一个人与重力和物质世界的基本关系，人体会根据这些基本的前庭平衡觉信息来处理其他的感觉。也就是说，前庭平衡觉系统的活动为我们的其他活动提供了"基本的框架"。前庭平衡觉系统的输入功能关乎我们整个神经系统的运作效率，前庭平衡觉系统若无法持续正确地运作，其他感觉就无法持续表现出来，神经系统就难以"启动"。

由此我们可知，前庭平衡觉系统的工作相当重要。没想到前庭平衡觉系统会产生如此重大又广泛的影响吧？你对这一点是否感到惊讶呢？前庭平衡觉是所有感觉的基础，让我们得以感受到自己所在的位置。

前庭平衡觉系统与其他感觉系统一样，都有防御机制。婴儿如果感觉自己快

　　要掉下去了，他们的身体就会发出"噢，不好了！"的信息。接着，他们就会张开手臂与双腿，找寻可以抓握的东西。他们的整个身体都会做出自我保护的反射动作。

　　随着孩子的成长，他们会把自己的反射反应统合在一起。我们将这个过程叫作"反射成熟"。这时，他们学会了识别前庭平衡觉，似乎是在说："哈哈！我学会了！我感觉到了自己前进的方向了，也知道了自己移动的速度是快还是慢。"

　　移动的感觉可以帮助他们判断自己是否失去了重心，如果感觉失去了重心，就要让自己恢复平衡。这种感觉让他们学会了如何对抗重力，以双脚垂直站立；也学会了如何识别身体的移动情况，用最省力的方式执行动作；他们还学会了如何辨别内耳振动的声波，并学会聆听。他们可以靠视觉来协调身体的活动，并学会辨别所看见的东西。

　　他们开始爱上各种活动，其中一种活动是直线移动，也就是前后、左右、上下的移动，缓慢的运动（不需要花费太大的力气来对抗重力）可以产生安抚的作用。人类自古以来就知道这个道理，所以会让宝宝坐在摇椅上、睡在摇篮里或轻轻上下晃动宝宝，借此达到安抚宝宝的效果。事实上，许多孩子（还有大人）心情不愉快时，也会自己摇晃自己，这是一种具有镇定作用的自我治疗。

　　还有一种活动是旋转移动。比如坐旋转木马或荡秋千。大部分孩子都喜欢荡秋千，即使荡得头晕也喜欢。旋转移动可以刺激前庭平衡觉系统，并且多半会带来很棒的感觉，这是旋转移动吸引人的地方。

失调的前庭平衡觉

　　前庭平衡觉失调，是指内耳接收到的感觉信号无法在大脑中有效率地进行信息编码。有前庭平衡觉问题的孩子，难以处理有关重力、平衡和移动的信息，这

些孩子可能无法习得维持直立所需的姿势反应。他们可能从来没有在地上爬过，也可能很晚才学会走路。他们可能会整个人瘫在地板上，坐着的时候瘫软无力，坐在餐桌前会把头靠在手上。年龄再大一点，他们开始接触操场上的游乐设施，但他们的运作会相当笨拙且不协调，动不动就跌倒，不时撞到家具，别人稍微碰一下就会失去重心。

由于视线的移动受到前庭平衡觉系统的影响，因此他们可能会有视觉问题。他们没有稳定的注视能力，无法将目光集中在移动的物体上，或无法在自身移动时把目光集中在静止的物体上。在学校，他们如果抬头看黑板再低头看桌上的东西，就会有错乱的感觉。如果他们的眼睛还未拥有左右移动的协调能力，也很可能会出现阅读障碍。前庭平衡觉偏差还会导致孩子在语言方面出现障碍，为日常生活带来诸多不便。

无法听懂别人的话语或无法清楚表达自己想法的孩子，在沟通、阅读、书写方面都会遇到问题。

有许多种移动方式可以带来镇定的效果，但是有感觉处理偏差的孩子因为大脑无法调节前庭平衡觉信息，无法通过移动让自己的心情平静下来。他们很难顺畅地移动，他们的行为、注意力、自尊、情绪都会因此受到影响。前庭平衡觉系统有问题的孩子会出现调节、辨别方面的问题，他们的行为也会出现问题。

前庭平衡觉过度反应——"哦，不！"

前庭平衡觉过度反应的孩子在面对强烈的移动或可能被移动时，会出现负面的情绪化反应，或变得过度兴奋。出现这种调节偏差就表示他们的大脑无法调控移动的感觉，他们的前庭平衡觉系统承担了过重的负荷。这时，如果他们的头部与视线同时移动，大脑就会受到刺激，使得它无法发挥组织的功能。前庭平衡觉过度反应可分为两种情况：无法忍受移动与重力不安全感。

1. 无法忍受移动——"不，不要"

前庭平衡觉过度反应的孩子可能会无法忍受移动，他们的感觉处理出现错误，因而产生了负面的回应："不要移动！移动得太快，我受不了。"

直线移动会令他们遇到挫折，尤其是移动速度很快的时候。他们坐车（尤其是坐后座）常会晕车。他们会避免骑脚踏车、溜滑梯、荡秋千等活动，甚至走路、旋转活动更会令他们感到不适。因为荡秋千可能会让他们头晕想吐，别人或其他东西旋转也会令他们反胃，绕圈会让他们头痛、胃痛。

如果他们逃避移动，很可能就赶不上别的小朋友。他们可能会喘不过气来，很容易就觉得疲倦，也无法自信地培养动作计划能力与协调能力。因此，这些能力可能会受到影响。前庭平衡觉过度反应对孩子行为的影响见表6.1。

表6.1　　　　　前庭平衡觉过度反应如何影响孩子的行为

正常的孩子	前庭平衡觉过度反应的孩子
诺亚最喜欢律动与音乐的活动。今天，幼儿园的小朋友玩了"非竞赛性的大风吹"游戏。这个游戏中不会把椅子抽掉，只要在音乐播放时顺着椅子移动，音乐停止时坐下即可。每个人都可以玩，没有人会"出局"。音乐开始时，诺亚跳了起来，并和其他小朋友一起顺着椅子移动；音乐停止时，他顺势坐到一张椅子上。有一次，他坐到另一个小朋友的腿上，不过眼明脚快的他又找到了一个空位，很快跑过去坐好了。安全过关	西恩4岁。他不喜欢音乐与律动的活动，"非竞赛性的大风吹"游戏尤其令他无法忍受。其他小朋友都很自在地绕着椅子跑，只有他缓慢地移动，屁股紧贴着椅子。他才绕了两圈，额头就出汗了，胃里不断地翻搅。音乐终于停止了，西恩如释重负地坐了下来。音乐又开始时，他还是坐在椅子上不动

2. 重力不安全感——"我快要掉下去了"

人类与地面接触是不可避免的，而前庭平衡觉系统可以告诉我们自身所处的位置，这种让我们确信自己与地面接触的感觉就是"重力安全感"。

通常孩子们会用重力做实验。他们可以跳跃、荡秋千、翻筋斗，不惧怕暂时不与地面接触的活动，因为他们知道只要再过一会儿，自己又会再次与地面接触了。有了这种基本的稳定感，他们就能有安全感。

调节能力很差的孩子可能无法拥有这种稳定的感受，双脚离开地面会令他们觉得不安全。他们缺乏与地面接触的基本感受，我们把这种症状称作"重力不安全感"。重力不安全感指的是对于掉落或即将掉落而产生的异常沮丧与焦虑的感觉。这是一种原始的恐惧，孩子会因为重力的改变而做出过度反应，甚至连站起来时产生的轻微重力变化，都会令他们觉得没有安全感。

对这种小朋友来说，移动不仅不好玩，而且很恐怖。如果头部移动了，他们的反应会是："我要掉下去了！我失去控制了！"他们会出现对抗或逃离的过度反应。如果他们以"对抗"的方式来应对这种感受，这种对抗的方式就是负面的，而且具有挑衅的意味，尤其是在他们被移动时。他们可能会拒绝别人把他们抱起来、摇动他们或用推车推他们，让他们坐车或滑雪橇可能会令他们很生气，他们很难配合。

如果他们以"逃离"的方式来应对这种感受，就会显得过度谨慎，或避免移动。他们喜欢维持抬头与双脚站立的姿势，不愿意改变。他们可能会逃避做"绕圈圈"游戏，逃避骑脚踏车、溜滑梯或荡秋千。他们可能会很害怕走在不稳定的表面上，如在沙滩上或在游戏场的网子上走。他们可能会避免尝试新的活动，例如去朋友家玩，因为只要不是在自己家里，他们就会产生无法预测的不安全感。

这种孩子通常不知变通，希望一切都在掌控之中，他们往往会有社交与情绪方面的问题，所以只要有人在他们旁边，他们就会感到很不安全。这种不安全感会使他们无法参与某些活动，比如游戏或社交。重力不安全感对孩子行为的影响见表6.2。

表6.2 　　　　　　　　　重力不安全感如何影响孩子的行为

正常的孩子	有重力不安全感的孩子
杰克9岁。有一次，他和班里的同学一起去一座小山远足。走着走着，他们发现了一根垂下来的粗藤蔓，于是大家就开始抓住藤蔓荡秋千。轮到杰克时，他边玩边喊："我是泰山！"有效率的前庭平衡觉系统让杰克得以享受探索重力的乐趣	布莱德9岁。他与班上的同学一起远足时，很小心地迈出每一步。他闷闷不乐，安静不多话，而且动作缓慢。其他同学都在荡藤蔓时，他远远地站在一旁。轮到他荡藤蔓时，他很不情愿地拿起了藤蔓，站在原地动也不动。其他小朋友都催他："快一点儿！你怎么搞的？很好玩的！"布莱德觉得，要是双脚离开地面，自己就会掉下去，所以就说："这么愚蠢的游戏我才没兴趣！"说完，他丢下藤蔓，气呼呼地走开了

前庭平衡觉反应不足——"嗯，哦！"

有一些小朋友可能会对移动反应不足，他们不仅不会对移动出现负面的反应，而且似乎都没办法注意到自己在移动。他们在婴儿时期可能是"很乖的小婴儿"，无论被谁抱着都可以，而且一睡就睡很久。长大之后，他们似乎缺乏活动的动力。虽然他们需要更多的活动来帮助他们"上紧发条"，但他们通常不会主动寻求活动。然而，他们一旦开始活动，就停不下来。

此外，如果快要从高处掉下去了，这些孩子无法把手脚伸出来，保护自己。许多患孤独症的孩子会出现这个问题，他们经常跌倒，身上青一块儿、紫一块儿的。前庭平衡觉反应不足对孩子行为的影响见表6.3。

表6.3 　　　　　　　　前庭平衡觉反应不足如何影响孩子的行为

正常的孩子	前庭平衡觉反应不足的孩子
杰夫13岁。有一年冬天他滑雪时弄断了腿，要在水疗池中进行水疗。池畔的积水让他脚下一滑，他马上用手撑住墙面，让自己不至于跌倒而摔断另一条腿。这是他所具备的自我保护机制	卡梅隆是13岁的孤独症患者。他要到水疗池进行水疗，就在他去找治疗师时，不小心踩到了积水，滑了一跤。由于他没有意识到自己快要跌倒，自我保护的反应过慢，所以撞到了墙面，整个人被弹了出去，最后跌倒在池畔。治疗师赶紧冲过去，把他带到舒适的水中

前庭平衡觉寻求——"要更多"

再多的活动对于前庭平衡觉寻求的孩子来说似乎都不够,他们对于活动的承受力很强。为了满足自己的感觉需求,他们喜欢主动寻求许多消耗体力的活动。为了获得前庭平衡觉刺激,这些孩子会用异常的行为来对抗重力。例如,他们可能会做出倒立的姿势,倒吊在自己的床边,或让头部接触地面,倒立着旋转身体。

这些孩子可能会去追求强烈的移动感受,比如从攀爬架上跳下来,或在不需要移动时跑得很快。他们喜爱的活动是攀爬,对于感觉寻求的孩子来说,什么东西都可以爬上去。前庭平衡觉寻求对孩子行为的影响见表6.4。

表6.4　　　　　　　前庭平衡觉寻求如何影响孩子的行为

正常的孩子	前庭平衡觉寻求的孩子
3岁的贾斯汀与妈妈一起去游泳健身中心。他在儿童泳池里玩水,年龄比较大的孩子会爬到高处的跳水板上跳水,他偶尔会停下来看。准备回家时,他拉着妈妈的手说:"我们去看看跳水板的楼梯。"他抬头看着跳水板的楼梯,心中满是期待。楼梯对他来说简直太高、太可怕了。不过,总有一天,等他个头和胆子都够大时,他就可以爬上去,但绝对不是现在	3岁的比利与妈妈一起去游泳健身中心。比利想跳进大人泳池,被妈妈制止了,妈妈要他到儿童泳池去。妈妈与教练正在讨论比利的游泳课时,比利离开了儿童泳池,爬到了高处的跳水板上。他摇摇晃晃地站在跳水板上,正准备往下跳。妈妈这时发现了比利,于是冲上跳水板,在比利跳下去之前,及时把他抓住了

前庭平衡觉寻求的孩子会很渴望直线移动,喜欢摇晃和荡来荡去的感觉,而且每次都会摇晃很久或荡很久。他们可能会特别渴望旋转的感觉,比如绕圈旋转,用力摇头,或喜欢玩旋转木马和荡秋千等。他们总是在变换活动,不断地寻求新的刺激。他们的注意力无法持续很久,就算是他们喜欢的活动也不例外。他们可能会动个不停,但不懂得小心谨慎,不具备很好的动作协调能力。

前庭辨别偏差:"那是什么意思?"

一个前庭神经辨别能力强的孩子可能喜欢让秋千荡得很高,可能渴望成为空中飞人艺术家。一个有前庭辨别偏差的孩子,在感觉处理上,是非常不同的;他的目标是保持头部和身体靠近地面。

头部运动会使感觉混乱的人不安。坐在桌前转头可能会让一个人从座位上摔下来,他可能在站立或行走时经常摔倒。弯腰摘雏菊、系鞋带或鞠躬都会让他失去平衡。当他闭上眼睛或眼睛被蒙上时,他可能特别不稳,抗拒移动,因为他依靠视觉来确定自己在空间中的位置。前庭辨别偏差对孩子行为的影响见表6.5。

表6.5　　　　　　　前庭辨别偏差如何影响孩子的行为

正常的孩子	前庭辨别偏差的孩子
10岁的瑞秋喜欢在生日聚会上玩"给驴钉尾巴"之类的游戏。她对蒙住眼睛后获得的旋转感到很舒服,而且她总是能把"尾巴"贴在驴的屁股上	上一年,10岁的贝蒂在瑞秋的派对上玩"给驴钉尾巴"的游戏时吐了。今年她想以一种不同的方式参与。她解决问题的办法是:我这么做会头晕,所以我要负责帮其他孩子蒙上眼睛,让他们转过来

前庭平衡觉如何影响日常活动

前庭平衡觉让我们具备了许多日常活动所需的能力,主要包括以下几个方面。

◆ 移动与平衡　　　　　　◆ 视力与听力

◆ 肌肉张力　　　　　　　◆ 动作计划(动作执行)

◆ 双侧协调　　　　　　　◆ 安全感

移动与平衡

中枢神经系统把前庭平衡觉与其他感觉连接在一起，才能产生自动又协调的移动与平衡能力。移动与平衡本身并非感觉，而是与感觉相关的动作技能。前庭平衡觉系统可以告诉我们哪边是上边，哪边是下边。我们都想让身体与地面垂直，当我们的身体与地面垂直时，我们就会有所警觉，具有掌控力。为了让身体与地面保持垂直，我们的身体会不知不觉地进行调整，这种调整称作"姿势自动调整"。

我们可以通过这些调整来维持身体的稳定与保持平衡，也可以轻松地移动。

有前庭平衡觉偏差的孩子会有移动与平衡的问题。他们会移动过多或过少，过分小心或非常不小心。他们的移动可能会没有协调性，显得有些笨拙。移动与平衡能力对孩子行为的影响见表6.6。

表6.6　　　　　　　移动与平衡能力如何影响孩子的行为

正常的孩子	移动与平衡能力差的孩子
10 岁的杰里米获得了有生以来的第一个滑板。他刚开始玩滑板时经常跌倒，不过慢慢就学会如何通过调整重心的方式来维持平衡。他用斜坡与交通路障在街道上设置了障碍滑道，邀请他的伙伴尝试新的花样。他和乔撞在一起而失去平衡时，总能做到双脚落地	10 岁的吉米每天都会练习滑滑板，他很努力，想掌握滑滑板的诀窍，却一直不得要领。他现在还是会撞到斜坡与交通路障。大部分情况下，吉米已感到自己快要跌倒，但由于他的姿势调整效率不佳，无法让自己停下来，所以会一再地失去平衡

肌肉张力

肌肉张力指的是肌肉在放松状态下的拉紧程度（除非没有意识，否则肌肉不可能完全放松），是与感觉相关的动作能力，属于正常移动的一部分。我们有好的肌肉张力时，通常会将之视为理所当然。

如果你生活正常，偶尔运动，或许就会有正常水平的肌肉张力；如果你每天都运动，就会有很好的肌肉张力。如果你是个"沙发土豆"，你的肌肉张力可能就会很差。如果你是个"沙发土豆"，你的孩子很有可能会成为"薯片"——父母往往是孩子模仿的对象。

前庭平衡觉系统与本体觉系统都能调节大脑传输至肌肉的神经系统，告知肌肉应该收缩到什么程度才能抵抗重力、执行任务，因此会对肌肉张力产生强烈的影响。一般人的肌肉张力适中，肌肉不会太紧也不会太松，所以我们不用花费太多的力气，就能移动身体，也能让自己保持直立状态。肌肉张力对孩子行为的影响见表6.7。

表6.7　　　　　　　　　肌肉张力如何影响孩子的行为

正常的孩子	肌肉张力差的孩子
4岁的肯尼尝试穿他的袜子与运动鞋。他把脚使劲儿往鞋里伸，然后在地上踩了踩。他还不会系鞋带，示意爸爸帮助他系上鞋带。爸爸说："你长得好快，再过不久就可以自己系鞋带了。"肯尼说："我会让鞋上的灯亮起来。想不想看啊，爸爸？"说完他就跳了起来，等他脚着地时，鞋跟处的灯就亮了起来	泰德的爸爸让泰德坐在床上，他试着帮儿子把袜子套到那没有力气的脚上。"儿子，你可以帮帮我吗？"爸爸问他，"好像都是我在使劲地帮你穿哦！"泰德很努力地想要配合，不过他的脚一直不听使唤。袜子好不容易才套上去。爸爸帮助泰德把脚塞到运动鞋里时，泰德整个人呈大字形躺卧在床上。"拜托，帮帮忙好吗？"他爸爸说。"我太累了。"泰德回答说

有前庭平衡觉偏差的孩子身体可能会"软趴趴"的，或没有什么肌肉张力，这是一种姿势的偏差，会影响孩子的移动。他们的肌肉结构没有问题，不过，他们的大脑并没有传送足够的信息，让肌肉"打起精神"。肌肉若无法"打起精神"，孩子就会缺乏肌肉张力，无法自在地移动。

"趴趴熊"孩子可能会把头靠在桌子上，整个人倒在地板上，或懒洋洋地坐在椅子上。他们可能很难转动门把手，没办法握紧东西，或会为了弥补肌肉张力不足的问题，而用力抓握东西。他们常常很疲倦，因为抵抗重力需要许多精力。

双侧协调

调节良好的前庭平衡觉系统可以帮助我们统合身体双侧的信息。双侧协调是一项重要的感知运动技能，也就是孩子在环境中调节自己的双侧身体，进行互动，利用自己的感觉处理来了解环境的能力。

双侧协调包括：

◆ 对称的动作——在蹦床上跳跃，用双手接球，玩拍手游戏，一起搭建乐高玩具块等。

◆ 交替或相互的动作——用手和膝盖爬行，攀爬等。

◆ 惯用手/非惯用手的动作——用一只手拿着纸，另外一只手裁纸或写字。两只手配合系鞋带，穿针引线等。

双侧协调导致侧化，也称为侧性。一侧的大脑指导身体另一侧的运动，而另一侧的身体则用于保持稳定。因此，身体的任何一侧都可以独立于另一侧移动。例如，学龄前儿童通常已经建立了对手和脚的偏好。他们用非惯用手握住一瓶气泡水，惯用手将一根魔杖浸入气泡水中。他们用一条腿保持平衡，用另一条腿踢球。

跨越中线是另一种从双侧协调中产生的知觉运动技能，这是一种在身体一侧使用手、脚或眼睛的能力。随着孩子的成长，孩子就会学会越过中线挠手肘，盘腿坐着，头不动从左到右阅读。双侧协调的挑战对SPD患儿意味着什么？当使用双脚跳跃，用双手分开拉链时，他们可能会出现困难。他们可能没有发展出侧性，所以可能没有建立起画画的首选手（用两手画画、切割和吃东西并不意味着孩子是双手灵巧的，不意味着他们能够同样熟练地使用两只手，孩子有可能两只手都不会用，所以他们不停地换手，试图把活干完）。

此外，跨越中线可能具有挑战性。要追踪一只飞行的鸟，可能很难不打断他盯着中线的目光。在画架上，他们可能会在画架中点换手，从左到右画地平线，而不是只用一只手在纸上画一遍。在页面上阅读单词会更令孩子感到困惑，筋疲力尽。双侧协调能力对孩子行为的影响见表6.8。

发展和加强双侧协调性有许多非常有趣的活动，请参考本书相关内容，或者阅读其他这类感觉统合图书。

表 6.8　　　　　　　　双侧协调能力如何影响孩子的行为

正常的孩子	双侧协调能力差的孩子
8岁的乔西雅正在做爱心卡。她左手把爱心形状的硬纸板固定在一张红纸上，右手沿着硬纸板的边缘画出爱心。她用右手剪爱心，左手握住纸张，并转动纸张。她在美术课上做了四张爱心卡	8岁的西莉亚想要做一张粉红色的爱心卡。她很难做到一只手把硬纸板固定在纸上，另一只手绘图。她描画出来的爱心变形了，但实在没办法，只能将就着用。她先是用右手拿纸，左手拿剪刀，然后觉得不对劲，于是换了手。她剪纸的时候显得相当笨拙，不用左手转动纸张，反而移动拿着剪刀的右手。她的爱心卡并没有做好，不过她认为妈妈会喜欢她的作品的

孩子缺乏双侧协调能力可能会导致孩子出现学习问题或行为问题，但这并不表示孩子的智力或学习能力不足。

视力与听力

前庭平衡觉与视觉及听觉密切相关。关于前庭平衡觉与视觉及听觉的关系，以下几章会更详尽地介绍。

动作计划

动作计划能力（或称动作执行能力）指的是理解、组织和实现一系列复杂动作的能力。我们的神经系统若能将前庭平衡觉、触觉和本体觉统合起来，就会有好的身体素质。我们若有好的身体素质，就能够执行各种计划。我们若能执行计划，就能够完成计划好的工作（见表6.9）。

表 6.9 　　　　　　　　动作计划能力如何影响孩子的行为

正常的孩子	动作计划能力差的孩子
7 岁的梅蒂很喜欢学习新的舞蹈。今天，她们布朗尼班学的是马卡丽娜舞。跳这支舞时，女孩们会以相当复杂的顺序来活动自己的手臂与手指，在空中转动手臂和手，并让手臂和手碰触身体的各个部位。完成这一系列的动作之后，她们会抖动自己的身体，跳转 1/4 圈，然后重复这些动作。马卡丽娜舞比洗手舞更具挑战性，梅蒂非常喜欢	莉比很喜欢她的布朗尼班，尤其是整班的小朋友去博物馆演出时，可是她不喜欢跳舞。洗手舞太难跳了，现在她还必须学马卡丽娜舞。莉比有动作执行障碍，所以移动手臂会让她觉得很迷惑，很有挫折感。抖动身体的动作对她来说也相当困难，所以她只好以摆动身体的动作来代替；跳转 1/4 圈时，她弄错了方向；即使她停下来看别的女孩子怎么跳，还是很难掌握动作顺序。她希望班上的同学都做熟悉的动作，不要一直尝试新的舞蹈动作

　　前庭平衡觉有问题的孩子很难适应新动作。举例来说，这些孩子可以走进浴缸，却很难让自己坐进车内。他们已经学会了穿轮式溜冰鞋溜冰，却很难习惯穿冰刀溜冰。如果他们的中枢神经系统无法有效处理移动与平衡感，他们的大脑就无法记忆移动的感觉，也就不能在已习得某项技能的情况下，执行和计划类似的新动作。

　　如何帮助缺乏动作计划能力的孩子呢？当然，寻求专业的职能治疗师帮忙是必要的，同时，家里和学校都要给孩子提供大量练习动作的机会。我们也提供了很多"环境赋能"的场景和机会（见本书相关部分），让孩子进行各种探索。只要有可能，就请带孩子去挖泥土，到森林里走一走，到大自然中去。

安全感

　　每个孩子出生时都拥有安全感，但有前庭平衡觉偏差的孩子无法感到安全。他们无法获知自己站立的位置，也不知道自己在空间中的移动情况，因此在生活的许多方面都是乱糟糟的。

　　这些孩子的自尊心比较强，即使是很普通的活动或任务，也无法完成。所以，他们连试都不试一下，就会说："我做不到。"因为缺乏自信，所以即使备受宠爱，他们也觉得没人爱或觉得自己不可爱（见表6.10）。

表 6.10　　　　　　　　　安全感如何影响孩子的行为

正常的孩子	缺乏安全感的孩子
4 岁的马克送给戴瑞斯一个很大的垒球和塑料球棒当生日礼物。戴瑞斯打开礼物后，马克说："我们来玩吧！"有些小朋友能够挥棒击球，马克也表现得很棒，把球击出了围栏。他拍手说："我就知道我可以打得很好！换你了，戴瑞斯。"他把球棒递给戴瑞斯，但戴瑞斯只是皱了皱眉，就转身离开了。马克的妈妈来接他时，他跟妈妈说："妈妈，戴瑞斯不喜欢棒球，不过没有关系，我在生日会上还是玩得很开心。"	4 岁的戴瑞斯打开马克的礼物，他不想打垒球。他知道自己一定打不好。他要其他小朋友排队挥棒，可是马克叫他试试看时，他却说："我不会。"然后，就转身离开了。来参加生日会的小朋友都离开后，他跟妈妈说："马克不是我的朋友，他讨厌我。"他泪流满面地投入妈妈的怀中，哭着问妈妈："妈妈，你爱不爱我呢？"

·筛查孩子是否有前庭平衡觉偏差·

　　以下这些问题可以帮助你评估孩子是否有前庭平衡觉偏差。你也可以观察到许多种不同的状态，这些状态有助于解释孩子的感觉统合失调行为。

　　前庭平衡觉反应过度而无法忍受移动的孩子，可能会出现以下情况：

☐ 不喜欢操场上的活动，例如荡秋千、旋转和溜滑梯等。

☐ 相当谨慎，移动缓慢，老是坐着，不愿意冒险。

☐ 很胆小。

☐ 不愿意合作。

☐ 搭电梯或手扶梯时会觉得很不舒服，可能会晕车或有晕动症（motion sickness）。

☐ 希望有一个可以信任的大人不断给予他们帮助。

有重力不安全感的孩子，可能会出现以下情况：

☐ 很害怕跌落，即便根本没有危险存在，这种害怕是一种原始的恐惧。

☐ 有恐高症，甚至连稍微高一点儿的地方也怕。这种孩子可能会避免在路上行走，哪怕从最低一级的楼梯台阶跳下去也不敢。

☐ 双脚离开地面会令他们觉得很焦虑，就算慢慢移动，也会让他们觉得自己快被丢到外太空去了。

☐ 很怕上下楼梯，会紧紧握住楼梯的扶手。

☐ 低头或倒立时，例如在洗手台上洗头，他们会觉得自己不安全，而不愿意去做。

☐ 别人移动他们的时候，他们会觉得很害怕，例如当老师帮他们把椅子移近桌子时。

☐ 会为了自我保护，试着操控环境与他人。

☐ 本体觉与视觉辨别的能力都很差。

前庭平衡觉反应不足而对感觉不灵敏的孩子，可能会出现以下情况：

☐ 没有注意到自己被移动，或不肯被移动。

☐ 缺乏移动的动力。

☐ 只要一开始荡秋千，就很久不下来，而且不觉得眩晕。

☐ 很难注意到自己快要跌倒，可能无法有效地自我保护，不能及时伸出手或脚保护自己。

移动耐受度很高的感觉寻求的孩子，可能会出现以下情况：

☐ 总是不停地移动，以保持身体的良好状态。这些孩子可能很难坐在一个地方或不能乖乖地坐着。

☐ 不停地用力摇头、前后摇摆、跳上跳下。

☐ 渴望强烈的移动经验，在家具上弹跳、在摇椅上摇来摇去、在可以旋转的椅子上旋转，做出倒立的姿势，或让头部接触地面，倒立旋转身体。

☐ 他们是"追求刺激"的孩子，喜欢快速移动或快速旋转的设备，在游乐园中会寻找快速且"恐怖"的游乐设施。

☐ 即使快速旋转很长一段时间也不觉得头晕。

☐ 荡秋千时，喜欢荡得很高，而且持续很长一段时间。

☐ 比其他孩子喜欢玩跷跷板或弹簧床。

有感觉相关姿势偏差而使头部的移动、平衡感、肌肉张力、双侧协调受到影响的"趴趴熊"孩子可能会出现以下情况：

☐ 两脚站不稳。用脚尖着地或跳跃着两脚着地时，在眼睛闭上的情况下很容易失去平衡。

☐ 在非两脚站立的情况下，例如爬楼梯、骑脚踏车、单脚跳跃或单脚站立时，容易失去平衡。

☐ 移动时动作不协调，笨手笨脚的。

☐ 很容易心烦气躁。

☐ 肌肉张力不佳。

☐ 把他们举起来、帮他们穿衣服、让他们平衡地坐在跷跷板上或站在平衡木上时，他们身体全都软软的（就像煮过的面条）。

☐ 坐在椅子上或坐在桌前时，会整个人瘫在位子上，喜欢躺着，不喜欢挺直腰身坐好，时常把头靠在手上或手臂上。

☐ 趴在地上时，很难同时把头、手臂、腿抬起来。

☐ 坐在地板上时，双脚会呈现"W"形（膝盖弯曲，两脚向两侧伸展
开来，以保持平衡）。

☐ 转门把手的时候，他们握不住门把手。握铅笔、剪刀、汤匙等工具
时，没什么力气。

☐ 会很用力地抓握东西。

☐ 消化与排泄出现问题，例如，他们经常便秘，或不太能控制自己的
膀胱。

☐ 进行体育活动或全家外出时，很容易感到疲倦。

☐ 快要跌倒时，无法保护自己，也无法抓住什么东西。

☐ 婴儿时期，不知道怎么爬行。

☐ 身体的意识较差。

☐ 粗大动作技能较差，时常被绊倒，进行运动时，显得笨手笨脚的。
他们似乎有"两只左脚"。

☐ 精细动作能力较差，很难使用餐具、蜡笔、铅笔和梳子等工具。

☐ 很难手脚并用，例如上下跳跃或抛球与接球。

☐ 很难用一只手或一只脚去帮助另一只手或另一只脚，例如他们很难
做到一只脚站立，一只脚踢球。也很难用一只手固定纸张，另外一
只手写字，或一手拿纸，一手剪纸。

☐ 到了四五岁还没有惯用手。他们在画画、写字时可能会随意使用左
手或右手，甚至会把蜡笔或铅笔从左手换到右手。

☐ 逃避跨越中线动作。他们可能会在画水平线时把画笔由一只手换到
另一只手中，或在进行"西蒙说"（Simon Says）游戏（请参见《感
统游戏》一书）时无法用左手轻拍右侧的肩膀。

☐ 动作紊乱，也无法融入结构性的活动中。

有动作运用偏差且笨拙的孩子，可能会出现以下情况：

☐ 很难理解、组织和执行一系列不熟悉的动作。

☐ 无法将自己习得的知识加以归纳总结，完成新的任务。

有情绪不安全感的孩子可能会出现以下情况：

☐ 很容易觉得沮丧，很快就放弃。

☐ 不愿意尝试新的活动。

☐ 难以忍受可能产生压力的情境。

☐ 自尊心很强。

☐ 别人的陪伴会激怒他们。他们也会逃避或脱离人群。

☐ 很难交到朋友，很难与同伴建立良好的关系。

前庭平衡觉偏差可能是这些孩子的主要偏差，此外，触觉（第5章）与本体觉（下一章）方面的问题也是导致这种结果的原因，视觉与听觉的处理将分别在第8章与第9章加以讨论。

第 **7** 章

如何辨别孩子的本体觉问题

一个9岁的孩子去游泳

汤尼想参与体育团队的活动，但是他很难动作协调地完成任务。他很讨厌别的小朋友（包括自己的兄弟姐妹），因为他们经常会说一些令他伤心的话，比如："你真的很不会掌握时间。"或者："没有人愿意和你一组！你对团队根本没有什么贡献。"

妈妈知道汤尼很渴望游泳，所以就说服他加入社区的初学者游泳队。妈妈给汤尼买了游泳镜、泳裤和一个新的运动袋。买了这些运动用品后，汤尼开始觉得游泳对他来说应该不成问题，至少在游泳时不用击球。

第一天练习游泳时，汤尼慢吞吞地走进更衣室，其他小男生都在一旁嘻嘻哈哈，跑进跑出，汤尼则很费劲地换衣服。他很仔细地做好每个动作，尤其是在系泳裤的腰带时更是仔细。他想自己穿好泳裤，这样别人才不会取笑他。他走出更衣室后，走向教练那边。他走路的姿势很奇怪，脚跟着地时会发出砰砰的声音，而且他不看路，反而看着自己的脚。他一不小心撞到了椅子，椅子在水泥地板上发出了刺耳的声音。

教练抬头示意他下水："快点！戴上游泳镜！快跳下去！快！"

戴上泳镜后，汤尼无法看到自己在做什么，这让他很不舒服。他还在调整游泳镜时，其他小朋友早已跳下水，开始游向泳池的另一端。汤尼不知道怎么下水，所以进入泳池成了一个问题。他走到梯子旁边，面向泳池，两只手臂笨拙地向后张开，试着双手紧握着栏杆走下去；然后他想到自己必须面向栏杆，而不是泳池，所以就转过身去，用脚去感受楼梯的位置，再慢慢地进入泳池中。

汤尼开始游泳，他上过游泳课，具备最基本的游泳技能。可是，他划水的方式很不协调，他的右臂伸展得很好，而左臂手肘太过弯曲，所以游起来"一跛一跛"的，一直歪向左边，最后撞到了分隔泳道的绳子。

另一个问题出在换气上。他很想集中注意力：右手臂、左手臂、呼吸，右侧

呼吸、左侧呼吸，但是他把顺序搞混了。他呼吸时，手臂就会停止运动，他感觉自己快要沉下去了。汤尼游到泳池另一侧的时候，觉得筋疲力尽，其他小朋友早已游回原点，他总是最后的那个孩子。他觉得游泳或许不适合他。

汤尼不能灵活地控制自己的身体，移动的样子也很怪异。他怪异的走路方式使他看起来就像一个机器人。汤尼的身体意识很差，他无法感知身体各个部位的移动方式与自己所在的位置，必须靠视觉才知道怎么移动身体。更换泳衣时，他必须看着自己的手，所以用了很多时间。对他来说，戴上游泳镜后更困难，因为他看不见自己在做什么。

汤尼游得很努力。他很喜欢游泳池的水，也想成功，然而容易灰心的他最后认定游泳不是自己的特长。汤尼的动作无法协调，他无法意识到自己身体出现的问题，他有本体觉偏差。此外，他与其他常见的案例一样，也存在运用能力偏差以及某些前庭平衡觉偏差。

以下会先解释本体觉正常运作模式，然后分析汤尼的偏差类别。

运作顺畅的本体觉系统

本体觉可以告诉我们有关身体移动与身体位置的信息，就像身体内部的"眼睛"，可提供下列信息。

◆ 我们的身体与身体各个部位所在的位置。

◆ 身体各个部位之间的关系。

◆ 肌肉的伸展程度与速度。

◆ 身体移动的速度。

◆ 我们对于时间的掌控度。

◆ 肌肉产生了多少力量。

这些信息对于我们所做的每个动作来说都相当重要，我们的反射、自动回应、计划性的动作（动作执行）都必须依赖这些信息。本体觉赋予我们感受自我意识的能力，让我们得以执行工作，无论我们是专业的小提琴家、滑雪选手、沙拉主厨，还是正在学骑三轮车的小朋友、拿着饼干吃的小朋友、发表研究成果的研究人员，都离不开本体觉。

本体觉包括无意识的感觉（如我们坐在椅子上时，身体会自动挺起来）和有意识的感觉（如我们站起来之前会自动把交叉的脚放下来）。老师与治疗师有时会以"运动知觉"来描述我们在学习时的姿势，这两者指的是同一件事。

本体觉指的是"姿势的感觉"或"肌肉的感觉"。感觉接收器大部分位于肌肉与皮肤内，有些则位于关节、韧带、肌腱等连接的组织中，这些接收器的刺激来自活动。我们的肌肉或皮肤伸展和收缩时，以及身体的部位弯曲和挺直时，这些动作的信息就会通知中枢神经系统相关部位目前的位置与状况。

当我们主动伸展与绷紧肌肉去对抗地球引力时（如做俯卧撑或提着洗衣篮时），可以获得最强烈的本体觉；如果我们是被动地移动（如鞋店销售人员抬起我们的脚，帮我们把脚塞进鞋子里），则可获得中等强度的本体觉。

即使我们没有做任何动作，也会接收到本体觉信息，只是自己没有意识到而已。举例来说，如果你现在坐着，闭上眼睛你就能依靠本体觉知道自己正坐在椅子上。你的脚现在是不是放在椅子下？手里是不是拿着一本书？本体觉可以告诉你这些信息，让你不用看就可以得到这些信息。

触觉、本体觉、前庭平衡觉的关系相当密切，因此，专家有时候会将这些感觉的处理过程称作"触觉本体觉"处理过程或"前庭本体觉"处理过程。"触觉本体觉辨别"指的是同一时间对于触觉与身体位置的感觉。一些普通的工作，如判断杯中牛奶的量、握笔写字等，都需要这项技能。"前庭本体觉辨别"指的是人在移动时，大脑对身体位置的感觉。抛球、接球或爬楼梯时都需要这项能力。

我们为何需要本体觉呢？本体觉的功能在于增加身体的意识，管理动作的控

制能力与动作的计划能力。本体觉有助于视觉的分辨能力，我们移动越多，对于所见事物的理解能力就越强。本体觉有助于肢体语言的表达与动作的排序，让我们可以用更有效率且符合经济效益的方式移动身体。此外，本体觉也可以帮助我们平顺地走动、快速地跑动、拿行李、坐着、站着、伸展、躺下，让我们依赖自己的身体，从中获得安全感。本体觉另一项重要的功能是调节身体的警觉程度。如果警觉程度太高，本体觉就会让警觉程度降低。如果警觉程度太低，本体觉就会将警觉程度提高。本体觉有助于恢复我们的心情，让我们可以有条理地工作，若是其他的感官遭受过度的刺激或刺激不足，本体觉也可以帮忙调整。举例来说，如果你坐了一整天之后，推压墙面、拉橡皮带，或荡高空秋千都可帮助我们调节感觉。此外，在教室里承受过多的感觉刺激后，这些动作也有助于缓解我们的情绪。

本体觉的恢复功能与调节功能可以维持几个小时，我们可以利用这些功能来维持身体的正常运作。如果老师、家长和治疗师了解这个原理，就会知道如何运用大量的伸展活动与对抗活动，帮助孩子静下心来听故事或者完成作业。

本体觉还能帮助我们辨别变化的时间与空间。例如绑鞋带时，手指肌肉必须具备良好的本体觉，配合良好的视觉辨别能力与触觉辨别能力。如果要知道何时将鞋带的一端放开、要打多大的环、要把圈放在哪个位置，就需要不停地练习、练习、再练习。身为大人的你，在黑暗中与迷糊状态时系鞋带或许都不成问题。现在，请想象一下，若是失去了本体觉，系鞋带时会发生什么情况。

· 失调的本体觉系统 ·

本体觉偏差指的是不能通过肌肉、皮肤、关节等获得感觉的过程。本体觉偏差一般会伴随触觉与前庭平衡觉的问题。有触觉或前庭平衡觉问题的孩子通常只有单一的问题，但有本体觉问题的孩子一般会伴随其他问题。

本体觉不良的孩子很难体验有关身体位置与移动的感觉，他们的中枢神经系统无法有效地调节这些潜意识感觉。无论他们的类型是感觉反应不足还是感觉寻求，都可能无法运用这些信息。他们在街上走路、进出浴缸、穿过操场时，经常会显现出困惑的神情；他们看到什么东西或什么人，也可能会显得神经兮兮。对他们来说，辨别身体各个部位的位置以及自己移动的速度是一个问题，他们无法控制自己的粗大动作肌肉与精细动作肌肉，也很难控制自己的动作。他们可能会笨手笨脚，很容易沮丧。在别人看来，他们简直是"什么都做不好的人"。

他们可能很难对自己控制自如，不懂得拿捏力度，经常不是太用力就是不够用力，门把手转了很久，门还是打不开，经常弄坏玩具或弄断铅笔，不时还会打翻牛奶瓶。他们可能不知道如何控制很重的东西（例如装满水的水桶）或很轻的东西（如叉子或梳子），也不知道如何举起或抓握其他东西。他们的身体意识很差，所以必须在眼睛看得到的情况下，才知道自己在做什么。如果没有视觉的配合，他们就很难执行普通的动作，例如穿衣服、拉拉链、扣扣子等，除非能够看到自己的动作，否则他们无法协调身体两侧的动作。他们缺乏姿势稳定感，可能会很害怕移动，每做一个动作、每变换一次姿势都会让他们产生警觉，让他们觉得不安全。

效率不佳的本体觉系统会导致调节、辨别、动作执行方面的问题，也会影响孩子的每个动作。

本体觉过度反应——"哦！不"型孩子

本体觉过度反应的孩子不愿意伸缩自己的肌肉。他们的身体意识比较差。此外，他们的肢体肌肉经常出现僵硬紧绷的现象，无法调节。在缺少"内部觉察"的情况下，他们往往"看不见"自己的身体在做什么。与正常的孩子相比，本体觉过度反应对孩子行为的影响见表7.1。

表 7.1 　　　　　　　　　本体觉过度反应如何影响孩子的行为

正常的孩子	本体觉过度反应的孩子
13 岁的托明妮第一次吃日本料理，她要了比较难咀嚼的章鱼和鱿鱼。她一边咀嚼，一边比较着这两者和其他食物的区别。她觉得章鱼和鱿鱼咀嚼起来的感觉不像海鲜，反倒比较像甘草或口香糖	13 岁的蒂雅在吃日本料理。为了不辜负别人的好意，她勉为其难地把一小片鱿鱼放入口中。鱿鱼嚼起来实在太像橡皮了，她无法下咽，于是把嘴中的一小片鱿鱼吐了出来，包在餐巾纸里，然后猛吃白米饭

　　他们不愿做跑步、弹跳、爬行、滚动等能带来许多感觉刺激的活动；不愿从事某些特殊姿势的活动，比如模仿动物走路、攀爬单杠，也不愿上体育课，更不愿意做广播体操。主动的移动会让他们感到焦虑，被动的移动（比如别人将他们紧紧地抱住，或移动他们的手脚）也会让他们感到焦虑。本体觉过度反应也会让这些孩子变得相当挑食，这是因为有些食物咀嚼起来比较费力，需要一些协调能力，但他们嘴巴上的肌肉却无法获得必要的感觉信息。

本体觉反应不足——"等等，什么"型孩子

　　本体觉反应不足的孩子似乎缺乏移动与玩耍的动力，通常他们的本体觉（触觉本体觉）辨别能力很差，而且有与姿势相关的问题和运动能力偏差，因此常常会"固定在某个位置"。举例来说，他们写字时，会把手肘靠在肋骨上，以获得较多的感觉刺激，来弥补姿势的不稳定感。

　　他们与本体觉过度反应的孩子一样，也缺乏"身体内部的觉察"，身体的意识很差，而且通常不太会玩玩具和掌控东西。然而，与感觉逃避型孩子不同的是，他们无法注意自己的坐姿，就算按照不舒服的坐姿坐了很久，他们也没什么感觉。他们被刺激了，也不会有什么反应，穿衣服也不知道怎么调节姿势；别人帮他们穿衣服时，也不会在乎别人是否在移动他们的手脚。"等等，什么？"与正常的孩子相比，本体觉反应不足对孩子行为的影响见表7.2。

表 7.2   本体觉反应不足如何影响孩子的行为

正常的孩子	本体觉反应不足的孩子
12 岁的丽丽坐在沙发上，很专注地看着《哈利·波特》的故事书，她已经看了一个小时，觉得身体有些僵硬，需要活动一下。于是她站起身来，将手指交叉在一起，伸展手臂。她把手伸到胸前、头顶上方，左右来回伸展，然后伸到头部后方。接着，她把手心朝外，以相同的顺序重复了刚才的伸展动作。伸展了一会儿后，她觉得身体柔软多了，她准备切蔬菜，做晚餐，布置餐桌了	12 岁的蒂娜维持同一个姿势已经一整天了。她很专注地看着《魔戒》。她听到妈妈在叫她，于是就很僵硬地站了起来，迈着不稳的步伐，走到厨房去帮忙做晚餐。因为她经常打破盘子，切菜也经常切到自己的手，所以妈妈分给她的都是一些既不会造成伤害又可以提供感觉刺激的工作。蒂娜的工作主要是洗马铃薯、搅拌肉饼的食材、榨柠檬汁、拌沙拉。现在，她觉得自己越来越警觉了

　　这类孩子需要有人像按开机按钮一样，帮助他们启动，这些感觉灵敏度不高的孩子在大量的活动之后，会变得比较清醒和警觉，也会变得比较有条理性。只是这些小朋友需要别人让他们做，他们才会去做。做家务活、参与教室里的活动都有助于改善本体觉，也可以提高孩子的警觉性。

本体觉寻求——"要更多"型孩子

　　这种类型的孩子就像破碎机或缓冲器一样，很喜欢冲撞的感觉。他们很渴望主动移动，喜欢推东西、拉东西，喜欢让自己像坠机一样摔在地上，或撞墙、撞击桌子、撞人。此外，他们还很渴望肌肉与关节等部位的被动感觉刺激，如结实的拥抱。

　　他们总是不停地寻求感觉刺激，会通过咬东西、踢东西、撞东西，以及某些具有伤害性的行为来满足自己的需求。有些感觉寻求的孩子会自行寻求感觉的刺激，如咬自己、撞摇篮或撞墙等。感觉统合的治疗可给予这些孩子大量且强烈的本体觉刺激，降低他们的警觉程度，借此改善他们的失调情况。与正常的孩子相比，本体觉寻求对孩子行为的影响见表7.3。

表 7.3   本体觉寻求如何影响孩子的行为

正常的孩子	本体觉寻求的孩子
5 岁的艾伦和爸爸去购物之前，先要在操场玩一会儿。艾伦知道怎么荡秋千，而且喜欢凭借自己的力量前后移动。现在，他们来到杂货店，艾伦帮忙推购物车。他把购物车推向前、往回拉，这种来回推拉的感觉让艾伦的手臂、腹部、背部都觉得很舒服。但有一次，艾伦把推车往前推时，一不小心撞到了苹果箱，几个苹果掉了下来，有一个还掉进他们的推车里。接着，艾伦看到爸爸扬起了眉毛，于是他收敛了一些，只用很小的力气推拉着购物车	5 岁的艾瑞克和妈妈来到农产品商店。妈妈很赶时间，但艾瑞克经常捣乱，不肯乖乖坐在推车的座椅上。妈妈只好把他放下来，让他推推车。他把推车推向前再往回拉，还把身体往前靠，用头去撞推车的把手。他看不到路，所以撞倒了一桶花生。他觉得冲撞的感觉真好，于是故意把推车推向装满了南瓜的箱子。妈妈想阻止，但已来不及了。妈妈以后带着艾瑞克去买东西前，都会让他先玩一会儿再去

　　一个具有良好本体觉辨别能力的孩子，在完成自己的任务、做家务和体育运动的过程中，很容易调整自己的肌肉运动和身体位置。而有本体觉辨别问题的儿童则表现不同，他们似乎不熟悉自己的身体，不能熟练地使用自己的手臂、身体和双脚。

　　在穿衣服、踢球、上下车或骑自行车时，本体觉辨别有问题的孩子很难灵活调整自己的四肢。当他们弯腰或伸直身体行走、触摸脚趾或爬楼梯时，他们的肌肉会以一种局促的方式活动。调整他们的肌肉来推、拉、提或搬运像纸箱和桶这样的重物对他们来说是一种挑战。他们很难区分握住和使用铅笔写字该用多大的力气，有时会把铅芯折断。打闹或做游戏时，他们经常推、挤、拉和"俯冲轰炸"他们的朋友。

　　增加户外活动，在大人监督下打闹，以及一整天的伸展活动，都有助于改善本体觉辨别有问题的孩子的行为。请给孩子提供推、拉、举和搬运重物的机会。他们需要这些活动，虽然一开始他们可能会抱怨，但他们会喜欢这些活动的！与正常的孩子相比，本体觉辨别偏差对孩子行为的影响见表7.4。

表7.4　　　　　　　　本体觉辨别偏差如何影响孩子的行为

正常的孩子	有本体觉辨别偏差的孩子
奥马尔在一个中学足球项目中学习拦截其他男孩。他知道如何进行"刚刚好"的接触——不会粗暴到让裁判判罚点球，也不会轻易地让另一名球员牢牢控制住球	12岁的拉希德在踢足球时经常会撞到其他男孩，有时还会伤到他们。他似乎无法判断该用多大力气，经常因为粗暴地比赛而受到处罚。他的父母说："他不知道自己该用多大的力量。"

本体觉如何影响日常活动

本体觉系统与触觉、前庭平衡觉系统有相当密切的合作关系，因此有些功能会重叠，这些功能包括以下几项。

- ◆　身体觉察
- ◆　姿势稳定
- ◆　动作控制
- ◆　动作执行（动作计划）
- ◆　活动分级
- ◆　安全感

身体觉察

有效率的本体觉可以提供有关身体觉察的信息，本体觉很差的孩子可能无法意识到自己身体的位置与身体各个部位的位置。与正常的孩子相比，身体觉察异常对孩子行为的影响见表7.5。

表 7.5   身体觉察异常对孩子行为的影响

正常的孩子	身体觉察异常的孩子
为了让孩子能够静下心来，乔纳的幼儿园老师在讲故事之前，会带着小朋友做伸展运动。她说："闭上你们的眼睛，把一只手臂向天花板的方向伸展。现在，把手放下来，把另一只手臂向上伸展。"3 岁的乔纳可以跟得上老师的指令，对他来说，这不是什么困难的事	3 岁的米奇和乔纳是同班同学。在做伸展运动时，米奇一直没有闭上眼睛。他看着自己的右手臂，想确定自己的手臂是否在往上举。老师要他们伸展另一只手臂时，米奇看了乔纳一眼。他想跟着乔纳做，结果没能跟上老师的指令，又举起了同一只手臂

动作控制

本体觉提供了必要的信息，这些必要的信息有助于协调基本的粗大动作与精细动作，本体觉很差的孩子很难控制粗大动作（如变换姿势）与精细动作（如抓握东西）。与正常的孩子相比，动作控制能力对孩子行为的影响见表 7.6。

表 7.6   动作控制能力如何影响孩子的行为

正常的孩子	动作控制能力差的孩子
11 岁的班吉邀请其他小朋友一起玩"谁是小马"这个游戏。小朋友一个接着一个选好了位置，大家轮流站在选好的位置上，把篮球投进篮框里。如果没投进，就会依次得到 H、O、R、S、E 五个字母，得到全部字母就会被判出局。班吉有很好的动作控制能力，几乎没输过比赛	11 岁的贾斯伯也到篮球场玩"谁是小马"的游戏。现在到他上场了。他拿起了球，但他有动作控制的偏差，很难辨别身体的位置，也很难精准控制肌肉。他试着把篮球投向篮筐，可是他很没力气，没把球投进。他获得了一个 H，然后又得到了一个 O、一个 R、一个 S、一个 E，结果被判出局了

活动分级

本体觉有助于活动的分级。伸缩肌肉之前，我们必须靠感觉来判断需要使出多大力气，这就是活动分级（grading of movement），我们可以判断肌肉活动的质与量，以及活动时会需要多大力气，因此可以衡量需要用多大力气把一个箱子搬起来或拉开卡住的抽屉。

假设你正在野餐，你把盛满柠檬汁的杯子放在别人的空杯子旁边。过了一会儿，你回到桌边，想喝一口柠檬汁，于是拿起了杯子。你马上会发现这个杯子不是你的，因为拿起来的感觉是空的。你怎么知道杯子是空的呢？本体觉会告诉你。

有本体觉问题的孩子因为无法有效地获得来自肌肉与关节的信息，所以很难根据不同的需求，区分活动的等级。与正常的孩子相比，活动分级异常对孩子行为的影响见表7.7。

表 7.7　　　　　　　活动分级异常对孩子行为的影响

正常的孩子	活动分级异常的孩子
夏令营的脚踏车棚需要刷上油漆，7 岁的露西打算去帮忙。一路上，她一手拿着刷子，一手提着油漆桶，虽然两手拿的东西不一样重，她还是能调整自己的身体，维持挺直的姿势	7 岁的瑞丝用一只手紧握着油漆刷，以免刷子掉下去。老师给了她一桶油漆。因为瑞丝感觉不到油漆桶的重量，所以无法收缩肌肉，让身体维持挺直的姿势。一路上，她都弯着腰，拖着油漆桶前进

姿势稳定

有了本体觉，我们就可以意识到身体的位置，无论是坐着、站着还是移动都能保持稳定的姿势。本体觉若是出现了偏差，孩子就无法在执行日常动作时调整姿势，维持姿势的稳定。与正常的孩子相比，本体觉偏差对姿势稳定性的影响见表7.8。

表 7.8　　　　　　　姿势稳定性如何影响孩子的行为

正常的孩子	姿势稳定性差的孩子
10 岁的蔡斯拉出椅子，看看妈妈给他准备了什么晚餐。看到自己最喜欢的玉米棒，他非常兴奋。他吃得津津有味，还把手肘靠在餐桌上。妈妈对他说："注意你的餐桌礼仪！"于是，他把身体挺了起来	10 岁的普斯坐在椅子上，一只脚塞在屁股下面，一只脚放在地面上，以保持平衡。他知道妈妈不让他把手肘放在餐桌上，但吃玉米时，他还是忍不住把手肘靠在桌子上

动作执行

我们必须能够精确辨别与处理本体觉的信息才能执行动作。对于有处理与辨别能力偏差问题的人来说，进行动作的计划与排序是个不小的挑战，如果他们属于本体觉反应不足的类型，这项挑战会更大。与正常的孩子相比，动作执行能力对孩子行为的影响见7.9。

表 7.9　　　　　　　动作执行能力如何影响孩子的行为

正常的孩子	动作执行能力差的孩子
6 岁的泰德正在户外进行活动。"一，二，三，四。一，二，三，四。"他一边喊着，一边抬起膝盖。体育老师给他增加了摇动手臂的动作，并让他加快速度。这项额外的任务一点都难不倒泰德，泰德很喜欢这些额外的挑战	科林是一年级的小朋友，在练习正步走的时候，他慢慢地走在队伍的最后面。即使喊出"一，二，三，四"的节奏，他也总是笨手笨脚的，两条胳膊无法协调地摆动。老师如果让他加快摆动手臂的速度，他就会感到很吃力。科林一边拖着沉重的脚步，一边喃喃自语："我做不到。"

安全感

本体觉可以让我们掌握身体各个部位的位置信息，知道自己在做什么，对安全感非常有帮助。本体觉很差的孩子因为缺乏本体觉信息，会对自己的身体没有信心，也没有安全感。与正常的孩子相比，缺乏安全感的孩子的表现见表7.10。

表 7.10　　　　　　　　安全感如何影响孩子的行为

正常的孩子	缺乏安全感的孩子
珍妮5岁。她一天的安排是：起床、穿衣服、走路去上学、做作业、到外面玩，然后和妈妈一起去买东西。她对自己很有信心，也能够掌握周围的一切信息。她可以轻松地调节身体的位置，这项能力让她在活动时相当自信	对5岁的沙拉来说，无论是起床、穿衣服、走路去上学、做作业、到操场玩耍，还是和妈妈一起去买东西，都需要费很大的劲儿。她不觉得自己很棒，也不喜欢周围的一切。她的不安全感来自自身的不安定信息。她无法掌控自己的行为，而且对自己也没什么信心

·筛查孩子是否有本体觉偏差·

这些筛查项可以帮助你评估孩子是否有本体觉偏差。你在检查的同时，会注意到许多明显的特征，这些明显的特征有助于理解孩子的感觉统合失调行为。

本体觉过度反应的孩子，可能会出现以下情况：

□ 能不动就不动。

□ 四肢被移动时会很不高兴。

□ 伸展或收缩肌肉时会很不高兴。

□ 逃避需要承重的活动，如跳跃、跑步、爬行、滚动，以及其他会给

肌肉带来强烈本体觉刺激的身体动作。

☐ 很挑食。

本体觉反应不足的孩子，可能会出现以下情况：

☐ 肌肉张力不足。

☐ 为了弥补肌肉张力的不足，写字时会把手肘"固定"在肋骨上，站立时会把两腿的膝盖靠在一起。

☐ 动不动就弄坏玩具。

本体觉寻求的孩子，可能会出现以下情况：

☐ 故意"冲撞"周围的东西，如从高处跳下去，钻到一堆叶子中，故意捉弄别人。

☐ 走路时会踩脚或用脚撞击地面。

☐ 用脚踢地板或踢椅子。

☐ 走路时会拿棍子或其他东西撞击墙面或篱笆。

☐ 通过以头撞墙、咬指甲、吸吮手指头、打响指等自我刺激的活动来调节自己的觉察能力。

☐ 不断在桌面上摩擦自己的手。

☐ 喜欢被毯子或棉被紧紧裹住的感觉。

☐ 喜欢把鞋带、皮带等束得很紧。

☐ 不停地咬东西，例如衣领、袖口、铅笔、玩具、口香糖等。

☐ 他们可能很喜欢有嚼劲儿的食物。

☐ 经常出现有侵犯性的动作。

辨别能力很差或处理能力有偏差的孩子，可能会出现以下情况：

☐ 身体意识与动作控制能力不佳。

☐ 很难计划动作与执行动作。如果他们看不到自己在做什么，就更难执行控制与检视动作的任务，如调整衣领或戴眼镜等。

☐ 别人帮他们穿外套或自己穿脱衣服时，不太会配合别人，也不会穿衣服或脱衣服。

☐ 不清楚自己的身体相对于其他人与物体的位置，经常自己跌倒、被绊倒或撞到东西。

☐ 不太会上下楼梯。

☐ 身体移动时显得很害怕。

活动效率不佳的孩子，可能会出现以下情况：

☐ 执行动作时（例如把手伸进衣袖或爬行），不太会弯曲与伸展肌肉，弯曲与伸展的程度不是过度就是不及。

☐ 握铅笔或蜡笔的力度不是太轻而无法清楚写字或画出东西来，就是用力过大弄坏笔尖。

☐ 经常把字写得乱七八糟，常常把纸擦破好大一个洞。

☐ 常常打破东西，好像是"瓷器店里的公牛"一样。

☐ 有些操作简单的东西他们也不太会，经常弄坏东西，如灯的开关、发夹、容易拆装的玩具等。

☐ 拿东西时（例如一杯牛奶），过分用力，导致牛奶洒落。

☐ 拿东西时，不够用力，因而无法拿起东西。他们可能会抱怨靴子或玩具等"太重了"。

☐ 两手拿的东西如果不一样重，就很难拿起或抓握。他们可能不知道哪边"轻"、哪边"重"。

有感觉相关姿势偏差的孩子，可能会出现以下情况：

☐ 姿势不当。

☐ 坐在桌子前时，会把头靠在手上。

☐ 会瘫坐在椅子上、趴在桌子上或趴在地板上。

☐ 为了坐稳，会坐在椅子边缘，一只脚踩在地上。

☐ 单脚站立时无法保持平衡。

有不安全感的孩子，可能会出现以下情况：

☐ 逃避移动，因为移动会让他们觉得不舒服或不适应。

☐ 只从事他们熟悉的活动，不愿意尝试新的事情。

☐ 缺乏自信，连试都还没试就会说："我做不到。"

☐ 在陌生的情境中变得很胆怯。

本体觉偏差经常与触觉问题（第5章）或前庭平衡觉问题（第6章）同时存在。

第 **8** 章

如何辨别孩子的视觉问题

· 两个女孩做风筝 ·

人们几乎不会相信12岁的弗兰西斯卡有视觉偏差。她是七年级学生中阅读能力最强的一个孩子，而且很喜欢文学。她读过很多经典图书，如《双城记》《傲慢与偏见》等。她总是不停地阅读、阅读、再阅读。今天，她迅速地吃完午餐，就小跑着离开餐厅，前往图书馆。图书馆就是她的避风港。走廊上，许多学生飞奔而过，她小心地闪躲着，以免被他们撞到。进入图书馆后，她选了几本有关风筝的书，然后就走到一个角落，席地而坐，面向空无一物的墙，背靠着书柜，埋头于书中。弗兰西斯卡喜欢安静的图书馆。在图书馆里，她不用眯着眼睛看书，头也不痛了，因为图书馆的天花板装的是白炽灯，不像教室里的灯会一闪一闪的。此外，在那个安静的角落里，也没有太阳光从百叶窗射进来，让她睁不开眼睛。

夏洛蒂也来了，她正在找寻弗兰西斯卡。她也有视觉偏差，但没被发现。夏洛蒂没有注意到身旁的东西，不小心撞翻了装书的手推车，里面的书掉落一地。她笨手笨脚地把书放回手推车上。夏洛蒂常常搞不清楚自己身在何处，方向感也很差。除此之外，她很难把注意力放在书本的文字上，或很难从一行文字移到下一行文字。她的强项是听力，所以在法语、西班牙语、诗歌、音乐等方面都有很不错的表现。正如弗兰西斯卡说的，夏洛蒂"像狄更斯一样聪明"，只是不太善于阅读。

弗兰西斯卡知道夏洛蒂朝她走来，便把头抬起来，跟她的朋友说了声："嗨！"夏洛蒂让弗兰西斯卡帮她找书架上的书，因为找书这种细致的工作会令她眼花缭乱。她小声问："你找到关于风筝的书了吗？有没有找到好看的设计呢？"

"这个蝴蝶的图案给你看看。"弗兰西斯卡说，"我打算画下这只黄鹂鸟。"两个女孩欣赏着书中的插图，小声讨论她们要在美术课上做的风筝。之后她们计划到华盛顿特区郊游，观赏樱花节游行，还要到国家广场放风筝。她们相当期待

这次旅行。

之后，在上美术课时，她们试着做风筝，这时问题就出现了。她们面临的第一个问题是如何把目光从书中的插图转移到风筝上，再从风筝上转移到书中的插图上，这些活动对她们而言很困难。她们面临的另一个问题是如何把自己选择好的图形做成风筝的侧翼，她们无法将蝴蝶和鸟的图案放大并画出来，因为她们还没培养出调整比例大小的视觉能力。

美术老师来到她们这一桌，看到她们的作品时，皱了一下眉头。她试着说些鼓励的话："我感觉得出来，你们都很用心在做。"两个女孩焦急地看着老师。夏洛蒂不知道老师有没有生气，她看了看老师的脸，还是无法确定。

老师说："下次也许可以试试比较简单的图案。有时候，简单反而比较好。"

"是啊。"夏洛蒂随声附和着说，"简单一点儿的图案。"她松了一口气，老师或许没有生气，至少她的声音听起来不像在生气。弗兰西斯卡叹了一口气："早知道就画一个大圆点，不画鸟。"

下课铃响了，两个女孩收拾好美术用具，离开了教室，老师给了她们一个体谅的微笑。老师实在无法理解，照理来说，像她们这么聪明的学生，做这种美术作业应该不太困难。老师不明白，弗兰西斯卡和夏洛蒂怎么会看不懂眼前的图片。

弗兰西斯卡和夏洛蒂为何看不懂眼前的图片呢？

她们两个人都出现了异常的行为模式。弗兰西斯卡对视觉过度反应，她是通过"过度调节"的方式来调节自己的动作的。如穿越拥挤的走廊、忍受闪烁的灯光、保持直接的眼神接触，对她而言相当困难。

夏洛蒂对视觉刺激反应不足，不知道自己看见了什么东西，也不知道东西所在的位置，更无法分辨自己相对于东西的位置。她的问题是视线压缩，她一次只能把目光放在一个物体上，无法看到它周围的东西。视线若被压缩，视觉的主题背景就会出现难以辨别的问题。她看不清通道上的推车、书本的标题、书页上的文字。除此之外，她也无法解读面部表情的意义。

另外，两个女孩都有视觉的处理能力偏差，她们的大脑无法有效地将视觉输入信号与动作输出信号结合在一起，因此她们反应迟缓、动作笨拙。她们无法很轻松地运用视觉来引导自己的移动，也无法执行计划，例如按书本的插图画画。

接下来，我们先介绍正常的视觉系统，然后解释这两个女孩的视觉偏差属于哪种形态。

·运作顺畅的视觉系统·

视觉系统是一个复杂的感觉系统，可帮助我们辨识景象，预测"迎面而来"的事物，并加以回应。首先，视觉可帮助我们分辨事物的差异、边角、移动的方式，让我们能够自我防御；其次，我们移动时也需要视觉的引导与指挥。这样我们才能与周围的一切事物产生良好的互动，并参与社交和学习。

光线或光线变化的刺激信号让我们能看见物体。这种刺激是来自外界的，并没有真正地与身体发生接触，就如同我们的触觉、前庭平衡觉和本体觉刺激一样。

视觉的独特之处在于，可以为我们提供时间与空间的信息。我们看见东西的时间点不同，但在同一个时间点却可以获得大量的空间信息。举例来说，当我们阅读的时候，我们的视线会从一些字转移到另一些字上，当视线转移到新的位置时，就可以看到另一些文字。有了视觉，我们就可以在眨眼的同时，处理大量的空间信息。

视觉如此重要，这一点是毋庸置疑的。从进化的角度来说，视觉是神经系统的"新成员"。人类祖先最重要的感觉是嗅觉，嗅觉对现在的许多动物来说仍非常重要。现在，视觉成了人类最重要的感觉。我们可以通过视觉了解自己现在所在的位置、目前发生的事情。

视觉与视力不能混为一谈，因为视力只是视觉的一部分。视力指的是我们是否能看到视力检查图表上的"E"，是天生的，是产生视觉的前提。无论我们能否看到，看见东西的能力是学不来的，也是教不会的。

有意思的视觉事实

◆ 我们所接收的信息中，有80%来自我们的眼睛。

◆ 进行视觉处理的工作内容时，有80%是处理我们所看到的内容，20%是处理与这些内容有关的位置与情况。

◆ 在眼睛睁开的情况下，约有66%的大脑活动用于视觉。每秒钟约有30亿个刺激信号进入中枢神经系统。这30亿个刺激信号当中，有20亿个是视觉刺激信号。

◆ 在人类的沟通中，有93%属于非语言沟通；55%是在观察说话者的面部表情与肢体动作。

◆ 在课堂的学习中，有75%～90%需要用到视觉。约有90%的视觉问题未被诊断出来。

◆ 在所有的学龄儿童中，有25%的孩子存在视觉问题。

◆ 在少年罪犯中，有70%存在视觉问题，却未被诊断出来。

视觉与视力是不同的。视觉并非天生就具备，而是通过感觉系统统合逐渐发展出来的。我们会在成长的过程中逐渐习得对视觉的理解能力。

如何培养这种理解能力呢？答案是：通过活动！活动是所有学习的基础，可通过活动来理解眼前所见到的景象。坐着看书或盯着电脑屏幕是无法培养出这种能力的。

前庭平衡觉系统与本体觉系统会给我们的视觉产生重大的影响。我们伸缩身体的肌肉，才能让自己躺下、挺直腰身坐着或两脚站立。我们的大脑充满大量感觉信息，这些感觉信息有助于眼睛的活动。我们四处活动、改变方向，当我们改变身体、头部、眼睛的位置时,我们的视觉方向也随之改变。一些有目的的活动可以提升眼睛的协调能力。因此,在视觉发展的过程中,活动、平衡、肌肉控制、姿势回应等都是"必要的元素"。

触觉对视觉也有重大影响。婴儿触摸自己的脚趾时,眼睛会看着自己的脚趾。学龄前的小朋友会把橙子拿起来,一边触摸一边观察,隔一天,他们看到另一个橙子时,就知道橙子又圆又大,很结实,可以用手握着、滚动、抛向空中。年龄比较大的学生不用看也不用触摸,就可以想象金字塔、警察、腊肠比萨的样子。如果你希望孩子的视觉能力好,就要让他们进行很多触觉体验。

听觉也会影响视觉。当我们听到一个声音时,这个听觉产生的信号就会加强视觉处理能力,让我们知道这声音来自何方。门被猛地关上发出很大声音,朋友叫我们的名字,或听见鸟叫声时,我们都会用眼睛去寻找声音的来源。此外,听觉也可以加强视觉处理能力,让我们了解听到的内容。比如,听到别人说"苹果"的时候,我们脑中就会出现苹果的画面。

实际上,视觉的形成需要所有感觉的参与,就像其他感觉(包括嗅觉与味觉)的形成需要视觉参与一样。我们不用吃松饼,就知道松饼的香味与滋味,这就是感觉统合的成果。

视觉的两个方面:防御与辨别

视觉与其他感觉一样,也有两个部分。防御是我们的第一反应(参见第4章),视觉的主要功用是保护我们,让我们脱离危险。我们的眼睛受到光线刺激时,会立刻闭上(不由自主地做出的反应)。我们的眼睛为了让我们可以看清楚眼前的景象,会产生自适应能力。拥有足够的视觉能力是生存必须具备的。

基本的视觉能力

基本的视觉能力(我们没有意识到的视觉机制)包括以下方面的内容。

◆ 敏锐度:能看到物体的细微之处。

◆ 暗适应：由昏暗空间进入明亮空间的自我调节能力，比如我们从昏暗的房间走到太阳底下的时候，眼睛会自动产生适应性。

◆ 双眼的适应能力：有了这种能力，我们就可以将焦点放在不同距离的物体上，同时关注到远处的某一点与近处的某一点，如将目光由桌子移向窗外，然后移回来，或者把黑板上的问题抄到作业本上。

◆ 探测移动：如看蜘蛛在墙面上爬行、车子在马路上行驶、同学在教室里移动等。

◆ 双眼视觉：双眼并用，让双眼记录到的影像在脑中形成单一的图像，如抬头望向天空时，虽然两眼都看到月亮，但我们脑中只会形成一个月亮的影像。

◆ 眼球移动技能：用眼睛持续锁定（fixation）某个物体的能力；有效率地看，从点到点或从字到字的扫视能力（saccades）；追踪移动物体的技能，如注视空中移动的球。

视觉辨别能力

我们有了健康又正常的双眼，就具备了视觉的辨别能力，包括有意义的认知功能（也可称作"视觉空间感知""视觉认知""空间认知""形态与空间感知"以及本书所提到的"视觉辨别"）。视觉辨别能力可帮助我们获得更具体的信息（有关我们看到的物品、物品所在的位置、我们相对于该物品的位置），这些信息有助于我们对眼前所见的景象进行回应。

视觉辨别能力包括以下几个方面的内容：

◆ 周边视觉（peripheral vision）：我们通过眼角的余光看到周围的景象，主要用于探测。

◆ 深度知觉（depth perception）：可以让我们看到三维的空间与物体，判断物体之间的距离，或自己与物体之间的距离。这种能力可应用在下楼时，或帮助我们避开人行道的裂缝。

◆ 稳定的视野（stable visual field）：可辨别哪些物体在移动，哪些物体没有移动。

◆ 空间关系（spatial relationships）：包括方向关系（判断物体之间的距离以及物体与人的距离）以及侧边（以自己的两侧为基准的左右、前后、上下方的关系）关系。

◆ 视觉辨别（visual discrimination）：辨别大小、形状、图案、位置、颜色等的异同。

◆ 形状恒常性（form constancy）：辨认某个形态、符号或形状的能力，即使这些形态、符号、形状发生改变，仍然能够辨认得出来。这种能力会帮助我们组合、分类物品，也可以让我们知道字母是"u"还是"n"，是"p"还是"q"。

◆ 视觉主题背景（visual figure-ground）：区分前景与背景物体的能力，有了这个能力，我们就能辨别书页上的文字或认出人群中的某个人。

◆ 视觉注意力（visual attention）：能够持续同时运用眼睛、大脑以及身体其他部位以完成某项任务，如阅读、遵循指令或注视一样东西或一个人。

◆ 视觉记忆（visual memory）：可辨识、连接、存储、回想之前看到过的景象。

◆ 顺序记忆（sequential memory）：能够感知文字与图片的顺序，并记得此顺序。这一能力对阅读与拼写相当重要。

◆ 视觉形象化（visualization）：能够在脑海中形成与处理物体、人物等的形象。这一能力是语言发展的先决条件。

◆ 视觉与其他感觉的统合（visual-sensory integration）：将视觉与触觉、移动、平衡、姿势、听觉及其他方面的信息进行统合的能力。

视觉动作能力

有了这两种视觉能力我们就可以看见现实生活中的一切事物，并做出适当的回应。视觉动作的基础是视觉信息的辨别能力，它会逐渐发展成熟。在此过程中，我们学会了如何将视觉看到的景象与动作（或动作执行）相结合。经过大量的练习之后，我们就可以使这些视觉信息与粗大动作和精细动作相互协调。如果我们看到袜子上粘着棉絮，我们就会把棉絮拿掉；想知道地面的坑深不深，我们就会走到附近观察一下。

视觉动作能力包括以下几个方面的内容。

◆ 手眼协调：眼睛指引精细动作的能力，如玩玩具、把钉子放入圆洞、使用工具、吃东西、穿衣服、写字、依照书中的图案穿珠子和堆积木等。

◆ 脚眼协调：眼睛指引粗大动作的能力，如跳格子、走入浴缸和踢球等。

◆ 耳眼协调：眼睛能够看见字母，将此字母与储存在大脑里的听觉信息结合，并告诉他人这个字母如何发音，或把这个字母应用到某个单词中。

具有视觉辨别能力与视觉动作能力的孩子积累了许多观看、移动、感觉的经验，他们可以精确地判断物体的位置，可以堆积木或在大脑中构想一座大桥的立体影像。他们可以识别出带有字母"r"的单词，如锤子（hammer）和楼梯（stair），无论这两个单词是正着写还是倒着写，都能找到字母"r"。写作业时，他们能够把数字对齐，字也可以写得很工整，不会超出页面的边界。

他们可以顺畅地穿越房间或运动场，不会走错方向；他们会骑脚踏车，知道怎么从车库骑到杂货店；他们也知道怎么画画、阅读以及看图寻宝等。与正常的孩子相比，视觉能力不佳对孩子行为的影响见表8.1。

表 8.1　　　　　　　视觉能力如何影响孩子的行为

正常的孩子	视觉能力差的孩子
13岁的丹尼热爱棒球,是教练心中的"体育天才"。他之所以打得这么好,一部分原因就是拥有绝佳的视觉能力。上场打击时,他能将目光放在棒球上,再将焦点由远处移到近处(本垒)。他有很好的视觉能力,所以投球时知道该把球丢到哪个位置。他是天生的好棒球手	8岁的凯瑞在接受视觉治疗与戴眼镜之前,还不是一位引人注目的棒球选手。如今,上场打击时,他可以将目光放在投手身上,追踪快速球也变得比较容易了。在野外,他不需要再费很大劲,就能做好视线的移动。他很累时,还是能看到两个球。大部分的时候他都是队中最有价值的球员

举例说明视觉的工作 ·················○

　　若要了解视觉之于生存的重要性,不妨想象这样的情景:当你走在公园旁的人行道上的时候,发现了一条可以斜穿到对面街上的小路。于是,你离开人行道,改走小路(方向感)。你用眼睛(双眼视觉)由左至右扫视(扫描)之后,发现公园相当安静。你用眼角的余光(周边视觉)瞧见一大团东西在动(探测移动),这个东西外面裹着一条红色的毯子,躺在长椅上(视觉辨别)。你静止不动,不希望被那团东西发现。你还是在远处看着那团东西,心想:"会不会有人躺在那里(形状恒常性)呢?"你以前似乎看到过类似的东西(视觉记忆)。你注视着那团东西、长椅、树木、小路(视觉锁定),专注地看着(视觉注意力)。这个情境到底对你有利、不利,或不好也不坏?

　　那团东西在你的哪个方向呢?你在繁忙街道的哪个方向(空间关系)呢?你知道怎么离开公园吗?那团东西突然动了一下,你被吓了一跳(视觉防御),你采取了自我保护的适应性反应,转身就跑(脚眼协调)。

·失调的视觉系统·

艾尔斯博士与她那些天赋极高的同伴们发现，许多有学习障碍的孩子都会出现视觉失调的问题。他们的大脑大多数情况下不善于将视觉辨别、视觉动作能力与前庭平衡觉、本体觉和姿势协调统合在一起。换句话说，他们的眼睛与身体的其他部分都失调了。

视觉发展问题常见于孤独症儿童，但这个问题又经常被忽略。眼神接触问题是很多孤独症儿童的问题。此外，他们很难融入周围环境。他们感觉眼睛紧绷时，就会眯起眼睛，然后利用双手在眼前拍打的方式进行"自我刺激"，以助于开启视觉空间，放松过度紧张的视觉神经，进而使视觉系统的运作更顺畅。然而，许多非孤独症儿童也有明显的或"没有那么明显的"视觉障碍。如果他们的视觉障碍与移动（如动不动就跌倒）、姿势（如趴在桌上）、身体意识（如难以判断左右边）有关，他们很可能就出现了感觉问题，而感觉统合偏差很有可能就是问题的症结。

如果孩子的问题与非移动的视觉辨别（如将颜色配对或看地图）有关，那么问题的症结就一定不是感觉统合偏差，而可能是近视等视觉敏锐度的问题，或是认知障碍。判定视觉问题的形成原因很重要，唯有经过正确的判断才能找到适当的治疗方式。有感觉统合偏差且视力不好的孩子可能会有一种或多种调节、辨别和应用视觉探索周围世界的问题，这些问题会影响他们的适应性反应。

视觉过度反应

视觉过度反应或视觉防御型的孩子会对无害的环境刺激产生剧烈的反应，面对突如其来的明亮或闪烁的光线，他们可能会将视线移开，用手、太阳镜或宽帽檐遮住眼睛。这些孩子也可能会被移动的物体干扰，如摇晃的挂饰或匆忙的人群。如果有东西迎面而来，如球或跑得很快的小朋友，他们可能会迅速地低下头。与正常的孩子相比，视觉过度反应对孩子行为的影响见表8.2。

表 8.2　　　　　　　　视觉过度反应如何影响孩子的行为

正常的孩子	视觉过度反应的孩子
11岁的莉亚在游戏区看着自己的小弟弟，他的小弟弟摇摇晃晃地走到某个正在荡着的秋千前面。秋千上的小朋友荡得很高，眼看秋千就要撞到他了，好在莉亚眼疾手快，及时抓住了弟弟的手臂，把他拽开了	11岁的多萝西当临时保姆，帮忙照顾邻居家的小朋友。在公园里，小朋友拉着多萝西往秋千的方向走去。快速移动的秋千让多萝西产生了警觉，于是她闭上眼睛，想要避开混乱的一切。结果，有一个正在荡着的秋千把她和那个小朋友撞倒在地

视觉反应不足

　　视觉反应不足的孩子可能无法将注意力放在新奇的视觉刺激上，如没看到节日的装饰品或教室里重新摆放的桌椅。有东西迎面而来时（如有人把沙包扔向他们时），他们无法快速且有效地回应。他们可能无法意识到亮光或太阳光，面对闪烁的光线却不知眨眼或避开。他们可能会盯着某样东西，确实是在看，却没有看到；他们看着别人的样子，就像那个人根本不在那里一样。与正常的孩子相比，视觉反应不足对孩子行为的影响见表8.3。

表 8.3　　　　　　　　视觉反应不足如何影响孩子的行为

正常的孩子	视觉反应不足的孩子
四年级的康纳抬头看着写在黑板上的作业内容。他把作业要求抄在自己的笔记本上，再次抬头看看自己写的对不对，然后把东西收进背包，往门口走去	其他小朋友都在抄黑板上的作业，9岁的雷克斯却在看窗外的东西。老师喊了他一声："仔细听应该比看更容易做到，我来告诉你今天的作业是什么吧。"雷克斯很感激，但无法看着老师。他似乎是在看老师，但实际上并没有看到

视觉寻求

比其他小朋友更渴望视觉刺激的小朋友，会吵着要在电视机前多待一会儿，也会对一闪一闪的亮光（如闪光灯或射进百叶窗的阳光）很感兴趣。与正常的孩子相比，视觉寻求对孩子行为的影响见表8.4。

表8.4　　　　　　　　　　视觉寻求如何影响孩子的行为

正常的孩子	视觉寻求的孩子
一闪一闪的日光灯让 4 岁的露西觉得很烦，但她在"展示东西又讲故事"的时间很专心，所以忘了烦人的日光灯。接下来是户外活动时间。放学后，她到琳妮家里玩，她陪琳妮看了一会儿影片后，觉得影片没意思，就去找琳妮的衣服试穿	4 岁的琳妮凝视着一闪一闪的日光灯。日光灯隔一会儿后会闪一下，琳妮看得很投入，所以在"展示东西又讲故事"的环节走神儿了。放学后，露西去她家里玩。琳妮坐得离电视很近，目不转睛地看着一部好看的影片，露西则跑到一旁去试穿她的衣服

视觉如何影响日常活动

视觉辨别能力

一般情况下，正常的孩子看到东西时，就能够分辨出东西的特点，且能区分不同人与不同东西的差异。视觉辨别能力不佳的孩子，则无法感知到自己看到的东西。他们的大脑无法将视觉信息与听觉、触觉、移动的感觉连接在一起。举例来说，如果他们出现视觉与听觉的连接问题，他们听到老师的声音时，可能就不知道要看哪里。如果他们在视觉与触觉的连接方面出现问题，他们就无法只依靠视觉来判断钉子尖不尖、锤子重不重。如果他们出现视觉与移动感觉的连接问题，快要撞到家具时他们可能就会不知道躲闪。如果他们的大脑无法将所有的感觉信息加以统合，就很难针对双眼所见到的影像进行回应。

　　这些孩子可能无法与视觉互相配合来区分颜色、形状、数字、字母、单词，可能无法辨认印刷的字，甚至连自己的名字也认不出来；即使长大之后，看到长得很像的符号、字母、数字，可能还是会混淆，无法区分▲与▼、b 与d、1000与1000000。他们可能很难把注意力放在图书的细节、拼图和乐高玩具的说明书、历史书籍、食谱、缝线的样式等方面。这些孩子可能无法区分前景与背景，可能不喜欢看带有许多插图的书。他们可能会拼错拼图，也可能没办法在人群中找到自己的朋友。他们与人互动时，可能会误解某些重要视觉暗示所代表的意思，如面部表情与手势等，因此在社交上经常吃亏。

　　与正常的孩子相比，视觉辨别不佳对孩子行为的影响见表8.5。

表8.5　　　　　　　　　视觉辨别不佳如何影响孩子的行为

正常的孩子	视觉辨别不佳的孩子
5 岁的伊登正在玩杂志上的"大家来找碴"游戏。她看到厨房钟表上的"4"颠倒过来了、话筒变成了香蕉、一排爬向糖罐的蚂蚁中出现了一只小蜘蛛。她不停地笑。她和欧宝分享这个游戏，欧宝却没有兴趣，伊登有点儿失望	欧宝是个有视觉偏差的幼儿园小朋友。伊登让她玩"大家来找碴"的游戏时，她稍微看了一下，但无法很轻松地找出问题。这个游戏无法吸引她。她耸了耸肩，把杂志还给了伊登。她看不出伊登很失望

视觉动作能力

　　一般的孩子会利用视觉信息来引导动作计划，并有目的地移动。在视觉与动作的相互配合下，他们能够有效率地移动，从一个地点移动到另一个地点，能够看着图片画画、堆积木，也能够在看到东西之后伸手去拿。

　　视觉动作能力不佳的孩子很难利用视觉来引导动作，视觉运用偏差可能对制订、执行复杂的动作计划（如翻过身去看闹钟）等造成影响。他们拿东西时，手

经常会伸过度，爬楼梯时可能会跌倒；他们可能很难在平衡木上走动，也不太会骑脚踏车、系鞋带、剪纸娃娃或穿针引线。他们会搞不清楚各种状况，很缺乏安全感，似乎"与外界失去了联系"。

手眼协调能力不佳指的是孩子很难同时运用自己的眼睛与双手。他们可能不太会玩玩具、不会使用课堂玩具、不会接球、不会使用蜡笔与铅笔、不会折叠衣服等。

眼脚协调能力不好往往会妨碍孩子走路与跑步，让孩子没办法参与操场的活动。眼耳协调能力不佳会让孩子很难把看到的字母或单词说出来，影响孩子的口语、阅读和书写能力。

与正常的孩子相比，手眼协调不佳对孩子行为的影响见表8.6。

表 8.6　　　　　　　　　手眼协调不佳如何影响孩子的行为

正常的孩子	手眼协调不佳的孩子
到吃点心的时候了，3岁的大卫将果汁倒进杯子里，他控制得很好，没让果汁溢出来。吃完点心后，他开始玩拼图。有一片拼图好像不太对，他研究了一下，发现原来是放反了，于是修正错误，完成拼图。完成这个拼图之后，他继续挑战下一个比较复杂的拼图	到吃点心的时候了，法兰迪不小心倒了太多果汁，果汁从杯子里溢了出来。老师帮他把身上的果汁擦干净，然后拿了一盒拼图给他玩。法兰迪拼了很长时间，还是没办法把那四片拼图拼好，沮丧的他把拼图全部推到地上。他对老师说，他只想抱着毛绒玩具，安静地坐在角落里

有视觉问题的孩子可能无法构思问题的解决方法，他们可能会看着眼前的东西，觉得有办法解决，但无法运用视觉来执行计划，也无法获得自己期望的结果。与正常的孩子相比，视觉运用偏差对孩子的影响见表8.7。

表8.7　　　　　　　　　　视觉运用偏差如何影响孩子的行为

正常的孩子	有视觉运用偏差的孩子
二年级的赫伯特和柯特正在玩玩具士兵。赫伯特想把沙堆当战场，放一些小石头和小树枝，把玩具士兵部署在战略位置上。他一边安排，一边在脑中构思如何摆放才能达到战略目的——一些放在石头后面，一些放在有叶子的树枝之间，一些放在沙丘后面。这真是一个刺激又好玩的任务	柯特也觉得把沙堆当战场是个好点子，但对于战场的设计与战略的安排，他完全没有想法，很难运用视觉信息或将视觉信息按照顺序排列好。只见赫伯特不断依据自己的构想部署士兵，而柯特的战场却空空如也。他只是把士兵平行排好，便开始等待

　　双侧统合问题与姿势反应问题，往往会对视觉动作能力造成干扰。有这些问题的孩子很难协调身体两侧的动作，很难控制自己的头、躯干、四肢，很难让身体有效运作，也很难让视觉动作变得熟练。与正常的孩子相比，姿势反应对视觉动作能力的影响见表8.8。

表8.8　　　　　　　　　　姿势反应如何影响孩子的行为

正常的孩子	姿势反应能力差的孩子
一年级的本杰明坐在桌前看关于作业的说明。他看懂了作业的说明，拿起蜡笔，完成了连连看这项作业	6岁的克拉克趴在桌前。他在椅子上扭来扭去，想找到舒服的姿势，好让自己专心看关于作业的说明。他的头动来动去，作业本上的字根本没办法进入他的脑中

　　还好，这些孩子可以获得帮助，发展性视光师（developmental optometrist）可提供视觉治疗，帮助他们强化眼球移动的控制、视觉辨别、眼手协调（见第10章）。此外，专业的治疗师若提供感觉统合的治疗，帮助这些孩子缓解前庭平衡觉、本体觉以及姿势偏差的问题，往往可以提升这些孩子的视觉能力。总之，运

动有助于视觉的发展。

筛查孩子是否有视觉偏差

下面这些筛查项目可帮助你评估孩子是否有视觉偏差。你在为孩子评估的同时，将会看到不同的特征，这些特征有助于解释孩子的感觉统合失调行为。

基本视觉能力有问题的孩子，可能会出现以下情况：

☐ 头痛、眼睛疲劳，眼睛充血、灼热、发痒或流眼泪。

☐ 经常揉眼睛、眨眼睛、皱眉、眯眼睛。

☐ 看图画、书报杂志或看人时，经常抱怨视线模糊，看不清。

☐ 抱怨看到重影。

☐ 读书的时候，会转头或侧着头。

☐ 会把书本拿得很近，或把脸凑近书本。

☐ 很难看清楚黑板上的内容，常常要求移近一点。

☐ 很难把目光从 A 物体移动到 B 物体上，如从黑板上移到自己的纸张上，抄写时常常写错。

☐ 常常不知道自己读到哪里，把看过的内容又重看一遍，看书或写字时，常常会漏掉数字、字母、单词或漏掉一行，必须用手指头指着才行。

☐ 很难追视移动的东西（如移动的乒乓球）。

☐ 写作业和运动时很容易疲倦。

很难调节视觉的孩子，可能会出现以下情况：

☐ 喜欢用手遮住光线、闭上一只眼睛或用手遮住一只眼睛。

☐ 想避开强光，可能很喜欢戴太阳镜，即使在室内也不例外。

□ 移动的东西或人会令他们不舒服，无法忍受。

□ 有东西迎面而来时（如球或其他小朋友），会低头躲避或设法避开。

□ 不愿参与课堂活动或其他团体活动。

□ 避免直接的眼神接触。

□ 看东西时会头痛、恶心和头晕眼花。

□ 无法意识亮与暗的对比、物体的边角、光线的反射。

□ 无法意识到移动的感觉，经常撞到移动的东西，如秋千。

□ 对视觉信息（如眼前的障碍物）反应迟钝。

□ 喜欢直视强光，如闪光灯、阳光。

□ 喜欢追求视觉的刺激。

□ 执行视觉任务时（如写作业）动来动去（扭来扭去，坐不住）。

视觉辨别能力不佳的孩子，可能会出现以下情况：

□ 很难看见立体的影像（深度知觉）。

□ 无法分辨什么在移动、什么静止不动（稳定的视野），所以无法忍
受移动的人或东西。

□ 很难判断物体之间的距离（如字母之间、文字之间、数字之间、图
片之间），也很难判断自己和其他东西之间的距离，常常撞到东西
（空间关系）。

□ 无法理解上下、前后、之前之后、第一第二的概念。这些孩子可能
不懂怎么穿珠子、不会看说明书堆积木、在陌生的环境中找不到合
适的路。

□ 缺乏团队运动所需要的场上意识，无法确定队友的位置与移动速度，
因此很难融入团队运动当中。

□ 不知道图片、单词、符号等事物之间的相似与不同之处，很难分辨

东西的特性。

☐ 常常混淆长得很像的单词（例如：tree 与 three、flight 与 fright、window 与 winter）。

☐ 只要是有关字母大小、字母间距、单词间距、数字排列（形状恒常性）的作业都不太会做。阅读与写字时，可能会把字母（例如 b 和 d）或单词（例如 saw 和 was）写颠倒。

☐ 很难区分前景与背景，因而无法辨认书上的文字或认出人群中的某个人（视觉主题背景）。

☐ 大脑中无法形成有关物体、人、剧情的影像，因而无法将读到的、听到的东西，或者图片、文字与"真实的东西"联系在一起（形象化）。

☐ 很难通过口语或文字描述思想与行动。

☐ 拼单词能力很差。

☐ 很难记得自己当天做了什么事或看见了什么。

☐ 无法只用眼睛看就知道东西的触感，一定要用手去摸猫咪，才知道猫咪的毛是软软的。

☐ 无法了解自己读了什么，或对阅读的东西很快就不感兴趣。

☐ 专注的时间很短，阅读或抄黑板上的板书都成问题，看过的东西很难在脑海中留下记忆。

视觉动作能力很差的孩子，可能会出现以下情况：

☐ 手眼协调不佳。手眼协调指的是眼睛与双手的有效合作，我们必须具备眼手协调的能力，才能玩玩具、使用工具、穿衣服、书写、完成学校的功课。

☐ 眼睛无法引导手的移动，使手无法精准地执行画画、写字等动作所需要的方向移动任务。涂颜色时可能会把颜色涂出线外，写的字可能会歪歪扭扭，不懂得掌握字与字的间距。

☐ 很难执行与空间有关的精细动作任务，如拼拼图、重新布置布娃娃
家的家具、顺着线剪东西。

☐ 眼脚协调很差，很难上楼或踢球。

☐ 动作能力很差，不太会玩需要身体大幅度活动的操场设施，如扒
单杠。

☐ 逃避运动以及需要移动的团体活动。

☐ 很难融入有节奏的活动中。

☐ 协调能力与平衡感很差。

☐ 很难先默念单词然后把单词读出来，或者可能会把长得很像的单词
念错。

☐ 画画时无法控制手的位置，或写字时无法写成直线，不是越写越往
上，就是越写越往下。

☐ 坐在餐桌前的姿势很差，在看老师或看书时，用很奇怪的方式弯曲
自己的身体。

☐ 逃避参与教室内的活动。

☐ 自尊心很强。

第9章

如何辨别孩子的听觉问题

一个三年级女孩的音乐课

假期之后的星期一，小梅头痛不想去上学。因为星期一这天，所有三年级的小朋友都会去多功能教室上音乐课。她讨厌音乐老师——固执的克罗斯小姐。克罗斯小姐要求所有的小朋友上课时都要乖乖地坐好，而小梅需要靠移动才能学得好。克罗斯小姐无法接受小梅这种喜欢动来动去的小朋友。

所有的小朋友都在练习春天音乐会要表演的歌曲，他们来到教室后先坐好，然后开始唱起来。小梅嘴巴虽动，但没有发出声音，因为克罗斯小姐跟她说："要不就别跑调，要不就别出声。"小梅也想好好唱，但就是没办法不跑调，克罗斯小姐并不晓得这件事。

唱完歌后，小朋友开始玩乐器。一些小朋友吹竖笛，另一些小朋友则用鼓以及其他打击乐器伴奏，然后他们交换乐器，重新练习曲目。小梅讨厌吹竖笛，因为她不晓得自己吹出来的音对不对。她的乐感不好，对声音的高低没有概念，例如，她可能想吹出B调的音，但有时候吹出来的音太刺耳了，而且音调偏高，像是吹出了C大调。其他小朋友都离她远远的，而克罗斯小姐则很生气地看着她。无音高的打击乐器就比较容易了，但小梅还是无法掌握打击的节奏、时间点和力量，她会慢半拍、无法掌握或保持节奏、把"极弱"打成"极强"，只要是和音乐有关的东西，小梅都无法掌握。

这天，小朋友进入教室时，发现来了一位新老师，大家都很惊讶。新老师哈蒙先生露出了微笑，他说："我是你们的新老师，克罗斯小姐去度假了，之后也不打算回来了。她告诉我几个维持班级秩序的诀窍，但我不打算采用，我想来点不一样的。我们一起来随着音乐摆动身体。请大家站起来，移动自己的身体。"他非但不要求大家坐好，反而还要大家站在一个定点，一边练习发音，一边配合音调的高低弯腰触地，或朝天花板的方向伸展身体。接着，他们边唱歌边在教室里移动。他要求大家一边走路一边唱歌，一边跑步一边快快唱歌，一边大踏步一边大声唱歌，一边踮脚尖一边小声唱歌。

小梅先看其他小朋友怎么做，过一会儿才跟上动作。跟上之后，她立即爱上了这个一会儿弯腰、一会儿伸展身体、一会儿移动的活动。她不仅"听见"音乐的声音，还把音乐与身体的律动结合起来；对她来说，一切都变得有意义了。

身体与声音都调整好后，小朋友开始拿起乐器。有了节奏感之后，小梅知道她可以把这种感觉转换到音乐上，今天吹起竖笛来似乎没有那么困难了。

小梅很期待下星期一，至于上音乐课会令她头痛的事，再也没听说过了。

小梅在对待音乐课时，出现了异常的行为模式，她的听觉处理问题属于一种感觉辨别偏差。她唱歌与吹竖笛之所以会跑调，是因为无法辨别音调的不同；打击乐器之所以会跟不上节奏，是因为掌握时间点与节奏的感觉出了问题；之所以要看着其他小朋友怎么做，才跟得上老师的指令，是因为她无法光靠听力就了解老师的指令，还必须靠视觉信息的辅助才能了解自己听到了什么。

许多有感觉辨别偏差的孩子同时也有调节方面的问题，但小梅并没有调节方面的问题（她没有听觉防御，不会注意不到声音，也不会很渴望听到音量很大且持续的噪声）。她的确有些笨拙，不过，只要她能够紧跟哈蒙老师的指令，身体的移动能力与动作计划能力就会有所提升。

运作顺畅的听觉系统

前庭平衡觉与听觉系统在处理移动与声音的感觉时会进行合作，这些感觉之所以会紧密交织在一起，是因为耳朵接收器的毛细胞会同时处理这些感觉。

听觉能力指的是接收声音的能力，是人的一项基本能力，无法通过学习获得；换言之，我们不是听得到，就是听不到。我们还在妈妈的子宫里时，就已经开始发展听觉，听觉神经系统是我们第一个可以使用的系统。听觉与前庭平衡觉合作，连接了全身的肌肉，有助于控制移动、平衡、协调。

　　耳朵的发育会对身体的发育产生重大的影响,事实上,耳朵不仅会对听觉、平衡觉、身体灵活度造成重大的影响,而且会对双侧协调、呼吸、说话、自尊、社交关系、视觉等产生深远影响。

　　听觉与其他感觉一样,刚开始会先发展防御的功能。婴儿听到很大的声音或在无预警的情况下听到杂音的时候,会被吓一跳。之后,大脑会渐渐习得调节感觉的能力,它能告诉我们现在听到的声音是动听的声音,还是刺耳的声音。一旦发现刚刚听到的只是开门的声音,并不会造成危险的时候,我们就会恢复到平静的状态。

　　听觉能力相当重要,有了听觉能力,我们才能真正聆听周围的声音,并了解这些声音的意义。听觉能力并非与生俱来,而是我们结合前庭平衡觉与听觉之后所获得的能力。我们与环境产生有目的的互动之后,会慢慢学习如何诠释我们所听到的声音,并进一步发展出强大的听觉辨别能力。

　　孩子的听觉辨别能力会在移动、触摸、累积多种感觉经验时逐渐发展。这种辨别功能可以帮助我们更加了解声音的"内容"与"位置"等细节,这种辨别功能包括以下方面。

◆ 定位功能:能够分辨声音的来源(如父母的声音或朋友的欢呼声),并判断自己与声音的距离。

◆ 追踪功能:能够找出声音的来源,如直升机飞过天际或有人在屋内走动时,我们能够找出声音来自哪里。

◆ 听觉记忆:能够记得我们所听到的内容,如对话内容、歌词等,然后立即说出这些内容(即刻记忆),或在之后记得这些内容(延迟记忆)。

◆ 听觉排序:能够将听到的内容加以排序,并将这些内容以符合逻辑的顺序说出来,如obstacle和unclear等多音节的单词。

◆ 听觉辨别：能够比较与区分环境中不同的声音，如食物搅拌器的声音与吸尘器的声音，也能够听出单词的相似与不同之处，如road与load、flute与fruit、cup与cut。

◆ 听觉主题背景：能够区分前景与背景声音，有了这种能力，才能够听到主要的信息而不会被背景音干扰。

◆ 听觉连接功能：能够将新奇的声音与熟悉的声音连接起来（例如听到邻居家新小狗的叫声时，会将这个声音与"狗"的声音结合起来），能够将视觉符号与独特的声音结合起来，如将字母与字母的发音结合起来，或将音符与其对应的声音结合起来。

◆ 听觉结合：属于进一步的能力，能够将各种想法统合成连贯的整体，推断话语的意思，了解谜语、笑话、双关语、口述的数学问题等话语的意思。

◆ 听觉注意力：能够维持足够的专注力听老师讲课、听一段对话或听一则故事，我们必须具备这种能力，才能将其他听觉处理能力与其进行统合。

如果防御与辨别的功能运作正常，我们就能对声音进行适当的回应，我们知道声音的内容、来自哪里，可以根据之前听过的声音加以猜测。有了声音的"内容"与"来源"等信息，我们就能发展出听觉运作协调能力（如所说的"耳朵与身体的协调"）。知道如何根据声音来移动，以及何时移动，听到婴儿的饥饿哭声，我们就会准备喂奶；听到刺耳激烈的言论，我们就会退缩；交通堵塞的时候听到喇叭声我们就会感到紧张；听到清晰有序的音乐（如莫扎特的音乐）会让我们感觉舒适和美好。

我们若能正常地处理声音，就能够产生人类特有的语言。表达与语言相关，但两者并不相同。语言是声音从身体中产出的结果，取决于喉咙、舌头、双唇、下颌肌肉的顺畅运作和配合；这些肌肉若要产出有意义的语言，就需要具备动作控制与动作计划能力，而动作控制与动作计划能力则受到前庭平衡觉、本体觉、触觉系统的控制。语言是有意义的表达，而文字是记录表达信息的符号；可以说，语言是我们赖以与他人产生联系的媒介。我们通过聆听来接收语言，称作"接收性"语言。接收性语言着重于接收外部的声音，即其他人的声音以及我们周围的所有杂音。

我们为了沟通而通过说话、唱歌或书写产生的语言称作"表达性"语言，表达性语言着重于我们自身发出的声音。

听觉离不开我们的耳朵。在处理周围声音的同时，我们的身体意识、平衡感、动作协调、肌肉控制、姿势反应、排序能力、语言能力、计划能力、问题解决能力等都会得到增强。

举例说明听觉的工作

想象一下，你正在参加孩子学校举办的户外活动，200位家长和孩子在四处走着，各种声音不绝于耳。周围吵吵闹闹的，不过你已经适应了。接着，在无预警的情况下，站在你正后方的一位体育老师拿着扩音器大声宣布事情，你马上低下头，用双手捂住耳朵。你不确定他在喊些什么，因为你必须要避开扩音器发出的噪声。这个体育老师慢慢地走过去。此时，你注意听他宣布的内容——他要求大家以班级为单位排好队（听觉注意力）。现在，你听到了另一个声音——一名鼓手（听觉辨别）带领乐队从学校的教室走向人群（视觉追踪）。你发现自己随着稳定的击鼓声，顺着操场的边缘行进（耳朵与身体的协调）。你要找寻自己的孩子，但没有看到孩子的踪影。在一片喧闹声中，你听见她在叫你："嗨，妈咪！"（主题背景）。你转向声音的来源（定位），跟在操场另一端的孩子挥手。然后，乐队开始吹奏国歌，所有的人都安静了下来，唱起国歌（听觉记忆）。另一位家长说："的确不赖哦！"你点头（接收性语言）回答说："户外教学一直都很好玩！"（表达性语言）于是活动开始了。

· 失调的听觉系统 ·

听觉问题经常与感觉统合偏差同时存在，不过也可能单独存在，例如耳朵发炎或听力受损。无论孩子是否有感觉统合偏差，都可能会出现听得到却无法精确处理声音信号或处理速度缓慢的问题。他们可能会出现听觉难以调节或辨别的问题，或可能有运用能力偏差，听到声音时会停顿下来，不知道什么时候进行活动，也不知道什么时候停止活动。他们的节奏功能与掌握时间的功能失效了，使他们的移动、阅读与沟通的方式受到影响。

他们的语言能力也可能有问题。对他们而言，无论是组织自己想说的话、整理自己的思绪，或把话说出来都非常困难。他们会出现发音不清晰的问题，导致别人无法了解他们在说什么；也无法感受到自己的嘴唇、舌头，更不知道三者相互合作的感觉；发音时，他们往往很难控制肌肉，经常会把"school"说成"tool"，把"these"说成"dese"。

听觉过度反应

大部分人听到很吵的声音时，中耳的肌肉多半会收缩，借此阻断声波的振动，这个机制可以保护我们的耳朵不至于承受太大的噪声以致耳聋。然而，如果我们感觉受到威胁（"噢，不好了！"）而采取对抗/逃离/静止不动的应对方式时，这小块肌肉就不会收缩。此时，我们就需要专注力来聆听所有的声音。听觉防御过度的人会随时保持警觉，聆听所有的声音，他们很容易分心，有些甚至在听到很普通的噪声时也会像婴儿一样，吓得全身颤抖。他们随时处在高度警戒的状态，如此一来，不仅会对他们的学习造成干扰，也会阻碍他们的语言发展与社交。

自闭者（其他人也可能出现这种情形）多半会有听觉过度反应或防御过度的问题。听到一些令人喜悦的声音，如鸟鸣或叶子的沙沙声，可能会让他们觉得耳膜都要被剐破了。与正常的孩子相比，听觉过度反应对行为的影响见表9.1。

表 9.1　　　　　　　听觉过度反应如何影响孩子的行为

正常的孩子	听觉过度反应的孩子
学校午餐前，五年级的布莱娜去厕所。马桶的冲水声与烘手机的运转声虽然很大，但她因为每天都会听到，所以不会受到干扰。除非听到某些过大且很突然的声音，如轮胎与地面摩擦的刺耳声音或火警的声音，她才会集中注意力并且皱起眉头；如果只是听到意料之外的声音，如书本掉落的声音，她就只会暂时停顿一会儿，然后就忽略这个声音	10岁的妮亚从学校回到家时，迫不及待地冲向厕所。她从不在学校上厕所，因为对她来说，马桶的冲水声跟尼亚加拉大瀑布一样吵，听了会让她的耳朵感觉疼痛。如果有笔掉到地上，或有人关门，妮亚也会被吓一跳，用手捂住耳朵。因为她对声音过度敏感，所以大家都叫她"胆小鬼"

　　无论是否有自闭症，这些感觉逃避型的孩子，大多会对意料之外的声音产生强烈的反应，他们一般能听到大部分的声音，他们能听到很多人都听不到的微弱声音或高音。无论是警报器发出警报、大楼倒塌的声音，还是别人嚼东西的声音，他们都可能会抱怨或捂住耳朵。事实上，这些孩子总是提心吊胆，担心听到很吵的声音，而这种提心吊胆的状态也会影响他们的行为。

　　如果吉他的声音令他们的耳朵感觉疼痛，他们可能就不愿意在吉他的伴奏下唱歌；如果气球破掉的声音会令他们不开心，他们可能就不愿意去参加生日聚会；如果摇滚音乐太吵闹，他们就可能宁愿独自留在家里，也不去参加音乐会；如果他们避不开吵闹的声音，他们可能会提高音量，大喊大叫，试图让自己的声音盖过噪声。

听觉反应不足

　　听觉反应不足的孩子对于别人能听到的声音总是无动于衷。然而，他们是否真的无动于衷呢？在许多案例中，我们并不确定。举例来说，虽然孤独症儿童很难表达自己的想法，但他们的感受能力显然比我们强；关于这一点，只要稍微观察一下他们的行动就可以知道。

听觉反应不足的孩子对于轻微的声音，如轻柔的说话声及耳语，不会有特别的反应；同样，他们对于普通的声音，如别人的说话声似乎也不会有什么反应，即使有，他们回应的声音也可能相当轻柔，音量几乎与耳语没有什么区别。与正常的孩子相比，听觉反应不足对孩子行为的影响见表9.2。

表 9.2　　　　　　　　听觉反应不足如何影响孩子的行为

正常的孩子	听觉反应不足的孩子
亚瑟和弗兰奇都是幼儿园的小朋友，他们正在操场的猴子单杠下玩玩具卡车。另一个小男孩杰德在上面爬单杠，正准备往下跳。他大叫："小心！小心！"动作灵敏的亚瑟及时地跳开了	弗兰奇蹲在猴子单杠下，很专注地玩着玩具卡车。他听到杰德大叫"小心"却不为所动，继续玩着他的玩具卡车。杰德从单杠上跳下来，差点撞到弗兰奇。弗兰奇被吓哭了，哭哭啼啼地说："不要吓我。"杰德说："刚才就警告过你了，你这个爱哭鬼！"

听觉寻求

听觉寻求的孩子喜欢热闹，赛车、游行等活动都是他们的最爱。他们很喜欢吵闹的声音，经常要求调大音量，他们可能会发出闹哄哄的声音，在教室、厨房等室内空间说话时可能会使用"室外的音量"，也经常很大声地拍手唱歌。与正常的孩子相比，听觉寻求对行为的影响见表9.3。

表9.3　　　　　　　　　　　听觉寻求如何影响孩子的行为

正常的孩子	听觉寻求的孩子
7岁的格温在卡妮莎家里玩。卡妮莎把电视的音量调得太大时,格温捂住耳朵叫道:"我们还是做点儿别的吧。"她们决定做"汤匙钟"。于是,她们一人拿着一条大约一米长的绳子,把一只大汤匙绑在中间,将绳子的末端缠绕在两手的食指上,然后让"汤匙钟"靠近耳朵。她们把身体往前倾,让汤匙敲击厨房的台面、餐桌、椅子。只要轻轻地敲击,格温的耳朵就可以感受到通过绳子传来的振动,以及类似教堂钟声的声音	卡妮莎和她的朋友格温为了电视的声音该调多大有不同的看法。格温希望小声一点儿,卡妮莎则希望大声一点儿,这样她在椅子上才能感受到振动。与其继续争吵,还不如做"汤匙钟"。做好之后,她们拿着汤匙钟在厨房里到处敲,一下敲厨房的台面,一下敲家具。卡妮莎拉出烤箱的架子,用力敲击着汤匙,使汤匙发出"砰"的声音,还把汤匙放在烤架上摩擦。她喜欢这种金属碰撞的声音,对她来说,这种嘈杂的声音相当悦耳

听觉辨别偏差

　　有听觉辨别偏差的孩子很难辨别话语的相似与差异之处,也会被背景的杂音干扰,很难专注地听老师说话。他们不擅于聆听,也不擅于阅读,无法解读别人说的话,因而无法遵守别人发出的指令,所以经常让人觉得这类孩子很不听话。他们的表达很不恰当,很难参与对话、回答问题,也很难用文字表达自己的想法。与正常的孩子相比,听觉辨别不佳对行为的影响见表9.4。

表9.4　　　　　　　　　听觉辨别偏差如何影响孩子的行为

正常的孩子	有听觉辨别偏差的孩子
黛西是幼儿园的小朋友。老师教班上的小朋友唱:"这个老头儿啊,数到一,结果变出了……"她唱到这里,身体往前倾,要这群四岁的小朋友帮忙填歌词。有小朋友说:"雨衣!"黛西说:"不是雨衣啦,是每日C!"老师和班上的小朋友都笑了。"C"和"一"押韵,所以过关了	"这个老头儿啊,数到二,结果变出了……"老师把身体倾向乔尼,要她想想可以填什么。"三!"乔尼说。"跟我说一个听起来像'二'的词。"老师说。"四!"乔尼说。她有听觉辨别与整合的问题,因而无法理解老师说的游戏规则

我们常发现一个现象：平常不怎么说话或不太会说话的孩子，在活动过后会变得话比较多。事实上，他们在跑步和荡秋千的时候会突然大叫、唱起歌来或大声地说话。他们如果要表达自己的想法，可能就会从座位上跳起来，在教室里到处走动。积极的活动可以帮助他们打开话匣子，让他们说出想说的话。

对前庭平衡觉偏差和语言障碍可采用相同的治疗方式，这样也能同时解决两个问题。有报告指出，让孩子坐在秋千上治疗会达到意想不到的效果。治疗师发现，他们在帮孩子纠正前庭平衡觉偏差时，孩子不仅在平衡、移动、动作计划方面有所提升，而且在语言能力方面也有了进步。有的治疗师是通过改善孩子的听觉来帮助孩子提升前庭平衡觉与语言能力的，如盖·伯纳德（Guy Berard）医师所使用的听力整合训练；此外，阿尔弗雷德·托马提斯（Alfred Tomatis）研究出一种有助于提升移动韵律与语言能力的方法。接受听力训练后，孩子在以下几个方面可以获得改善：

◆ 保持注意力的时间与专注能力。

◆ 社交能力。

◆ 口语与动作控制能力。

◆ 听觉辨别能力与敏锐度。

◆ 音乐表现。

◆ 自尊、情绪和运动能力。

◆ 口语的理解能力。

◆ 阅读、拼单词、书写。

◆ 侧边协调能力。

◆ 身体平衡与姿势。

对有听觉问题的孩子，还可以通过以下方法来帮助他们：减少教室的噪声（如铺上地毯）、让孩子坐在远离鱼缸或门口的位置、利用视觉暗示来辅助他们，避免他们因为听力问题而错失信息。

　　找出孩子问题的成因对于听力的改善相当重要，如果问题出在感觉统合方面，就应该寻求语言治疗师或职能治疗师的帮助，请他们提供感觉统合的治疗；如果问题不是出在感觉统合方面，则可求助于小儿科医师、耳科医师、听觉专家，请他们提供建议与治疗。

　　与正常的孩子相比，移动能力对孩子听觉的影响见表9.5。

表9.5　　　　　　　移动能力如何影响孩子的听觉

正常的孩子	移动能力差的孩子
下课了，外面正在下雨，全班的小朋友都没办法出去玩，于是海莉就和朋友边玩拼图边聊天。上课铃响了，数学课开始，这群四年级的小朋友无法静下心来听课，于是老师就先让小朋友跳"何奇波奇"（Hokeypokey）韵律舞蹈，让小朋友活动自己的手臂、双腿、头部，让他们转圈。活动过后，海莉觉得自己的专注力恢复了。之后，老师请她回答一个数学问题，结果她答对了	外头正在下雨，凯瑟琳很想出去玩，她静不下来，一直在教室里走来走去；"何奇波奇"韵律舞蹈对她没什么帮助，因为她对方向没有概念。数学课开始时，她觉得很困，老师问了一个很简单的数学问题，但她答不出来。第二天是晴天，小朋友都跑出去玩，凯瑟琳一直在荡秋千。之后，老师问了她另一个数学问题，结果她答对了。凯瑟琳的状况时好时坏，对此，老师一直百思不得其解

筛查孩子是否有听觉偏差

　　如下这些筛查项目可帮助你评估孩子是否有听觉偏差。你在测评的同时，将会看到各种特征，这些特征有助于解释孩子的感觉统合失调行为。

　　有听觉调节偏差的孩子，可能会出现以下情况：

□ 听到吵闹的声音（包括说话的声音）会令他们心情沮丧。

□ 突然听到某些声音（如打雷、火灾警报器的声音、气球破掉的声音）

会令他们心情沮丧。

□ 听到金属的声音（如木琴发出的声音或敲击银器的声音）会令他们心情沮丧。

□ 听到高音（如哨子、小提琴、女高音、粉笔刮擦黑板的声音）会令他们心情沮丧。

□ 某些对别人不会产生影响的声音（如冲马桶的声音、远方传来的教堂钟声或轻柔的背景音乐）也会令他们心情沮丧。

有听觉辨别偏差的孩子，可能会出现以下情况：

□ 常常无法判断声音的来源，会到处找寻声音的来源。

□ 很难分辨某些声音，如说话的声音或车子在街上行驶的声音。

□ 很难追踪声音，如脚步声。

□ 很难回想起听到的单词、短语、对话、歌词等。

□ 很难分辨声音的不同，如远方的声音与附近的声音、高音与低音。

□ 无法专心听别人说话而不被其他声音干扰。

□ 很难把新的声音与熟悉的声音结合在一起，或很难将视觉符号（字母、数字、音符）与符号代表的声音结合在一起。

□ 很难听懂笑话、以口语表达数学问题，无法将所有的信息加以统合。

□ 在进行拍手、唱歌、跳绳等活动时抓不到时间点与节奏。

这些孩子也可能会有接收性语言偏差，且出现以下情况：

□ 很难分辨英语单词的类似发音，尤其是字尾的辅音，如 cap/cat、bad/dad、side/sign。

□ 很难专心听故事或阅读。

□ 误解别人提出的问题与别人的要求。

□ 一次只能跟得上一两个指令。

☐ 在回应之前会先看看别人怎么做。

☐ 经常要求别人重复刚刚说过的话，或很少要求别人把模棱两可的指示或描述讲清楚。

☐ 很难判断哪些字是押韵的。

☐ 很难学习新的语言。

这些孩子可能会有表达性语言障碍，且出现以下情况：

☐ 说话慢半拍。

☐ 很难通过语言或文字表达自己的想法。

☐ 说话跑题，例如，别人在讨论动物园的动物或足球赛时，他们却谈论自己的新衣服。

☐ 很难"完成对话"，即不知道如何回应别人的问题，或做出评论。

☐ 很难纠正自己刚刚说过的话，让别人了解自己在说什么。

☐ 认字能力差。

☐ 句子结构比较乱（文法与句法都很差）。

☐ 拼单词技能很差。

☐ 玩过家家时想象力有限。

☐ 不太会押韵。

☐ 唱歌跑调。

☐ 不太会阅读，尤其是要大声念出来时。

☐ 对于声音的反应时间比其他小朋友长。

这些孩子可能会有口语与发音的障碍，且出现以下情况：

☐ 无法清楚表达想法，让别人了解自己在说什么。

☐ 声音很平，没有起伏。

☐ 讲话声音太大太小。

☐ 讲话的声音很粗、很沙哑、很尖锐，或用气音讲话。

☐ 讲话时很犹豫或不流利，没有节奏感。

一般而言，这些孩子可能会出现以下情况：

☐ 一天结束后会相当疲倦。

☐ 没有什么动力，对于学校的功课不感兴趣。

☐ 很难拟订工作计划，让工作有序。

☐ 笨手笨脚，动作不协调。

☐ 不会抓时间点，运动技能很差。

☐ 很自卑。

☐ 很害羞，逃避社交。

☐ 运动之后说话能力会提高。

本书的第2部分将提出明确且实际的建议，你可以在评估、诊断、治疗的过程中参考；此外，你还可从中找到一些建议与游戏活动，了解如何在家或学校帮助孩子。

第 2 部分
治疗与应对感觉统合偏差的问题

第 10 章

如何诊断与治疗

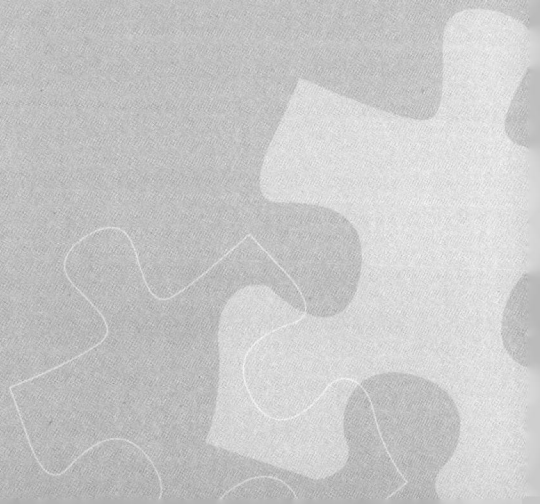

本章将会告诉你如何判断与记录孩子的感觉统合失调行为，让你了解何时以及如何寻求专业的评估与诊断。此外，本章还会介绍各种干预性治疗措施，并把重点放在"运用感觉统合（SI）框架的专业治疗（OT）"（简称OT/SI）上。

一位母亲的来信

罗伯特两岁之后，我总觉得他哪里有些不对头，却一直猜不透。我必须看着他，叫他停下来根本就没用。我管不了他，他很叛逆，很不听话，不懂得尊重别人，也很难伺候。他总是闲不下来，不停地说话（很好的口语表达能力），顽固，喜欢唱反调，很容易沮丧。我觉得罗伯特是神赐给我的礼物，为了他，我可以不顾一切，什么都不要，他却不停地挑战我、拒绝我。

他为什么会这样？我要怎样才治得了他呢？怎么对他说他才会了解呢？如果他不乖是为了引起我的注意，我要怎么做他才会满意呢？像他这么好动的孩子，该如何引导他把过剩的精力投入到正确的方向上呢？我真希望有人能够帮我解答这些问题。

我开始带着孩子去医院看小儿科医生，小儿科医生推荐给我一位精神科医生。这位精神科医生帮助罗伯特做了是否为癫痫的测试（测试结果正常），而且他认为罗伯特未患多动症。接着，我们又看了心理医生，这位心理医生说罗伯特很正常，只是有点儿好动。我们还去看了过敏科医生，因为罗伯特很喜欢喝牛奶。我们也看了耳鼻喉科医生，因为罗伯特似乎很容易疲倦，而且会打呼噜，我以为他的扁桃体发炎了，结果并不是。

接着，我们去看了儿童发展专科医生，他对感觉问题有些研究。他没有做很正式的评估，不过可以确定罗伯特的前庭平衡觉系统发育不全，反应不足，听觉与视觉处理信息缓慢。他给了我们明确的建议，要我们让罗伯特在家里做他建议的活动，但罗伯特根本不愿意配合，所以这些活动起不了什么作用。在家里的治疗没有成效，所以我们就带罗伯特去测试了多动症（结果也不是多动症）。

最后，邻居建议我们带他去看一位专业的感觉统合治疗师，这位专业的治疗师给罗伯特做了正式的评估。他在三岁半时，医生诊断出他有感觉统合偏差。罗伯特的问题终于被诊断出来了，我们得知他的问题可以通过治疗获得改善，心中的这块大石头终于可以暂时放下了。我们带罗伯特看了四次医生之后，这位女医生认为只要进行几个月的专业治疗，罗伯特的问题就可以获得很大的改善；他的"神经问题"也会获得解决，如此一来，调整他的行为就会变得容易很多。

他的小儿科医生并不这么认为，他觉得专业的感觉统合治疗不能改变什么，建议我们对他严格一点儿，并带他去看儿童心理医生。可是我们已经看到了罗伯特的进步，因此想依照这位专业的感觉统合治疗师的建议，继续让罗伯特接受专业的治疗。我希望我们的选择是正确的。

我从来没经历过这种事，真的让我觉得很辛苦。我是一个很"积极"的人，很多朋友遇到问题时，都会打电话给我，让我提供建议。我有生以来第一次觉得自己也需要别人的建议，而且是很多建议。我一直很努力地工作，想要让我们的生活过得更美好，但现在只要摆平罗伯特的问题，我就谢天谢地了。

这场仗还没打完，不过我们已经看到了希望。现在的我不再觉得孤立无援，也不再绝望，反而觉得很开心，对未来充满了信心。每次看到罗伯特天真可爱的一面，我就更加确定，将来有一天，我们的家会恢复以往的平静。

·判断何时需要专业的治疗·

一般来说，长大意味着孩子在已具备的能力上进一步习得的技能。正常的孩子学会爬行之后，开始学习站立；学会站立之后，开始学习走路；学会走路之后，开始学习跑步。然而，对感统失调的孩子来说，长大并不表示他们变得擅长完成和身体或智力相关的任务，因为他们的基础不牢，无法有效地统合感觉信息。

如果长大没有让这些孩子的症状得到缓解，那怎么办呢？答案是：进行早期的干预性治疗！感觉统合偏差最合适的干预性治疗是OT/SI。OT/SI 有助于孩子神经系统的发展。在接受OT/SI 或其他形式的干预性治疗之前，孩子必须先接受专业的评估与诊断。我们怎么知道孩子是否有必要接受评估呢？

八种合理化的借口

至少有八种合理化的借口会妨碍感觉统合偏差的判断，致使那些存在感觉统合偏差的儿童无法接受诊断。教育专家与治疗师经常会听到这样的话：

1. "我看起来像有多动症，听起来也像有多动症，所以一定就是多动症。"因为感觉统合偏差的症状可能与包括多动症在内的几种病症相似。

2. "我从来没听说过，应该不太严重。"许多小儿科医生、老师都不熟悉感觉统合偏差，因而无法清楚地解释什么是感觉统合偏差。还好，人们现在可以接触到越来越多的相关研究与大众图书，感觉统合偏差也开始为更多人所知。

3. "不可能发生在我的小孩身上！"即使是对感觉统合偏差稍有认识的家长，也可能不愿意相信感觉统合偏差会发生在自己的孩子身上。人们如果否认问题的存在，就不会去寻找答案。

4. "就算他不是天才又能怎样？我们还是一样爱他。"每个小朋友的能力虽然不同，但是有时候父母对于小朋友太过容忍了，他们甚至可以接受孩子的异常发展（即便孩子自己都无法接受）。

5. "就算他不做其他小朋友会做的事又怎样？他不过就是比较早熟罢了。"当自己的孩子出现了"不像小朋友的行为"时，许多父母会认为自己的孩子是因为"太聪明"了，所以才不玩橡皮泥、不愿意在操场玩；然而玩耍是每个小朋友必须具备的能力，有了这种能力，他们才能在各种课程上有所表现。5岁就能阅读并不表示他们在身体、社交、情绪方面都已准备好，足以适应幼儿园的生活。看似早熟的行为不一定是早熟，反而可能表示孩子出现了神经方面的问题。强尼5个月大的时候就会扶着婴儿床的围栏，站在婴儿床上；9个月时就会走路。父母原本还以为他比其他婴儿早熟，后来才发现强尼有触觉防御问题，所以才会逃避接触床单和地板。这些小朋友之所以不做其他小朋友会做的事情，是因为他们没有能力这么做。问问自己"他们在逃避什么"就可以找到答案，但很难找到根本原因，因为父母无法体会移动、触摸、玩耍对于小朋友的重要性。这种情况常出现在家里年龄最大或为独生子女的小朋友身上，如果没有另一个发展相对正常的孩子做比较，父母可能就不太清楚什么年龄的小朋友应该做什么事。

6. "他这么聪明，就算不会系鞋带又怎样呢？"这些小朋友虽然有感觉统合偏差，但还有很多强项。他们可能是数学天才、恐龙专家或讲故事高手；然而，他们也可能无法凭借自己的力量处理某些事情，不善于运动或写字。这些感觉统合失调的孩子往往会发展出几项"零碎的技能"，这些"零碎的技能"是这些小朋友下了很多功夫才学会的技能，但这些技能无法帮助他们完成更复杂的任务。例如，我有一个学生，他学会用木琴演奏《小星星》，觉得很开心，但他就只会这一首，一直反复练习这首曲子，不愿意尝试其他简单的曲子。还有一个小朋友，她在学校学会骑脚踏车（很不简单），但是她家有一辆稍微大一点儿的脚踏车，她却不知道怎么骑。如果这些小朋友很善于做某些事，或学会了某一项"零碎的技能"，父母、老师、小儿科医生往往就会以为他们没什么问题，认为他们"不过就是比较懒惰"，不想学习新的技能罢了。

7. "如果他想做什么事情，是能做得很好的。"小朋友可能会有表现很好的时候，也有表现很差的时候。表现很好的时候，他们很愿意配合，不吵不闹，什么问题都没有；而表现不好的时候，他们却会发脾气，焦躁不安，心情沮丧。因为感觉统合偏差有许多不同的表现方式，可以出现在不同的时期，所以很容易被忽略，大人会觉得应该不是什么太大的问题。父母也许还会以为孩子类似于少根筋的行为是故意的，但事实并非如此，没有孩子会故意让自己少根筋，孩子的状况时好时坏，可能是由感觉统合偏差导致的。

8. "我也是这样，结果还好。"这可能是真的，但你的童年像你希望的那样容易吗？难道你的孩子能与周围世界良好互动，不是更好吗？他不是可以多一点优雅与舒适吗？

三个寻求帮助的正常理由

如果你还是不能确定是否该带孩子去看专业的医生，不妨考虑一下如下问题：

1. 孩子的行为方式是否对他自己造成干扰。如果他在某些"很自然的行为"方面觉得很吃力，那就表示孩子需要进行和感觉统合方面有关的诊断了。所谓"很自然的行为"包括：在地上爬、跑步、跳跃、攀爬、讲话、聆听、拥抱和玩等。如果他们是很自卑的，那答案也是肯定的，自卑其实是感觉统合偏差的明显信号。孩子可能会被转诊到心理健康门诊，但如果潜在的神经问题没有得到解决，他们最多只能发展出某些弥补性的能力罢了。

2. 孩子的问题是否对其他人造成了干扰。虽然孩子自己的问题没有干扰到自己，但干扰到了其他人，那就表示答案是肯定的。这些孩子在推倒别人时，会让别人觉得很烦，焦躁不安时会令老师很生气，行为莽撞时会令父母担心，但他们不知道自己为何总让别人不开心。如果孩子在家里（安全的场所）是天使，到了街上（无法预期且令人害怕的场所）却变成"魔鬼"；在学校是天使（懂得自制），回到家里却变成"魔鬼"（一整天下来把他们累坏了）；如果他们换了一个场合就好像变了个人似的，这也可能表示他们在发送求救信号。

3. 如果老师、小儿科医师、朋友都建议你带孩子去看医生，你是否该听从他们的建议呢？如果他们看过许多小朋友，知道什么是不对劲儿的行为，那就表示答案是肯定的。他们的话也许不中听，但你之前可能就有这种感觉，只是一直并不明确，而他们的建议会让你更加确定自己的感觉。你不妨想想：如果加油站的服务人员对你说，你的车有问题，需要检查，你就可能会听从他们的建议了。

· 记录孩子的行为 ·

父母最了解孩子，很多时候却无法理解孩子的行为。或许你很担心孩子的问

题，而他们的问题不属于传统医学领域中的儿童疾病与障碍。或许小儿科医生也无法诊断出孩子的问题，他们会说："没什么问题，一切都会好转的。"如果是这样，你该怎么办呢？

你要相信自己的直觉，并将自己的观察结果记录下来。

记录是一个很重要的过程，有助于辨识孩子的需求，非专业的证据与专业的诊断一样重要。将你在家中观察到的结果以及老师在学校注意到的事件记录下来，有了这些明确的资料，你就能够察觉孩子的行为态度，并将孩子的问题告诉擅长处理感觉统合偏差问题的医生或者治疗师。

还记得小汤米、魏琪和保罗吗？小汤米有触觉方面的问题；魏琪有前庭平衡觉方面的问题；保罗有本体觉方面的问题（我提到的这三个孩子都有明显的感统问题，但真实案例中出现的问题并没有这么明显）。以下是这些孩子的父母对于他们的记录。每个案例的第一个表格都记录了"不好的表现"——出现不对劲儿行为的状况；第二个表格则记录了他们"好的状况"——正常时的状况（至于好动、笨手笨脚又喜欢追求感觉刺激的巴斯蒂安，他的表格也与这三个孩子类似）。

对于你那个可爱却令你费解的孩子，你或许也可以制作一个表格，将相关的线索记录下来，这些线索或许可以帮你解答心中的疑问。

小汤米的记录

小汤米令人头痛的时候（触觉偏差）

似乎没有人可以帮小汤米，所以他的父母决定自己把事情搞清楚。他们开始把小汤米最严重的问题行为记录下来，希望能够找出小汤米的行为模式，为分析他的行为提供线索。他们的记录见表10.1。

表 10.1　　　　　　　小汤米的问题行为记录表

行为	时间	情况
发脾气，不愿意穿衣服	10 月 10 日 上午 8：30	抱怨裤子太紧，讨厌新的高领毛衣
在学校时心情沮丧	10 月 14 日 上午 10：00	老师说他表现一直很好，直到做美术作业（手指画）时，才发现问题
把盘子摔到厨房地板上。	10 月 22 日 中午	我以为他应该会喜欢吃奶酪（代替酸奶），换换口味，结果根本不是这样
在杂货店里尖叫，向一位老奶奶扔葡萄	11 月 23 日 下午 4：30	感恩节前一天，在吵闹拥挤的店里，老奶奶（陌生人）弄乱了他的头发
破坏"圣诞工作坊"的玩具	12 月 18 日 下午 2：00	看到百货公司的玩具，他十分兴奋，不停地用手去碰玩具，就像一头来到瓷器店里的公牛，完全失去了控制

分析小汤米的问题行为

这些记录内容看似不相关，其实都与某种触觉偏差有关。以下针对每个行为逐一进行分析。

行为一：小汤米之所以会不停地抱怨，是因为高领的衣服和紧绷的裤子让他觉得很不舒服。不是他刻意要抱怨，而是有些衣服真的让他觉得很不舒服，他也不知道为什么会这样。问题出在触觉调节方面：触觉系统告诉他，衣服对他的舒适感造成了威胁。他的妈妈在备注上写着："发明无缝裤子的人一定会赚钱！"

行为二：小汤米之所以不开心，是手指画的缘故。老师觉得手指画应该可以为小朋友带来很多乐趣，便让小汤米也来画手指画，但小汤米一想到手指画会把手弄得湿湿的，又脏兮兮的，就很讨厌手指画，说他不想被打扰。他的反应令老师百思不得其解，也让课堂的气氛变得很不愉快。

行为三：小汤米吃午饭时不听话。吃东西对他来说是个很大的问题，因为他对有些食物过度敏感，对他来说就好像我们第一次把生蚝放进嘴里的感觉。小汤米愿意吃酸奶，因为酸奶是他觉得熟悉又感到安全的食物；他讨厌奶酪，因为奶酪对他来说很不安全。过度防御的触觉系统发出了警觉信号，但小汤米不知道怎么解释，所以就把盘子摔到了地上。

行为四：在杂货店里，小汤米朝一位和善的奶奶扔葡萄，妈妈觉得很丢脸，恨不得挖个地洞躲起来。小汤米为什么会情绪失控呢？答案很简单，他觉得那位奶奶对自己造成了威胁。老奶奶不是小汤米熟悉的人，而且她还犯了一个"错误"——用手去拍小汤米的头。每个人对于意外的头部轻触都会特别敏感。大多数人对于轻触的反应相当快，这样可以保护身体，是生存的必要机制之一。而小汤米比大部分人都更加敏感，所以他会出现一般人觉得很夸张的反应。

行为五：小汤米在"圣诞工作坊"里破坏玩具。其他同龄的小朋友可能只要看一下或稍微碰一下就满足了，他们懂得分寸，但小汤米不是这样，他在破坏玩具。他的触觉系统似乎少了根筋，他必须用很粗暴的方式来感受。可怜的小汤米！他之所以会在"圣诞工作坊"里"搞破坏"，只不过是想要感受（当然也很想拥有）所有的玩具罢了。

简言之，小汤米有触觉偏差，他的触觉偏差属于过度反应和辨别偏差的类型。

小汤米表现良好的时候

类似于少根筋的行为表现只是小汤米的一面，他也有表现良好的时候，而他的父母也把这一面记录了下来（见表10.2）。

表 10.2　　　　　　　　　　　小汤米的良好行为记录表

行为	时间	情况
很容易入睡	7月11日晚上7:30	他要求我们帮他按摩背部:"我要爸爸帮我按。"(爸爸阿尔特很高兴,小汤米通常都比较喜欢妈妈。)"往下,不是往上!"阿尔特用很结实的手臂帮他由上往下按摩背部,还紧紧拥抱他几次,给他更多的压力,然后,小汤米让阿尔特抱他去睡觉——他第一次提出这样的要求
很喜欢洗澡的感觉,洗澡后很容易就睡着	10月12日晚上7:30	我要求小汤米帮忙调整洗澡水的温度(温水),然后运用阿尔特的按摩方法,先用浴巾按摩,再用海绵按摩。"继续按,妈妈继续按!"按摩让他觉得很放松
在学校度过快乐的一天	10月15日早上9:00到中午	我对老师说他喜欢别人帮他按摩后,老师就尝试了"人肉三明治"的游戏,他当"香肠",被夹在两块体操垫中间。他爱死这个游戏了,接下来的一整天,他的表现都很不错
吃午餐时没有抱怨	10月15日中午12:30	午餐时喝了蔬果汤(汤里没有一块儿一块儿的食物)。他喝完一碗,又喝了一碗,原来他喜欢吃顺滑的食物。我怎么这么晚才发现
逛超市让他觉得很开心	11月30日下午3:00	我们去了一家有小型推车(专为小朋友所设计)的超市。他很喜欢推推车(里面装满了马铃薯和苹果),是个很棒的小帮手。只要店里的人不多,带他去逛超市就是个很棒的主意
我在烤东西时,他坐在厨房的地板上陪我,持续了一个小时	1月5日下午2:00	老师说他喜欢帮忙从大桶里向外拿干豌豆的活动(如果里面有水或沙子他就不喜欢),于是我就在一个盆子里装满了豌豆、花豆、扁豆,给他几个量杯、一只勺子。他忙着用量杯量豆子,然后把量好的豆子倒出来,我们一边量豌豆一边聊天,他说:"这真是个有趣的活动。"

分析小汤米的良好状况

行为一：预料之中的触碰可以安抚小汤米。他要求背部按摩，要由上往下按——而不是由下往上，由下往上会令他不开心。他比较喜欢爸爸帮他按摩——爸爸更像帮他按摩，妈妈则比较像抚摸他。有力的按压可以安抚他的情绪，压制他的过度反应，帮助他入眠。

行为二：小汤米进浴缸前，妈妈要他帮忙调节洗澡水的温度。他喜欢这种能控制水温的感觉，不希望别人帮他放好水，因为这样水温可能会"过热"或"过凉"。这天，他不用三催四请就自己乖乖地进入浴缸。此外，妈妈也按照爸爸的吩咐，用浴巾和海绵有力度地帮小汤米按摩背部和手脚，不像以前那样只帮他冲澡。他很放松，上床很快就睡着了。

行为三：老师在学校里尝试了一个可以带来挤压感的活动，结果很成功。小汤米很喜欢被挤压的感觉，也很喜欢同学从他身上爬过去的感觉。"人肉三明治"游戏不仅好玩，而且有治疗的效果，可以帮助他与同伴互动。

行为四：小汤米无法忍受食物里有一块儿一块儿的东西。这天妈妈帮他准备了口感顺滑的汤，他很喜欢。

行为五：小汤米很喜欢超市的小推车。推车的把手很光滑，不会让他觉得不舒服，他可以紧紧地握着把手。这种需要调动肌肉的工作（推动有阻力的东西）感觉很棒。此外，妈妈也注意到小汤米害怕人多，所以会选人少的时候去超市。

行为六：因为豆子是干的，所以小汤米很喜欢帮忙量豆子，并且相当投入。妈妈和老师比较了这种情况，通过对小汤米的观察，已经知道要用什么方法来帮助他在学校与家中积累美好的触觉经验。

魏琪的记录

魏琪难以捉摸的行为（前庭平衡觉偏差）

魏琪的父母把她那难以捉摸的行为记录了下来，见表10.3。

表 10.3　　　　　　　　　　魏琪的问题行为记录表

行为	时间	情况
走到街角邮筒处的时候被绊倒了，她哭着说："好累啊，背着我！"	7 月 4 日早上 9：30	昨晚睡得很好，而且吃过了早餐，不知道她走路为什么还是这么没有精神；但有时候，一整天下来她都精力充沛
我想把她留在埃伦的生日聚会现场，自己先离开，但她不愿意让我离开。游戏开始时她变得很紧张，情绪有些失控	7 月 9 日下午 2：30	参加生日聚会之前，她一直很兴奋。全班的小朋友都受邀参加捉迷藏游戏与接力赛。我是唯一必须留在那里的妈妈，而魏琪是唯一没有参与活动的小朋友。最后，她终于离开我，参与了活动，但活动让她相当紧张。她在大家面前尖叫、推人、到处乱跑，让大家不得安宁，好多孩子都被吓哭了。最后我们只能提前离开
在操场玩耍的时候，她情绪彻底失控，闹脾气的时间持续了 20 分钟	7 月 13 日下午 2：30	她前一天还很喜欢操场，第二天却变得很讨厌操场——相同的地点，相同的时间，相同的天气。她坐在轮胎秋千上，我不过是帮她推动了几下，她便有些不耐烦，她大部分情况下很喜欢玩轮胎秋千
我们用手指向月亮时，她一直看着我们的手指，而不是月亮	9 月 4 日晚上 9：30	早晨时，比平常起床晚。参与社区野餐的其他小朋友都很兴奋地看着天上的月亮与星星，而魏琪却不知道该看哪里

分析魏琪的问题行为

行为一：魏琪一大早之所以这么疲惫，是因为肌肉张力不好，全身软绵绵的；去街角的邮筒虽然只有一小段路，但她无法打起精神完成这项任务。此外，她的躯干很不稳，姿势反应不佳，平衡感不好，动作协调能力也比较差。不过，她的妈妈说，魏琪做了足够强度的运动之后，傍晚就变得很有活力了。

行为二：新环境让魏琪心情沮丧，很难控制身体动作的她没有安全感，喜欢黏着妈妈。她的协调能力与动作计划能力都不好，所以无法融入小朋友们当中。她有很强的活动欲望，然而，等到她好不容易参与游戏时，却玩得太过火，经常撞倒其他小朋友。

行为三：妈妈知道魏琪很喜欢荡轮胎秋千，以为魏琪会喜欢别人推她一把，让秋千荡得快一点儿。但事实恰好相反，魏琪无法忍受意外的被动移动，讨厌别人帮她推秋千，只喜欢自己控制秋千。

行为四：魏琪看月亮时表现出另一个问题——她的眼球无法协调地移动，她的双眼难以相互配合，双眼合作与深度感知能力都很差。父母移动手指时，她看着他们的手指（视线范围内），似乎无法让视线转移到别处。

简言之，魏琪有前庭平衡觉反应不足的问题，与之相关的问题包括肌肉张力不佳、运用能力偏差、眼睛控制能力不佳等。

魏琪表现良好的时候

魏琪的父母把魏琪表现良好的一面记录了下来，见表10.4。

表 10.4　　　　　　　　　　魏琪的良好行为记录表

行为	时间	情况
倒立 5 分钟之后都很听话，而且很专心	7 月 6 日晚上 8：00	我让魏琪躺在床上听睡前故事，但她的精神突然来了，不停地在房间里绕圈，最后，她往角落走去，开始倒立。我开始讲故事，她在一旁安静地听着。过了一会儿，她停止倒立，爬进被窝里，很快就睡着了
在公园里荡 45 分钟秋千，整个下午都精神十足，很爱说话	7 月 12 日下午 2：30	她坐在秋千上，脚用力蹬地；接着，她要我帮忙推她，我推了她很久；后来，她在轮胎秋千上自己转圈。她一点儿都不觉得头晕，反倒是站在一旁的我，看得头都晕了
在一个自制跷跷板上来回移动，她的状况似乎好多了	7 月 20 日下午 2：30	有一群小朋友在玩跷跷板，魏琪加入了他们的行列。这个跷跷板是这群小朋友用夹板和铺铁路的枕木做成的。她上下摇摆着，很喜欢跷跷板触地时的感觉。她玩得很开心，也想出不少维持平衡的方法，从中获得很多乐趣
在湖边和其他小朋友快乐地玩耍（相当难）	8 月 1 日下午 4：00	她在玩球，但不是抛球，也不是接球，而是坐在上面或躺在上面。她摔倒在草地上时，笑得很开心。其他的小朋友都对她的新玩法很感兴趣，轮流尝试这种新玩法。看到她和其他小朋友玩得这么开心，我也开心了起来

分析魏琪的良好状况

行为一：倒立对她来说是一种自我治疗。这个姿势虽然看起来很奇怪，却有助于魏琪的感觉处理能力，她可以通过内耳接收地心引力的信息。

行为二：魏琪喜欢以不同的方式荡秋千，而且一荡就会很久，决定如何移动以及移动多久都是自我治疗的一部分。她的大脑很渴望获得某种前庭平衡觉刺激，而倒立可以满足她的这项要求。来回摆动（一种空间的线性运动）具有镇定的效果，在轮胎秋千上旋转（一种旋转运动）也有助于调节她的前庭平衡觉系统。旋转后不觉得头晕就表示她的前庭平衡觉系统出现了问题，一般人旋转太久

都会头晕眼花，魏琪却觉得旋转的感觉很棒。荡完秋千后，她变得很爱说话，很有活力，因为这些活动唤醒了她大脑的语言中枢系统。她和所有的小朋友一样，也有很多话要说；然而，与其他小朋友不同的是，她常常很难把话说出来。语言中枢觉醒后，她就会叽里呱啦地说个不停。

行为三：她喜欢跷跷板触地带来的振动感，这种振动感可以唤醒她更多的感觉，将更多的信息传送到她的关节与组织。她只要能有一种掌控感，就能够集中注意力并有目的地玩耍。

行为四：魏琪的动作技能较差，抛球对她而言是一个巨大的挑战，不过她倒是很喜欢另一个挑战——坐在球上维持平衡。每个小朋友都有对抗地心引力的心愿。有时候，小朋友需要的只是对的东西、对的地点，还有对的时间。当其他小朋友也被她的游戏吸引，开始加入她的行列时，她变得更有信心，开心地和他们玩在一起。

保罗的问题行为（本体觉偏差）

保罗的父母做了一个表格（见表10.5），想要知道保罗的行为方式。

表10.5　　　　　　　　　保罗的问题行为记录表

行为	时间	情况
走路不看路，撞到电线杆，缝了三针	9月1日下午3：30	离开冰激凌店后，他只专心看他的冰激凌甜筒，没有看路。他这样真是令人既生气又沮丧
把奶奶的瓷器雕像拿起来，放下去时不小心打碎了	9月2日晚上8：00	到奶奶家的路程很远，他可能是累坏了。即使进行了足够的休息，他还是笨手笨脚的。奶奶的不悦让情况变得更糟糕。奶奶不是在生他的气，只不过很难过而已。他非常沮丧，不管怎么安慰都没有用

行为	时间	情况
玩沙滩球的时候，他每次都接不到球	9月4日中午	每次他都接不到球，不是时间点没抓好，就是把球拍走了。他的堂弟还故意说："小朋友，你怎么连球都不会接啊？"
在餐厅用餐时，他不小心把牛奶打翻，弄湿了餐巾和自己的衣服	9月5日晚上6：30	有时候，保罗连喝牛奶都成问题。尽管餐厅的服务生很贴心，没有责怪保罗，但保罗还是相当沮丧
这天早上，他不会扣新衬衫的扣子，扣了老半天还没扣好，他相当烦躁，结果他上学迟到了	9月6日7：30—8：30	刚开始他不愿意穿衬衫，后来则扣不上纽扣，他说："别人轻而易举就能做到，我却什么事也做不好。"这么简单的事他做起来的确困难重重

分析保罗的问题行为

行为一：保罗之所以会撞到电线杆是因为他必须集中所有的注意力才能吃到冰激凌，他无法边吃东西边看路和走路。和他的挫折感相比，妈妈的挫折感根本不算什么。

行为二：保罗错估了瓷器雕像的重量，奶奶当然很生气，因为她不了解保罗的苦衷。保罗很难控制自己的力量，做动作时不知道该用多大力气，因此他才会不小心摔碎奶奶的瓷器雕像。

行为三：保罗接沙滩球就像我们捉蝴蝶一样难。他不知道怎么移动、怎么协调手脚的动作，无法预测球的冲击力和落点。难怪堂弟会说他，他们不喜欢和他玩，因为他们预料不到他会做什么，也不晓得他会怎么做。他的动作相当笨拙，所以他们都叫他"笨蛋"。

行为四：那次外出用餐的经历让保罗非常尴尬，因为保罗不熟悉那个玻璃杯，所以拿起杯子时，他的肌肉无法告诉他该用多少力，以至于杯中的牛奶洒了

出来，保罗再次制造了麻烦。

行为五：对保罗来说，扣新衬衫的扣子相当困难。开学第一天本来就很令人着急，妈妈又在背后催他，加上他笨手笨脚的，他沮丧不已。他移动时速度很慢，所以很自卑。当他哭着说"我却什么事也做不好"时，心里真的会这么想。

简言之，保罗最主要的问题是本体觉、触觉、前庭平衡觉辨别偏差，以及感觉动作协调偏差。

保罗表现良好的时候

保罗的父母把他表现良好的一面记录了下来，见表10.6。

表10.6　　　　　　　　　　保罗的良好行为记录表

行为	时间	情况
出门前，他很高兴地给奶奶写了一张便条	7月28日下午3：30	保罗写便条之前，先把所有的指关节捏一捏，他解释说："这样字可以写得比较漂亮。"他写便条时没有把笔尖弄断
玩奶奶发明的"姿势游戏"，他玩得很开心	8月4日上午10：00	奶奶和他比赛，两个人都头顶着一本食谱走路，看谁走得快，结果保罗赢了，于是奶奶就带他到棒球店买东西。奶奶能够让他做出更好的姿势，他相当喜欢奶奶
在海滩上拔河，玩得很尽兴	8月7日中午	我们全家和他表弟家进行拔河比赛，是要证明我们跟他们一样强壮。保罗太爱这个比赛了，他说："同心协力的感觉真棒。"他今年夏天开始变得喜欢比赛，真是太不可思议了
帮助朗恩洗车，然后主动说要帮我洗车	12月28日下午2：00	保罗主动说要到屋内提水，提很重的东西对他来说不是问题。他很享受帮助朗恩洗车与擦车的感觉。他说："有我这么棒的儿子，你一定很高兴。"这句话真令人欣慰。我们必须分配更多工作让他做

分析保罗的良好状况

行为一：保罗捏指关节是为了"唤醒"他的写字肌肉，他的手必须获得更多的刺激才能把笔掌控好。他妈妈说，他平常写字会弄断笔尖，但做完这些活动之后就不会了。

行为二：奶奶的办法让保罗的姿势控制能力进步了不少。食谱的重量给了他的颈部肌肉与肩部肌肉一些压力，带来更多的感觉信息，使他产生对抗地心引力的适应性行为，站立时背部挺得更直了。奶奶的办法也有心理治疗的功效，因为游戏很好玩，而且不太难，所以她早就猜到保罗会接受这个挑战。成功增长他的信心之后，他也许就会试试更大的挑战，把食谱换成一本字典。

行为三：拔河游戏可以调节保罗的本体觉系统。他很喜欢拔河时伸展肌肉的感觉，还喜欢大家一起努力的感觉，这样他就不会被孤立，别人就不会笑他"什么事都做不好"了。保罗和所有小朋友一样，都有运用肌肉的想法，但他不是"自动自发"的孩子，除非刚好有机会，让他可以通过活动来提升自己的本体觉，否则他并不知道如何提升自己的本体觉。

行为四：提水桶、捏海绵、擦洗车子可以让保罗有机会用力伸展肌肉。这些工作会让他精力充沛，能够再洗第二辆车。妈妈打算分配更多的任务给他。这么做对保罗很有帮助，毕竟每个小朋友都需要从劳动中获得成就感。

·诊断问题·

我们不妨想想这句格言的意思："听到马蹄声时要找的是马，而不是斑马。"将孩子的反应记录下来可帮助你找到这些"马"（是什么导致他们出现类似于"少根筋"的情况）。

你或许可以清楚地发现问题，或许不行。你该怎么办？该如何着手？你有以下三个选择。

1. 你或许会采取"观望"的态度，但千万别这么做！如果这些感统失调的行为已经影响孩子的作息，就不建议静观其变，不要等孩子自己"赶上进度"。他们的情况或许可以逐渐改善，但也可能逐渐恶化。你不妨早点儿寻求帮助，通过帮助，他们的感觉处理技能或许就能得到大幅提升。

2. 试试可以提升孩子感统能力的"感觉套餐"，与老师合作，拟订一个家校协同的计划，帮助孩子提升技能。

3. 可以寻求专业人士的帮助，他们或许可以筛选出可能的风险因素，或为孩子进行完整的"感觉统合偏差筛查与评估"（关于筛查与评估的一些协助体系，以下会进一步说明）。

什么是筛查

筛查是一种快速且简单的检查，由职能治疗师或其他合格的检验师执行，检查孩子是否具备特定的技能。大部分筛查都是许多小朋友同时进行的，检查的地点可能是学校或幼儿活动中心。

筛查的目的在于早点发现以下发育障碍：认知障碍、身体障碍、语言障碍、心理社交障碍、自理能力障碍和适应障碍。

筛查是短时间的非正式"观察"，不是测试，也不是深入检查。如果筛查的结果显示孩子可能存在问题，筛查单位就会通知孩子的父母，并建议他们让孩子接受全面的评估。

什么是评估

所谓"评估"指的是对某个人进行全面且有针对性的检查，目的在于检查并衡量这个人的技能。评估人员主要包括专业的职能治疗师、视光师、听力专家、语言治疗师、小儿科医生、心理医生、特教专家等，评估时会依据孩子的情况选择不同的评估人员。如果孩子的感觉统合偏差相当严重，则可寻求多位专家的帮助，由跨学科团队提供更全面的评估报告。

评估内容包括一份问卷，类似于一份医疗、感觉动作的综合记录，由父母填写，有时也会让老师填写。职能治疗师或其他专家可以通过这份问卷了解孩子出生至今的行为模式，有助于评估与临床诊断。填写这份问卷对父母也有帮助。一位妈妈在完成问卷之后表示："我家那个4岁的孩子问题很多，他做事过分小心，语言能力发展迟缓，挑食，对于触碰过分敏感。我们一直很纳闷儿，不知道这些问题之间有何关联；而现在，这些问题之间的联系越来越清晰了。"

评估内容还包括职能治疗师对孩子进行的门诊（在医院、诊所、办公室、学校或家中进行）。评估的依据是标准化的测试，以及对孩子进行的结构性观察。评估可能需要几个小时或持续数天，因测试项目的多寡而异。

职能治疗师会考虑以下几个问题：孩子的强项与弱项是什么？问题发生的地点、时间、频率、强度怎样？问题行为的持续时间有多久？孩子有该行为的年龄多大？家里或学校发生的哪些事可能对孩子的能力造成影响？谁会使他表现良好？谁会让他行为失控？孩子为何（根据职能治疗师的判断）会有类似"少根筋"的行为？其中最关键的问题是：孩子出现了哪一种感觉统合问题，是触觉防御问题、姿势问题、双侧协调问题、视觉问题，还是听力辨别问题？艾尔斯博士与她的同事们一直强调"辨识感觉需求"的重要性，唯有如此才能对症下药，提供合理的治疗方案。

治疗师经过仔细的思考后，会给出详细的报告，并与孩子的父母讨论报告内容，帮助他们分析评估的结果（医师有时会根据检验师的报告内容做出诊断），报告往往可以显示丰富的信息。如果报告的内容难以理解，可以打电话询问治疗师，请他们给出进一步的解释（他们想要帮助你，而不是想让你觉得困惑）。

如果孩子的问题只是因为还未发育完全而导致，治疗师就不会对孩子进行治疗。对发育迟缓的孩子来说，丰富的感觉动作经验会是最好的治疗，治疗师可能会建议一些居家与在校可以进行的活动，这些活动不仅有趣，还可以帮助孩子强化神经功能。然而，如果孩子的问题相当明显，治疗师可能会建议孩子接受直接且个性化的治疗。如果决定让孩子接受治疗，可以选择其他治疗师，不一定要选择做评估的治疗师。找到合适的治疗师相当重要，治疗师与孩子能否配合决定着孩子的进步情况。

职能治疗师的评估

在美国，专业的职能治疗师通常会在办公室对孩子进行评估。评估的过程一般相当愉快，评估并不便宜，但这个钱值得花，而且可能获得医疗险的赔付。

职能治疗师的评估项目包括：

◆ 精细动作与粗大动作的发展程度

◆ 视觉动作统合（玩拼图或看图画画等能力）

◆ 视觉辨别能力

◆ 神经肌肉控制能力（平衡与姿势）

◆ 对感觉刺激的回应情况（触觉、前庭平衡觉、本体觉）

◆ 双侧协调性

◆ 动作执行能力（动作计划能力）

除感觉统合之外，职能治疗师还能解决其他问题，他们可能会找出孩子其他方面的问题，如注意力缺陷、语言发展迟缓、听力问题、视力问题、情绪问题等。如果治疗师发现孩子的其他问题，或发现他们无法满足孩子的治疗需求，他们就会将孩子介绍给其他医生。

不同的治疗，不同的方法

评估完成后，下一个步骤是安排治疗，对感觉统合偏差最有效的治疗是运用感觉统合（SI）框架的专业治疗（OT），即OT/SI。

职能治疗

职能治疗的内容包括评估、评定、咨询、治疗。接受职能治疗的患者可能出现了身体的损害或疾病、认知损害、社交障碍、心理疾病、发育或学习障碍，或受到不利环境的干扰，而职能治疗是运用有目的的活动帮助患者独立，并维护患者的健康。对孩子而言，有目的的活动包括荡秋千、爬、跳、扣扣子、画画、写字等。这些活动是孩子的"能力表现"。OT/SI的目的在于提升患者的社交能力、自我调节能力、感觉动作能力。

职能治疗师

职能治疗师要拥有生物、物理、医学、行为科学方面的实习经验，并获得学士或硕士学位（2007年1月1日之后，美国所有的职能治疗师候选人都需要取得学士学位）。职能治疗师所学的课程主要包括神经学、解剖学、心理学、精神病理学等。

职能治疗师可能会在学校、诊所、医院、社区心理健康中心，或就近的其他地点进行个别或团体治疗，你最好选择专攻小儿科并接受过感觉统合理论与治疗训练的职能治疗师。经过治疗师的治疗，孩子能够以有趣、有意义且自然的方式主动接收移动与触觉信息，大脑可以更好地处理这些基础的神经信息。孩子的神经系统具有可塑性，因此能够接受感觉统合的治疗。治疗有助于孩子成功完成任务，而孩子也很喜欢成功完成任务的感觉。

职能治疗师可能提供的活动

每个孩子的情况不同，因此职能治疗师会针对孩子的个性需求，提供不同种类的活动。他们会根据孩子的情况制订治疗计划，查看孩子最初接受治疗的某些档案。找到这些线索之后，他们就会引导孩子从事他们原本抗拒的活动（这些活动会影响孩子中枢神经系统的统合，使他们对感觉刺激做出有效的回应）。

例如，孩子可能在跳、爬、骑三轮车、穿衣服等方面存在困难。如果问题在于感觉统合偏差，就不能通过教导来解决。他们需要的不只是上课，还需要感觉统合锻炼，而职能治疗师可以运用治疗设备与专业知识，融合艺术与科学，为孩子提供感觉统合的机会。

职能治疗师可以提供如下活动。

◆ 降低触觉防御：用不同质地的海绵和布片搓揉手臂与双腿。

◆ 改善触觉辨别能力：通过摸治疗性橡皮泥的方式来凭借触觉（没有视觉辅助的情况下）寻找玩具。

◆ 培养身体意识，提升姿势安全感：以俯卧的方式荡秋千（悬挂在天花板上的特制秋千），体验特定的移动感。

◆ 提升平衡感：躺或坐在充气的大型治疗球上。

◆ 提升双侧协调能力：把一个球悬挂在天花板上，身体俯卧，拿擀面杖击球。

◆ 提升动作计划能力：在障碍跑道上移动。

◆ 提升精细动作能力：通过玩磁铁的方式锻炼手部肌肉，稳固关节。

◆ 对抗地心引力，提升伸展能力：俯卧在滑板车上滑行，或头部朝前从坡上滑下去。

◆ 提升弯曲能力：抓悬挂在天花板上的圆柱形秋千。

◆ 降低重力不安全感：坐在平坦的滑翔翼秋千上轻轻荡，在弹簧垫上跳动。

◆ 提升眼球控制与视觉辨别能力：玩沙包、气球、悬挂球等游戏。

治疗是否成功，最重要的因素在于孩子是否有探索环境与从环境中学习的动力。孩子玩旋转秋千、触摸某些质地的材料，或被两块体操垫轻轻地挤压，都有助于治疗师了解他们的神经系统在寻求什么。艾尔斯博士提到，使孩子快乐的感觉往往具有统合的作用。一旦孩子积极投入治疗，一切就会变得更有条理，他们会觉得更能掌控自己的身体，并可以从中获得乐趣。

其他治疗形式

尽管职能治疗对这些感觉统合失调的孩子最有帮助，但有时候其他特殊的治疗形式也可以帮助孩子（感觉统合偏差虽然是神经的问题，但大部分的神经科医生都没有接受过相关训练，无法评估孩子的情况，而且他们也无法提供感觉统合的治疗）。

物理治疗

物理治疗是一种专业的健康治疗方式，有助于孩子提升身体的能力。物理治疗的一些活动有助于强化孩子的肌肉控制与动作协调能力，尤其是对大肌肉的控制。物理治疗师可以通过按摩、漩涡浴（whirlpool bath）或超声波等物理治疗方式来帮助孩子，让他们控制肌肉的运动。有些物理治疗师也会接受感觉统合理论与治疗的相关训练。

语言治疗

语言治疗的一些活动是专为感统失调孩子的特殊需求而设计的，这些孩子可能需要语言能力方面的辅助治疗（如l、k、sh的发音及控制音量等），强化口部肌肉的控制能力。某些用来拓展语言能力的活动，如复述故事、交谈、玩游戏等，也有助于记忆力与学习能力的发展。许多存在感觉统合偏差的孩子都有挑食的问题，接受过口部动作与喂食问题培训的语言治疗师或许能给予帮助。事实上，孩子最好同时接受职能治疗师的专业治疗。

视觉治疗

视觉治疗师可以进行完整的视觉系统评估，除判断受试者是否看得见之外，还能够判断他们的视觉情况，即"看见了什么、东西在哪里、我在哪里"这些视觉功能。完成评估之后，视觉治疗师将提供适当的视觉治疗。视觉治疗包括感觉动作与教育活动，可强化眼球控制力、视觉辨别力、眼手协调能力。视觉治疗可以帮助孩子将视觉信息与其他感官接收到的信息（如听觉、触觉等）结合在一起，大多数情况下这种治疗可以帮助孩子控制眼睛与身体的动作，避免出现视觉

问题。

听觉训练

听觉训练是一种用声音刺激身体的方法，目的在于提升个人的听力与沟通能力、学习能力、动作协调能力、身体意识等。许多种方法——如阿尔弗雷德·托马提斯医生、盖·伯纳德医生、专业治疗师希拉·弗里克提出的方法，都以特殊的耳机作为治疗工具。孩子在7天的治疗过程中要戴上耳机，被动地聆听音乐与声音；接着，他们要主动描述听到的声音。这种治疗可帮助孩子集中注意力，辨别声音的差异，帮助前庭平衡觉系统统合平衡与姿势的感觉信息，并让孩子更加专注、更有条理。

脊椎矫正

脊椎矫正的目的在于发现并矫正关节错位（subluxation）。"错位"指的是关节骨骼的部分错位或异常移动。神经、肌肉、移动的关节都会影响我们与环境的互动，而脊椎矫正可通过改善这些结构与功能来帮助感觉统合有偏差的孩子。

颅骶治疗

颅骶治疗是一种温和的治疗方法，目的在于评估与提升颅骶系统（保护大脑与脊髓的薄膜与脑脊液）的功能。颅骶治疗通过手部轻触的方式来调整头颅、骶骨、尾椎骨的不平衡，使大脑与脊髓不至于遭受负面的影响而导致感觉障碍、动作障碍、神经障碍。颅骶治疗是约翰·尤伯莱彻（John Upledger）医生研发的治疗技术，目前许多保健专家都采用了这项技术。

马术治疗

马术治疗是"以马作为治疗工具的治疗"。职能治疗师、物理治疗师、语言治疗师均以马作为治疗工具，用以提升患者的姿势、移动、神经动作功能和感觉处理能力。马的移动加上传统的治疗干预，可影响肌肉张力、改善肌肉动作、提升前庭平衡觉反应能力、促进感觉动作统合。

武术治疗

对于大一点儿的孩子来说，空手道、跆拳道等武术都具有相当不错的疗效（为本书撰写前言的拉里·B.西尔弗医生经常向感觉统合偏差患者推荐武术治疗）。

营养治疗

营养治疗对于孩子的身体发育、活动程度及免疫力来说都相当重要。营养师可帮助营养不良的患者在碳水化合物、脂肪、蛋白质、维生素、矿物质、水的摄取方面达到平衡。

感知动作治疗

感知动作治疗可提供统合的移动经验，缓解粗大动作障碍、视觉辨别能力差等问题，并通过输入感觉信号的活动来刺激左右脑沟通，帮助孩子诠释进入神经系统的信号。感知动作治疗的目的在于帮助孩子发展出更成熟的回应形态（针对特定的刺激）、提升动作能力与平衡能力、激发记忆与排序方式（针对无法适应传统教学方法的孩子）。

心理治疗

心理治疗有时也适用于感觉统合偏差的治疗，尤其是孩子出现心情沮丧的情况，或出现行为问题与自我形象问题时（心理治疗针对的是感觉统合问题的影响，而非感觉统合偏差的成因）。心理治疗包括行为治疗（可帮助孩子处理问题症状与问题行为）、家庭治疗（帮助孩子、父母、兄弟姐妹，使家庭生活更加健康）、游戏治疗（有助于孩子的社交情绪发展）。可进行心理治疗的治疗师包括临床心理师、有执照的临床护工、儿童心理治疗师。

如何帮助孩子接受治疗

你第一次带孩子去看职能治疗师（或其他治疗师）之前，一定让孩子提前做好心理准备。你可以这样对孩子说："我今天要带你去见一个重要的人。这个重

要的人可以让你变得更强壮。这个人有很多很棒的玩具和游戏。他的办公室就像健身房一样，你可以在那里进行很多好玩的活动，一定可以玩得很开心。"你一定要强调治疗很好玩，这一点很重要。许多有感觉统合偏差的孩子闷闷不乐，他们也希望自己能够开心起来，但就是不知道怎么做。

进行正面思考，并将正面的信息传达给孩子，对孩子的治疗很有帮助。你必须明确地让孩子知道，接受治疗并不是在处罚他们，没有什么好怕的。这些孩子可能会责备自己，认为自己时常笨手笨脚或动不动就疲倦不堪，他们会觉得自己"一无是处"，因而需要别人不断地肯定他们，告诉他们"你好棒"，而接受治疗则能让他们变得更棒。

无论治疗是在诊所进行，还是在学校或家中进行，你都要与孩子共同参与。治疗师的一项工作是和父母一起设计居家活动，协助改善孩子的情况。此外，治疗师可能还会给老师一些建议，告诉他们如何改善教室的环境。

治疗师将成为孩子生活的一部分，因此你和孩子必须与治疗师融洽相处。你要积极配合，如果孩子抗拒治疗，或者你对治疗缺乏信心，就表示某个环节出了问题，如果情况允许，最好能更换治疗师。唯有相互尊重并愉快地合作，才能确保治疗顺利进行。

配合治疗师的治疗需要付出时间与精力，但付出的时间与精力不会白费。治疗或许不会一直持续下去，但治疗成果会跟随孩子一辈子。

记录孩子的行为表现

如果你还没开始记录孩子的行为与表现情况，请现在就开始做。你的记录应包括下列内容。

◆ 你自己观察到的情况。

◆ 老师的评语与报告。

◆ 曾经请教过或者想要请教的专家，必须记下他们的名字、地址、电话
号码。

◆ 请教专家后，必须记下咨询的细节，以及咨询的日期。

◆ 你听到的信息。

◆ 专家的评估、诊断和建议。

按照以上顺序有条理地记录孩子的情况，有助于理解孩子的行为。此外，孩
子将来若有特殊的服务需求，这些信息也是很有价值的资料，能为孩子的不平衡
发展提供证据。记录下孩子的情况也能让你有的放矢，掌握孩子的情况。

专业的诊断加上治疗，应该可以让你稍微放宽心了。接下来，你可能想了解
如何提升家庭生活品质，本书将在下一章提供相关建议。

第 11 章

孩子居家活动安排

父母可以运用均衡的“感觉套餐”来提升自己与孩子在家里的生活品质，这些“感觉套餐”主要是强化神经发展与提升自理能力的活动。

· 一位母亲的感悟 ·

3岁的塔尼娅进入了圣哥伦比亚幼儿园。她不太愿意上幼儿园，做什么事都害怕，走路没什么精神，而且说话的声音很小。她逃避肢体接触，到了户外活动的时间就会哭闹。她非常聪明，很喜欢故事、音乐与打扮。

秋天时，我们帮塔尼娅做了感觉统合偏差的筛查，筛查结果显示塔尼娅可能有感觉统合方面的偏差，但又不能确定，她也可能只是还没发育完全。对于发育迟缓的孩子，我们通常都会仔细观察之后，才建议他们接受职能治疗。但对于塔尼娅，我们打算跟她的父母开会讨论一下。我们觉得，如果能够说服孩子的父母提升她的感觉能力，就能提高她的社交能力与身体动作协调性。开会时，我们建议塔尼娅的父母每天带她出去玩，让她获得更多真实的体验，并邀请其他小朋友到家里玩，他们很客气地聆听我们的建议。

“这些想法行不通。”妈妈说，“塔尼娅很怕冷，也很讨厌凌乱。她不喜欢出去和其他小朋友玩，只喜欢和妹妹一起听故事。”她从座位上站起来，补充道：“而且我们觉得这样很好。”尽管我们不满意这种回答，但我们的建议就这样被家长置之不理。

事情就是这样，塔尼娅的父母一直不愿意接受我们的建议，我们只好不再插手这件事。

就在我们不再插手时，塔尼娅的小妹妹开始抗议了，她希望家里的生活状态能有些改变。她精力充沛，很爱接触人群，喜欢到外面和小区里的小朋友一起玩。妈妈发现，解决这种问题唯一的办法就是每天带小妹妹到操场玩，这样一来，塔尼娅也得一起去了。

圣诞假期过后，我们看到了"全新"的塔尼娅，她能加入其他小朋友的圈子，可以与其他小朋友快乐地玩在一起了。我们也看到她开心大笑，说话的声音也变大了，甚至还能听到她的尖叫声。她的进步令我们惊讶，我们也很高兴。

有一天，她的妈妈告诉我："我必须告诉你，我感悟到一件事，我们现在每天都会去公园，就算天气很冷也不例外。塔尼娅刚开始的时候很抗拒，现在已经主动要求出去玩了。感谢你一次又一次地告诉我'感觉套餐'的事情，我才会把这件事当回事儿。现在，我切身体验到，这一点对两个小女孩来说都很实用，而且给塔尼娅带来了很大的改变！"

·均衡的感觉套餐·

均衡的感觉套餐是治疗师针对孩子神经系统的特殊需求设计的活动方案，具有计划性与时程性（随着时间而变化），目的是帮助孩子调节自己的感觉，让他们更专注、更能适应环境，做事更有效率。

"感觉套餐"是由职能治疗师派翠西亚·威尔巴格（Patricia Wilbarger）与茱莉亚·威尔巴格（Julia Wilbarger）于20世纪90年代提出的概念。

日常饮食给我们提供了我们所需的营养，而感觉套餐则能满足我们身体与情绪的需求，感觉统合失调的孩子比其他人更需要专为他们量身设计的触觉、前庭平衡觉、本体觉的感觉套餐。所以，我们必须（且有能力）帮助他们。

感觉套餐包括有关觉察力、组织力和缓和性的活动。提供感觉套餐时，可能会优先安排与觉察能力有关的活动，但无论如何，一切都会根据孩子的需求来设计。

反应不足的孩子需要提高觉知能力，而与觉知能力有关的活动可以给他们带来帮助。

提升觉知能力的活动包括：

◆ 咀嚼谷片、爆米花、洋芋片、脆饼、坚果、椒盐卷饼、红葡萄、芹菜、
苹果或冰块。

◆ 淋浴。

◆ 拍治疗球或在蹦床上弹跳。

多做有关感觉组织的活动有助于调节孩子的反应能力。这些活动包括：

◆ 咀嚼五谷棒、水果棒、杏仁干、奶酪、口香糖或面包。

◆ 吊单杠。

◆ 推拉重物。

◆ 倒立。

缓和性的活动可减少感觉过度反应或过度刺激的情况。这些活动包括：

◆ 吸饮料、果冻等。

◆ 以双手、肩膀、背部和臀部推墙。

◆ 缓慢地前后摇摆。

◆ 紧紧拥抱或按压背部。

◆ 淋浴。

在家里实施孩子的感觉套餐计划前，最好询问一下治疗师孩子的需求是什
么；孩子适合哪些活动，适合在哪里做这些活动，何时做这些活动，多长时间做
一次这类活动，活动持续多久为宜。

以下提供几个原则：

◆ 排好一天特定活动的时间顺序（午餐之后、放学之后、睡觉之前）。

◆ 尽可能进行孩子喜欢的活动。孩子往往会告诉你他们想要玩什么游戏，
就算他们不会说"我的神经系统很渴望强烈的移动活动"，但看到他们

准备从玩具室的屋顶跳下来时，你还是可以读出他们心里正在想什么。如果是这样，就可以寻找另一种方式，让他们尽情地跳。

◆ 让孩子掌控整个游戏。孩子说"我还要"，就表示他们真的还想玩，但一定要了解孩子的情况，让他们不至于过度兴奋；孩子说"我不玩了"，就表示他们想要马上停止。活动进行时要注意非语言信号，孩子如果出现放松、高兴的面部表情，就表示活动的感觉很棒；如果孩子哭了，或发出刺耳的大叫声，那就该让孩子冷静下来。

◆ 如果想要有些变化，可以改变程序或环境。

◆ 定期请教治疗师，确定在家里的套餐足够有"营养"，且符合孩子不断变化的需求。

均衡的感觉套餐就像健身计划一般，无论孩子是否有感觉统合偏差，都可以通过这种方法提升身体的运动能力。

如何在家中提升孩子的感觉处理能力

有些孩子更渴望触摸与移动，他们喜欢东摸西摸，经常触碰东西。他们这么好动，如果让他们在轮胎上玩"碰碰乐"，整个人飞扑到落叶堆中，或在烂泥巴里打滚，他们就可以"获得所需的感觉"，让身体正常运作。

有些孩子会逃避触摸与移动，这些经验会让他们觉得不舒服。这些孩子需要别人引导他们探索环境，让他们有安全感。一旦他们学会自主玩耍，就可以"获得所需的感觉"。

你想知道更多的游戏活动吗？可以参考如下这些图书，如《感统游戏：135个促进感觉统合的游戏，在欢笑中玩出聪明和健康》（*The Out-of-Sync Child has fun*）、《狭小空间的101个活动》（*101 Activities for kids in tight spaces*）等。这些书都收录了上百种适合所有孩子从事的"SAFE"活动（即符合感觉动作、适合、好玩、简单四项标准）。

有助于触觉发展的活动

洗刷刷游戏：鼓励孩子用各种不同质地的东西擦洗自己的皮肤。可以为他们准备许多不同类型的香皂（燕麦洁肤香皂、乳液香皂）和搓洗工具（丝瓜纤维、浴巾、沐浴球等）。

玩水游戏：在厨房的水槽里加满水，并摆上不会破的水罐、瓶子、吸管、海绵、打蛋器、玩具水枪。在洗衣盆里加满水，并摆上玩具，然后把洗衣盆放在草地上，让孩子玩测量水和倒水的游戏，这很有疗效，而且也相当有趣。

水绘游戏：给孩子一桶水和一个刷子，让他们用刷子刷洗门廊的台阶、人行道、篱笆或自己的身体。用喷水罐代替水桶，在罐里装满干净的水（因为孩子常常会把水喷进自己的嘴里）。

手指画：让感觉寻求型的孩子沉浸在这种"感觉"的活动中，并鼓励（但不要强迫）感觉逃避型的孩子在手指头上蘸上颜料。若想让孩子体验不同的触感，可以将沙子混入颜料里，或把一些剃须膏、花生酱、布丁放到塑料托盘上，鼓励他们画不同的形状，字母、数字都可以，就算他们弄得乱七八糟也不要管他们，他们可以用手擦掉错误的地方，重新画一次。

指画游戏：用手指在孩子的背部或手心"画出"不同的形状或写字母、数字等，请小朋友猜猜你画了或写了什么，在下一个小朋友的背部或手心画相同的图案，继续让他们猜。

玩沙子：在沙盒里放一些小玩具（玩具轿车、玩具卡车、玩具恐龙、动物布偶等），可以让小朋友重新摆放这些玩具，将玩具埋进沙子里，或从沙子里把这些玩具重新找出来。

除沙子之外，也可以用干豆、米、通心粉、玉米片、爆米花或泥巴。就算做"泥巴派"把全身弄得脏兮兮的，也具有治疗的效果。

感觉箱：在鞋盒的盒盖上剪一个洞，把线轴、纽扣、木块或砖块、硬币、弹珠、动物模型、玩具车等放进鞋盒。请小朋友把手伸进洞里，告诉你他们摸到了什么玩具，或者请他们伸进去摸出指定的玩具；还可以拿玩具给他们看，请他们在盒子里找出同样的玩具。这些活动可以提升孩子的辨别能力，让孩子可以不用看就能够辨别东西。

描述游戏：准备不同质地、温度、重量的东西，请小朋友告诉你他们摸到了什么（如果要让游戏更有挑战性，可以请小朋友不要看，直接用触摸来感受和猜测）。你可以问孩子，摸到的东西圆不圆呢？凉不凉呢？平不平滑呢？软不软呢？重不重呢？

动作能力：吹哨子与笛子、吹泡泡、用吸管或运动水壶喝水、嚼口香糖等可以满足孩子口部运动的欲望。

烹饪课：让孩子用烤盘（不要用很深的搅拌碗）制作饼干面团、面包面团或其他东西。

自然科学活动：捉萤火虫、拾橡果与栗子、播种、翻土等活动，可以带给孩子有趣的触觉感受。

抚摸宠物：有什么活动比抚摸小猫、小狗、兔子等小动物更令孩子开心的呢？

"三明治"游戏：让"香肠"或"奶酪"（你的孩子）趴在"面包"（体操垫或椅垫）上，头部伸到垫子外面。用涂果酱的器具（海绵、锅刷子、酱料刷、油漆刷、浴巾）在他的手臂、双腿、躯干上抹上假的芥末、调味料、番茄酱等。涂抹时要使用较大的力，由上往下抹。用另一片"面包"（体操垫或椅垫）盖在孩子的身上。然后结实地挤压垫子，把多余的芥末挤出来，让孩子感受到一种具有镇定效果的"拥抱"。你甚至可以在孩子身上翻滚或从孩子背部爬过去，垫子会把你的重量分散开来，而你的孩子会觉得非常舒服。

有助于前庭平衡觉发展的活动

翻滚：鼓励孩子在地板上或草皮山坡上翻滚。

荡秋千：鼓励（但不要强迫）孩子荡秋千，温和的曲线移动有镇定的效果，荡得又快又高会比较刺激。如果孩子有不安全感，刚开始就先让他们坐在低矮的秋千上。除荡秋千之外，也可以让他们坐在毯子里，两个大人一人抓住毯子一边荡起孩子。

旋转：带孩子到操场上，让他们坐在轮胎秋千上或坐在旋转木马上旋转。如果在室内，可以让他们坐在转椅上或游戏旋转盘上旋转。孩子旋转时要特别留意，因为他们可能很容易就获得过度的刺激，得到他们的允许之前不要帮他们旋转。

溜滑梯：孩子有很多种溜滑梯的方式，例如坐着滑动、仰面躺着滑动、头向前滑动、趴着滑动等。

骑车子：骑三轮车、脚踏车，滑滑板车等有助于提升孩子的平衡感、动作计划能力、动作协调能力。

在不稳的表面上行走：沙滩、操场的"吊桥"、草地、水床等都是不稳的表面，孩子在这些表面上行走时，需要调整自己的身体。

摇摆：让孩子坐在摇椅上，摇椅可以让他们有活力、有条理，还可以帮助他们平复心情。

在跷跷板上维持身体的平衡：把一条长板子放在圆木上，做成简易跷跷板。让孩子坐在跷跷板上，并保持身体的平衡。

坐T形椅：坐T形椅可促进平衡感、改善不良姿势、提升注意力。

在大型治疗球上维持平衡：孩子可以把肚子或背部靠在治疗球上，或在治疗球上弹跳。有些治疗球有把手，可以坐在上面弹跳（扭动屁股）。让孩子趴在地板上，头部抬起，他们可以边唱《划船歌》边摇动身体，边听音乐边用蜡笔画

画（孩子需要用力握着蜡笔）、玩玩具；趴在秋千上或治疗球上时，他们可以用棍子在地板上画画，把海绵丢进篮子里，用圆纸筒击球（悬挂在空中的球），等等。

有助于本体觉发展的活动

提重物：可以让孩子把饮料提到野餐的地点、把洗衣篮提上楼、把装满东西（非易碎品）的购物袋拿进屋。此外，还可以请他们把装书的箱子或装水的提桶拖到其他地方。

推拉：让孩子把装满东西的购物袋从门口拉到厨房。让他们推婴儿车、拖地、用耙子收集落叶、用力推笨重的箱子、拉小雪橇（请他们的朋友坐在上面）、拉装满东西的推车。这种需要运用肌肉的粗活有助于锻炼他们的肌力。

吊单杠：让孩子在小区里，或带他们到公园里，玩吊单杠。他们用手臂撑起整个身体的重量时，伸展开来的肌肉会将感觉信息传送到大脑。他们在单杠上不断换手前进的同时，也锻炼了上半身的肌肉。

"寄居蟹"活动：把一小袋米或豆子放在孩子的背上，让他们背着重重的（壳）四处移动。

双手按压：把你的手放到他们的膝盖或肩膀上，慢慢向上推。用手轻轻按压孩子的头部，顺序是由上到下。把他们的手指、手腕、手肘、膝盖、脚踝、脚趾伸直并弯曲。这些伸展与弯曲的动作可以伸缩孩子的关节，孩子处在狭小的空间时，做这些动作相当有效。

身体按压：坐在地板上，让孩子坐在自己的两腿间。手臂环绕在孩子的膝盖上，把他们的膝盖移向他们的胸部，双手紧紧按压，把孩子紧紧抱住，然后前后摇摆。

拥抱孩子：每个人每天都需要12次拥抱。

倾倒活动：让孩子把沙子、豆子或水从一个容器倒进另一个容器。

开门：开门对孩子来说很困难吗？如果很困难，就要让他们多练习！花点儿时间让他们练习开门。

背对背起立：请两个小朋友背对背地坐在地板上，然后让他们靠着对方的背一起站起来。

"推土机"活动：让一个小朋友坐在一个大纸箱或折起来的体操垫上，请另一个小朋友用头、肩膀、背部或腿的力量移动箱子或体操垫。

比腕力：和孩子掰手腕。如果你比孩子有力气，就偶尔松一下手，让他们多赢几次。

有助于听觉发展的活动

你在和孩子说话的时候，请尽力简化自己的语言，放慢说话的速度，压缩评论与指示的内容，把刚刚说过的话重复一次。运用面部表情、手部动作、肢体语言等，强化口语信息。孩子穿衣服、吃东西、洗澡时和他们讲话，教他们一些词语与概念，如名词（太阳眼镜、烧烤料理）、身体的部位（大拇指、屁股）、介词（在……周围、在……之上）、形容词（多汁的、肥胖的）、时间（昨天、午后）、动作（推拉、刷洗）、情绪（高兴、遗憾）。

与孩子分享你的想法，展现好的演说与沟通技能。即便孩子很难以口语的方式回应你，他们可能也会理解你在说什么。花些时间让孩子回应你说的话，把他们的看法表达出来，不要打岔、催促或逼他们讲话。你要当一个积极的倾听者，集中注意力。孩子说话时，要双眼注视着他们，让他们知道他们的想法很吸引你。

从旁协助孩子，让他们的表达更清晰。你可以针对某个词语请他们进一步说明（例如"多说一点关于货车的事吧"）。如果没办法了解他们的想法，就请他们用动作来表达。用微笑、拥抱、赞美的方式来鼓励他们，可以跟他们说："这

个想法很棒！"你的正面回应可以鼓励他们，让他们更积极沟通（不要说"说得好"，这么说孩子不太了解，而且意味着你比较在乎说话这件事本身，而不是孩子想要表达的内容）。

运用韵律与节奏来提升孩子的记忆力。要求孩子做事情或指导孩子时，用"童谣"来代替话语。例如，把《玛丽有只小绵羊》的歌词改成"该去洗洗你的脸，刷刷牙，梳梳头；该去穿你的衣服，先穿你的内衣！"鼓励孩子一边听故事、诗歌、音乐（没有歌词），一边做手势，每天读故事给孩子听。

有助于视觉发展的活动

制作不同形状的东西：让孩子用橡皮泥、剃须膏、肥皂泡、沙子、黏土、绳子、布丁、面团等不同的材料制作出不同的形状，如字母、数字。

迷宫与连连看活动：在纸张、人行道或海滩上画迷宫，让孩子用手、玩具车、蜡笔、马克笔、粉笔等走迷宫。在方格纸上用圆点画图案，然后请孩子将点点连起来。

插洞板：请孩子学着你的样子，自己动手做一个插洞板。

剪剪乐：给孩子纸和剪刀，让他们在纸上剪流苏或把纸剪成不同形状。在纸上画曲线，让孩子沿着曲线剪纸。此外，剪橡皮泥也可以带来许多乐趣。

追踪游戏：躺在户外看鸟儿或飞机，只能用眼睛追踪，不要移动头。

拼拼图。

玩积木。

有助于感觉动作能力发展的活动

感觉处理能力是精细动作能力、动作计划能力、双侧协调能力的基础，以下活动可帮助孩子统合各种感觉，提升这些能力。

精细动作能力

筛面粉：在厨房的地板上铺好报纸，准备好面粉、勺子、筛子（最好是有把手的，这样便于操作），请孩子用勺子把面粉放到筛子里，然后开始筛面粉，这个活动有助于锻炼孩子手部的肌肉。

穿穿乐：准备鞋带、穿好线的塑料针或铁丝线、纽扣、通心粉、圆圈形的麦片、珠子、线轴、回形针等材料，让孩子用这些材料穿手链或项链。这个活动有助于孩子手眼协调、触觉辨别、双侧协调能力的发展。

集集乐：孩子可能很喜欢把贝壳、松果、弹珠、坚果、豆子、纽扣、瓶盖等小东西分类，放在不同的装鸡蛋的模具中。

居家工具：可以让孩子用镊子夹麦片，把橡皮筋绑在盒子上做"吉他"；让孩子把餐巾、娃娃的衣服、纸巾用衣夹夹起来；让孩子用锤子锤鸡蛋模具，这类活动有助于增强孩子的许多技能。

办公室与教室工具：让小朋友用剪刀剪纸，使用订书机订纸张，用蜡笔与粉笔画画，用刷子、羽毛、棒子、眼药水瓶画画，以挤胶水的方式在纸上写字或画画，在胶水上撒亮片并把多余的亮片弄掉，用牛皮纸、胶带、绳等材料包包裹。

动作计划能力

从桌子上跳下来：在桌子旁边放置一个体操垫，鼓励孩子跳下来。每次都用胶带做记号，记下孩子跳多远，鼓励孩子下一次跳得更远。

学动物走路：鼓励孩子学熊缓慢爬行、学螃蟹侧着走、学乌龟爬行、学蛇爬行、学蚯蚓爬行、学鸵鸟走路（手抓着脚踝）、学鸭子走路、学青蛙跳（先蹲好，然后跳跃）、学袋鼠或小兔子跳、学跛脚狗走路、学猩猩走路（膝盖弯曲）、学马奔跑。

进进出出的活动：教孩子穿衣服与脱衣服、进门与出门、上车与下车。只要给予一些协助，孩子就能够独自完成这些任务（即使花很长时间也没关系）。

双侧协调能力

接球：在距离孩子很近的地方轻轻把大型沙滩球扔过去，在他们熟悉接球的诀窍之后，再扔体积比较小的球，并把距离拉远。

击球：让孩子用双手握着球棒、擀面杖、扫把、书本、圆纸筒或直尺来击球，提醒他们脚不要动，然后把一个大球扔过去。他们击球时，身体会旋转，手臂则会跨越中线。

绳球：把海绵球用绳子悬吊在门框上，把球的位置调整到孩子眼睛可以平视的高度。准备各种不同的"球棒"供孩子选择，让孩子计数，看看他们可以连续打中几次球。除单人绳球之外，也可以和孩子玩双人绳球。

气球游戏：让孩子用两手拍球，或先把球抛向空中，然后把球接住。也可以把球抛向空中后，再握拳击球。

擀面游戏：给孩子一根擀面杖，请他们擀面团、橡皮泥、黏土或泥巴，他们施力时双手可以张开。

身体律动：让孩子边唱（哼）歌边拍手，轻轻拍打身体的不同部位，并让孩子跟你一起做。让他们把头向左点，再向右点，把手伸到头顶呈波浪形移动，甩掉又凉又黏的胶水（参见《感统游戏》中的"胶水走开"游戏），用手击胸，拍拍屁股，左右弯腰，先耸肩再放松，左右换脚跳。

打蛋乐：准备一个打蛋器，让孩子打肥皂水或搅拌鸟饲料、生豆子、米粒等。

弹珠画：把纸铺在托盘或饼干烤盘上，把一些颜料倒在纸张上。准备一颗弹珠，让孩子把弹珠滚到颜料上，"画"出弹珠画，这些弹珠画会是很棒的包装纸。

缎带舞：把缎带或丝巾固定在圆木棒的一端，请小朋友用双手握住圆木棒，在头上、身体的两侧上下旋转缎带或丝巾（若是没有圆木棒，就让他们两手各握着一条缎带或丝巾），这个活动可以提升孩子的视觉动作协调力。

双侧活动：鼓励孩子跳绳、游泳、骑脚踏车、划船、做早操。

有助于自理能力发展的活动

自理能力可与感觉处理能力同时提升，下面的建议或许可以让孩子的生活（以及你的生活）变得更容易。

穿衣服

到外面买或自己制作"穿衣服训练板"（上面有各种拉链、纽扣、纽孔、扣环、带子）。

准备一些东西（孩子衣物以外的东西）让孩子练习拉拉链、扣扣子、扣扣环，例如睡袋、背包、手提袋、零钱包、便当盒、娃娃的衣服、行李箱、化妆箱等上面的拉链、扣子等。

准备一些有拉链、扣环、按扣的表演服，大一点儿的衣服比较好穿脱。帮孩子把衣橱内穿不到的衣服收起来，塞满衣服的衣柜会成为造成沮丧的原因之一。

在衣橱的门板上弄几个大钩子，调整到孩子可以平视的高度，让孩子自己把大衣和睡衣挂起来。

准备玻璃纸袋。孩子穿靴子前先让他们把脚放入玻璃纸袋，再套上靴子。玻璃纸袋可以防止鞋子卡住，可以让孩子穿靴子时更轻松。让孩子自己选择要穿的衣服，如果他们很容易热，外出时就让他们多穿几件宽松的衣服，不要只穿一件外套；如果他们抱怨新衣服太硬或让他们痒痒时，就让他们穿较旧且柔软的衣服，流不流行不要紧，舒服最关键。

前一天就决定好第二天要穿的衣服。

鼓励孩子自己穿衣服，给他们多一点儿时间并从旁给予协助，如果有必要的话，可以帮他们先穿一半，剩下的一半让他们自己穿；帮他们拉拉链时只拉一点，剩下的让他们自己拉；帮他们扣纽扣时留几颗让他们自己扣。

准备一个凳子，让孩子可以看到浴室的镜子。把儿童专用梳子与牙刷放在他们拿得到的地方，即使他们抗拒刷牙与梳头，做父母的也要坚持，有些事是必须要他们自己做的。

点心时间与用餐时间

准备一张幼儿椅，可以让孩子的手肘触碰桌面，双脚平放在地面上，双脚如果够不着地面，在椅子下放凳子或枕头也可以（"脚踏实地"的感觉可以让孩子减少焦虑）。

提供各种吃东西的方法，例如：用汤匙或手指吃布丁，用汤匙、叉子或双手吃玉米棒，用汤匙或直接用嘴巴喝鸡汤。提供不同质地的食物，例如嫩滑的、脆脆的、有嚼劲的食物，尤其让孩子尝试新食物时，尽量把食物切得小一些。让孩子把果汁或牛奶倒入杯中时，不带尖嘴的杯子可以避免果汁或牛奶洒出来，孩子如果经常倒太多或把果汁洒出来，就需要多练习。

吃点心时或用餐时，鼓励孩子帮忙准备点心与其他食物。打开饼干的包装袋、涂花生酱、用餐具吃东西等对于本体觉、侧边协调、精细动作能力的提升很有帮助。

做家务

与孩子一起把他们可以帮忙做的家务列个清单，这些家务可能包括：铺床、遛狗、清理垃圾桶、丢垃圾、拔草、清理落叶、挖土、扫地、拖地、叠衣服，把洗好的盘子从洗碗机中拿出来，布置与清理餐桌。让他们知道你需要而且感谢他们的帮忙，让这些家务成为他们的例行工作，并持之以恒。如果孩子很健忘，可以帮他们制作一张图表，把图表贴在冰箱上。每完成一项工作，就让他们在图表上贴星星，等他们收集很多星星之后，就给他们特别的奖励，或带他们到户外去玩。帮孩子把做家务这项工作分成几个步骤，孩子清理餐桌时，让他们一次收拾一个盘子（不用要求他们收拾所有的餐盘）。

洗澡

让孩子帮忙调节洗澡水的温度，准备各种沐浴玩具、肥皂、刷子等，以合适的力道帮孩子由上往下搓洗身体。准备一条大浴巾，紧紧裹住孩子的身体。

睡觉

提醒孩子"再过半小时就要睡觉哦！"或"你还可以再画五分钟"。

每天完成睡觉前的例行工作，不要间断。这些工作包括给孩子讲故事、与孩子一起唱歌、聊聊今天发生的事或明天的计划、背部按摩，最后则是盖好被子。

触觉防御的孩子对衣服会很挑剔，所以要替他们准备舒服的睡衣。有些孩子喜欢宽松一点儿的睡衣，有些喜欢紧一点儿的睡衣；有些喜欢丝质的睡衣，有些不喜欢穿睡衣，但没人喜欢松垮垮、穿起来痒痒的、袖口有松紧带的睡衣。

用纯棉或丝质被单铺床，让床保持平坦，不要凹凸不平。

无论孩子睡在睡袋里，还是有棚的床上，都可以帮孩子多准备一个枕头与一条毛毯。

提供感觉套餐并注意孩子的特殊需求，不仅有助于提升孩子在家庭中的生活质量，也有助于提升他们在学校的生活质量。

第12章

调查校园环境

作为家长，你要主动与学校和老师沟通，让学校与家长相互配合，并与老师分享你的想法，这些对于孩子在学校的表现很有帮助。

沟通带来改变

去年尼克读四年级，那时的他很讨厌上学。他的老师克拉蒂太太很爱教训人，只要尼克动作慢吞吞、做事没有条理或情绪焦躁，就会责备他。克拉蒂老师会说："我希望你可以再努力一些。"问题是尼克已经很努力了。尼克今年升到了五年级，现在他非常喜欢上学。他现在的老师贝瑞小姐人很好，总会确定尼克是否已经了解作业内容，并会教他如何将作业细分成比较小的单位，让他做起作业来更顺手。贝瑞老师为他准备了一个不会摇晃的椅子，还有几支不容易弄断的粗铅笔，并让他担任"数学高手队"的队长，而且从来不会让他错过休息时间。她很喜欢尼克。

老师可以给孩子带来很大的改变，而家长通过与老师沟通的方式，就可以为孩子带来这样的改变。现在，尼克的老师已能符合他的需求，这要归功于尼克的妈妈。尼克的妈妈逃避了很多年后，决定采取行动。她告诉校方尼克的感觉统合问题，还有感觉套餐的好处。尼克如果在家可以表现得更好，在学校一定能够获得自信，而且可以更好地学习各门功课。

夏天的时候，尼克的妈妈去找校长与贝瑞老师，他们都很渴望得知尼克的状况，这让尼克的妈妈松了一口气。校长与老师想了解尼克的强项与弱项，以便更好地帮助孩子。他们告诉尼克的妈妈，他们可以把尼克的需求告诉美术老师、自然老师、体育老师，并会为尼克提供一些特别的服务。校方若有任何问题都会与她联络，她若有任何问题也可以联络校方。由此可见，沟通可以带来很大的改变。

学校若能像家一样舒适

有感觉统合偏差的孩子在学校里通常都会遇到很多问题，他们的问题不是出在智力方面，也不在于学习意愿。他们的问题出在运用能力偏差方面，运用能力偏差致使他们不知道怎么做事，也不太清楚如何着手做事。学龄前儿童如果不太会穿珠子，到了学龄阶段，通常也不知道如何制订自己的学习计划。他们想与周围的环境产生良好的互动，却无法轻松地调整自己的行为，去应对日益复杂的挑战。

有感觉统合偏差的孩子可能无法静下心来好好做事，许多事物很容易让他们分心，包括附近的同学、翻书的声音、外面玩耍的小朋友、衬衫领上的标志，甚至教室的桌椅等。他们在活动、语言表达，以及与老师、同学的互动方面都缺乏条理性。

他们可能无法忍受学校的一切，其原因包括以下几个。

1. 学校给孩子压力，希望他们表现得更好并遵守规定。压力或许可以鞭策一般的孩子，让他们努力达到学校的期望。但对有感觉统合偏差的孩子施与压力，不但无法达到预期，还会适得其反。

2. 学校的环境在不断改变。这些孩子对情景转变的适应能力不好，突然由"围圆圈"活动转换到美术活动，由数学转换到阅读，或由餐厅转换到体育馆，都可能会令他们不知所措。

3. 感觉刺激过多。他们身边有许多人来来往往，周围充斥着各种各样的光线、声音、气味，这些可能会让他们的感觉负荷过度。

4. 感觉刺激不足。有些孩子需要有规律的、短暂的休息来调整自己的身体，这些孩子如果坐太久，可能就会产生问题。他们是动觉型与触觉型的孩子，因此那些针对听觉型与触觉型孩子设计的口语课程或写作课程很难让他们适应。

5. 学校的行政人员与老师往往对感觉统合偏差有些误解。他们或许真的很想帮助这些孩子，但如果这些孩子不知道如何学习，或者需要特殊的学习方式，他们就无法接受。

6. 学校不像家那么让人觉得舒服。对很多孩子来说，学校是个无法预料且危险的地方，家则是熟悉且安全的地方（从另一方面来说，学校有时候是个有秩序且可预期的地方，家却是有压力且混乱的地方），这些孩子的行为会随着环境的不同而改变；但是，如果父母找到可以改善孩子情况的老师，与他们沟通有关孩子的事情，那么孩子在学校就会变得更像在家里了。

几年前，我们还不了解感觉统合问题时，圣哥伦比亚幼儿园的主任和我想知道如何帮助艾伦，于是我们和艾伦的妈妈见了面。艾伦在学校几乎不讲话，也不太爱动。他缺乏自理能力，没有玩伴，反应也比较迟缓。我们告诉艾伦的妈妈，艾伦是个悲伤、胆小又无助的孩子。

他的妈妈听了很惊讶，"他根本不是这样的！"她说。她对艾伦的描述简直是另一个人，艾伦在家里是个话匣子，会在家具上跳来跳去，在花园里挖土，还会跟邻居家的小朋友玩，也很快乐。和他玩耍的小朋友确实都比较小，也确实不太会穿衣服，对于食物与活动的确好恶分明，但他在家里根本没有问题。"学校若能像家一样舒适该有多好。"妈妈叹了一口气说。

开会之后，大家都对艾伦的情况相当惊讶。我们和艾伦的妈妈说了艾伦的情况，那时她才知道，艾伦之所以在家里状况良好，是因为她满足了他的需求——他需要持续不断的游戏、恰到好处的刺激、身体上的安全感、父母不断告诉艾伦他们爱他。开了会之后，身为老师的我们才了解艾伦需要什么，我们又开始琢磨在学校可以满足他哪些需求。

我们和艾伦的妈妈合作，在学校与家中共同帮助艾伦。老师更加注意艾伦的需求，如果艾伦小心翼翼，不敢参加活动，老师就会温柔地引导他，给予他更多的耐心，并会保护他，避免让他受到过度的刺激。许多小改变都会对艾伦的行为带来正面且巨大的改变。

同时，艾伦的妈妈也改变了家中的环境以符合艾伦的特殊需求。她买了一些可以提高感觉运动的设施，如蹦床、爬行隧道以及"雨天室内游乐设施"，把地下室改装成迷你健身房。此外，她还将观察心得分享给校方的老师。

决定让谁来说

这些感觉统合失调的孩子需要有人帮他们讲话，至于是否要将孩子的状况告诉老师或其他照顾者，决定权通常掌握在父母手中。

许多父母一想到要把孩子的问题告诉其他人，就会很焦虑，担心孩子被看不起、被贴标签，害怕自己会因为孩子的行为而遭受责备，担心校方不够谨慎，把他们提供的孩子信息用在错的地方。另外，把孩子的感觉统合失调行为说出来也是很痛苦的一件事。但是本着为孩子着想的原则，沟通其实是有必要的。

为何有必要提供这些信息呢？为孩子提供教育与照顾服务的工作人员，就好比雕塑师，必须用心感受雕塑的材料，如果他们能对感觉统合偏差有所了解，就更能接纳孩子的异常行为；反之，如果他们不知道孩子的异常状况，我们就不能期望他们改变教室的环境，改变他们的教学方式，或重新调整他们的想法。

该让谁了解孩子的情况呢？应该告诉学校的老师。学校的校长、美术老师、自然老师、音乐老师、体育老师、计算机多媒体老师可能都需要了解孩子的情况。此外，若将孩子的情况告诉校车司机，以及野营的老师、教练、临时保姆，他们也会更加体谅孩子。

应该分享哪些关于孩子的信息呢？简单地将孩子的问题告诉老师（除非老师想要了解更详细的信息，否则尽量避免使用专有名词，如"前庭平衡觉反应不足"），然后给出具体的建议，告诉老师在家里时使用了哪些有效方法，让老师思考如何把同样的方法运用在学校。你可以这样说："我女儿对触摸与推挤相当敏感，我发现，她只要不觉得拥挤，情况就会很好。可否麻烦老师在安排座位时，让她坐在不拥挤的位置？"或这样说："我儿子有动作协调方面的问题，他正在接受治疗，这项治疗可以帮助他在活动中表现得更好。我们发现经常让他休息，让他活动自己的筋骨，他会变得更有条理。"

如果孩子的老师很愿意倾听你的建议，你可以与老师分享你记录下来的内容、治疗师的评估结果、治疗师提供的感觉套餐、对于老师的建议。

如何分享关于孩子的信息？尽量使用正面的语言，例如："如果能够……他就能很专注。"或"在……的情况下，他的动作协调能力就会提升。"要想强调孩子的能力，可以这样说："他很喜欢美术劳动方面的作业。"或"他很有幽默感。"尽量得到老师的善意回应："希望我们能够共同努力，请随时与我保持联系！"

应该在哪里分享信息？事先安排会面，以便在不受打扰的情况下与老师谈一谈。上学前或放学后可以在孩子的教室里讨论，中午时在老师的休息室里讨论，或晚上通过电话讨论。

何时分享关于孩子的信息？新学期前，先思考孩子可能会遇到什么困难，并与相关人员沟通，让他们事先了解孩子的情况。不要等到问题发生时才去想办法解决。

学校与孩子的良好配合

定期与校方沟通能对孩子的行为产生正面影响。不过，虽然老师有责任照顾孩子，但是有些老师可能不愿意接受建议，也不愿意根据孩子的需求做出调整。这时，你必须决定到底该进一步采取行动，还是放弃。举例来说，某位妈妈知道嚼口香糖可以让孩子在阅读与写作时更有条理，于是她问老师可不可以让孩子嚼口香糖。老师拒绝了她的请求："不能因为他有特殊需求，就让他拥有特权。"这个妈妈虽然不愿意把事情闹大，跳过老师直接和校长谈，但她还是决定跟校长抱怨一下。于是校长介入了这件事，而老师也决定让步，过了几个月，老师听取了妈妈的建议。

有时候是老师愿意做调整，但学校反对这么做。坐治疗球座椅（不坐学校的椅子）、拥有自己专属的桌子（不和其他同学共用一张桌子），或拥有一个方便开启的置物柜对某些孩子来说可能很有帮助，但学校可能会坚持使用规定的课桌椅与置物柜。如果遇到这种情况，就选定最主要的诉求，继续尝试沟通。

孩子的需求如果无法获得满足，你可以有以下选择。

◆ 要求学校给孩子转班。

◆ 了解相关的特教计划。特教班较普通班好一些，孩子不容易受到干扰。特教老师受过训练，知道如何处理孩子的特殊问题。

◆ 帮孩子转到其他公立学校。公立学校的好处是有专业人员提供相应服务，这些专业人员包括专业治疗师、语言治疗师、阅读治疗师等。如果孩子符合接受特教的条件，就可以在平日上课时免费获得这些服务。

◆ 让孩子就读私立学校。私立学校的班级容量较小，孩子可以获得更多关注。在私立学校，跟不上进度的孩子可以在必要时重读。如果在公立学校，孩子可能没有"暂停"的机会，无论如何都得和其他同学一同升入更高的年级，也会面对更多挑战。

◆ 让孩子在家里学习。在家里学习可以让孩子在不受干扰的情况下依照自己的步调前进，很多孩子可以在家中获得更好的学习效果。在家里学习的孩子仍然可以参与课后活动，你也可以鼓励自己的孩子与其他小朋友进行互动。

最好每个学年都与校方重新沟通。孩子的老师有些会很留意孩子状况，有些则不会那么注意。在此情况下，不间断地支持孩子，与老师进行沟通，有助于改善孩子在校的表现。

本书会提供一些在教室里帮助孩子的方法。你可以将这些想法分享给孩子的老师。这些指南可以让他们知道如何提供帮助、应该鼓励孩子还是让他们放弃、不要让孩子受到过度的刺激、避免给予他们无法完成的任务、面对这些感觉统合失调的孩子时该如何调整心态而不至于让自己倍感挫折。

改善孩子在校的状况

有感觉统合偏差的孩子需要他人的体谅与帮助，学校也要按自己的作息（无论公立学校还是私立学校）开展各项工作。老师也许很想帮助他们，但可能缺乏专业的知识，不知道运用哪些合适的方法；如果是这样，这些老师或许可以通过以下策略来帮助这些感觉统合失调的孩子，以及其他正常的孩子。

没错，这些方法可以帮助每一个孩子！安全、宁静又没有干扰的环境，可以为每个孩子都带来好处。每个孩子都需要良好的休息，这样他们才能更好地活动筋骨。每个小朋友都希望别人关注他们的需求，这些需求信息包括他们的强项与弱项、喜好和心情。每个小朋友都必须有人指导他们如何寻找问题的答案。每个小朋友都需要安全感，必须有人告诉他们：拥有不同的能力很好、他们可以获得成功、他们的想法很棒、他们的人格具有价值。

只有这些感觉统合失调的孩子开始觉得自己拥有控制的能力，他们的学习与社交能力才会随之提升；只有他们受干扰的情况获得改善，他们干扰其他小朋友的情况才会获得改善。当所有的小朋友都能够尽自己最大努力学习时，老师就能够好好教学。

控制环境

减少感觉过度负荷的情况。孩子无法告诉你他们受到哪种感觉刺激的干扰，你必须主动了解孩子的情况。你要记住一点：今天对他们造成干扰的刺激，明天、后天、大后天可能不会对他们造成干扰。如果你能排除或减少这些干扰，就可以提升孩子的专注力，让他们更能专注在“学习”这项重要的事情上。你可以减少不相关的感觉刺激，帮助孩子一次只专注在一个想法上。一切就是要简单，简单，再简单。

触觉干扰可能会转移孩子的注意力。如果因为其他同学坐得太近，使他们受到干扰，老师就可以帮他们换座位，让他们更有安全感。让年龄比较小的孩子坐在桌子的两端或地毯的边角，这样可以减少他们与其他小朋友接触的机会；至于年龄比较大的孩子，则可以把他们的桌子安排在教室的角落，或安排在靠近你的位置。请全班同学在走廊上排成一排时，安排他们排在最后面，以免小朋友撞到他们。必要时，为他们提供所需要的空间。

干扰视觉的东西可能会让孩子分心，把凌乱的布告栏整理一下，把美术作品、地图、图片固定在墙上，不要让这些东西晃来晃去。在开放式的架子上钉一块布，把美术作品、玩具遮住，避免分散这些孩子的注意力。把灯具上的垂饰移除，调整百叶窗的窗片，别让阳光照射进来。

其他小朋友如果动来动去，也可能会让他们分心，让这些孩子背对其他同学坐在靠近你的位置。让可以专心且安静坐好的小朋友坐在他们旁边，当他们的好榜样。

替这些小朋友制订学习计划时，尽量简短一些，数学问题尽量少一些。每个问题旁边都留一些空白，这样可以帮助他们一次专注在一个问题上；可以的话，用硬纸模板把每个问题框起来，这样效果更好。

对于有听觉处理问题的孩子，干扰听觉的声音可能会让教室变得像回音室。教室的某些表面，如桌面、地面、墙面，都会反射声音，如果可以的话，用地毯、布或软木板将这些表面覆盖住。不要让孩子坐在靠近水族箱的位置，也不要让他们坐在闪烁的日光灯下或窗边（外面小朋友的声音可能会让他们分心）。小朋友坐在桌前读书时，放一些轻柔的音乐（如巴赫与莫扎特的音乐）可以让听觉的环境变得轻柔，帮助小朋友变得有条理。

嗅觉干扰的来源主要包括午餐室飘来的菜香和沙鼠笼传来的气味。如果可以调整课程表的话，就避免将最难的科目安排在接近午餐的时间（避免奶酪的香气飘进来），把小动物、画画用具以及其他有味道的东西移到远离他们的位置。

提供舒适的课桌椅，这一点可能比较难办到；然而，如果孩子因为自我意识不足，经常从椅子上跌下来，就有必要为他们准备合适的课桌椅。合适的课桌椅可以帮助他们坐直，保持稳定的姿势。为孩子准备一把不容易倒的椅子，把椅子固定好，椅子不要太高，要使孩子的脚能够平放在地板上。桌子应该与孩子站立时的腰部等高。

对年龄比较大且需要在椅子上坐比较久的孩子，有纹路的坐垫可以帮助他们坐稳。如果其他小朋友想用椅垫，也可以让他们使用。他们没多久就会忘记椅垫的存在，而这些真正需要椅垫的孩子则可以稳坐在椅子上，老师就可以好好地教学。有时候，使用特殊的椅子也可以帮助这些孩子。举例来说，如果学龄前的孩子在"围圆圈"时显得焦躁不安，就可以让他们坐在球上来集中注意力，球的直径应该大致等于孩子的屁股到地面的距离，让孩子的膝盖呈直角弯曲，双脚平放在地面上。

让黑板与练习本保持干净。对有视觉处理偏差的孩子来说，色彩模糊的线条会带来困扰，在黑板上写字时最好使用白色的粉笔，在白色的纸张上最好使用深色的油墨，这样呈现出来的线条才会清晰，孩子才会较好地分辨哪些是背景、哪些是你想让他们了解的字母或数字。

教室管理

感觉统合失调的孩子很难完成好例行的工作，因而显得缺乏条理。他们可能要费很大劲才能适应内在与外在的混乱，因此，"一成不变"是他们最能够接受的状态，昨天最好与今天一样，明天最好与今天一样。他们对于"一成不变"的喜好显示了他们的需求——他们需要让自己的世界变得有条理。

这些孩子比较喜欢井井有条的教室。把在教室的注意事项写在黑板上，按照课程表上课、让教室维持可以预期的状态、记好轮到谁当排头或轮到谁玩新的磁铁，这些都对他们有帮助。转换课程时必须非常小心，对于这些感觉统合失调的孩子，专注于一项工作已经很困难了，让他们转移注意力就更不用说了。

转换课程前要先告诉孩子，如："再过十分钟我们就要到多功能教室上课了。"或："下课后，你们就会拿到新的课本。"必须再三提醒他们。为使课程的衔接更加顺利，可以用拍手或击鼓的方式预告接下来的课程。例如，缓慢拍手两次，再快速拍手三次（长 长 短 短 短），就表示该把数学课本收起来，准备到室外活动了。再如，缓慢拍手一次后快速拍手四次，最后再缓慢拍手一次（长 短 短 短 短 长），就表示该离开操场，回教室了。

在课程衔接空当插入一些教学活动，比如可以让小朋友背诵诗歌或唱歌。也可以准备一些有助于强化语言能力与批判性思考能力的活动，例如，可将儿童杂志的某一页取下来并藏好，问"什么不见了"；或玩"假如我们……"这个游戏（假如我们有翅膀、假如我们没电可用等）。

做脑力活动。请小朋友把他们对于课堂游戏或作业的建议写下来，并让每个小朋友知道他们的想法很棒。投票表决：谁要有笑脸的南瓜灯？谁想选择棉花糖？谁想研究雨林？谁想研究沙漠？

在活动与活动之间或在活动时带入肢体动作。可以为这些焦躁的孩子准备一些他们可以接受的移动方式，将肢体动作融入例行工作，让孩子可以站起来伸展筋骨、从数学教室移到自然教室，可以让他们随着鼓声行进。可以带入"老师说"（设计成没有人会输的游戏）、"跟着领队做"、开合跳或大队接力等活动，也可以玩"传球静悄悄"游戏，让小朋友围成一个圆圈，快速且不发出声音地把球传下去。这些肢体活动可以帮助孩子集中注意力、思考、说话、写字等。

设计团队竞赛活动。读的书最多、解出的数学题最多，或提出团队方案的队伍可以获得奖励，奖励的方式可以由老师和小朋友共同决定。为自己的队伍赢得分数对于感统失调的孩子以及其他正常的小朋友（他们可能不想和那些感统失调的孩子分在同一组）来说，都相当有吸引力。

让孩子变得更有条理

鼓励孩子主动学习。所有的孩子都具有学习的动机，移动与触摸可以帮助他们获得最棒的学习成效。必须记住一点：阅读与聆听并非所有小朋友的主要学习方式。因此，老师可以将各种感觉刺激融入课程中，让运用不同感官学习的小朋友都能够获得良好的学习效果。

举例来说，对于有听觉处理偏差的学龄前儿童来说，通过触觉与视觉学习或许可以获得最好的成效，因此他们学习节奏与音高时，用木琴弹奏（圣诞铃声）会比听录音更有效。对于年龄比较大且有视觉处理偏差的孩子来说，制订学习计划是一项苦差事，与其让他们制订学习计划，不如让他们通过实际的情景来学习，例如，通过在商店换零钱的方式让他们了解货币单位的换算关系。

许多感觉统合失调的孩子兴趣范围很窄，老师可以主动了解他们喜欢什么，了解他们偏好的感觉方式，引导他们探索自己感兴趣的主题。他们是否对蜘蛛、蝉、松树感兴趣？如果他们是触觉型的孩子，就可以让他们通过画图或做模型的方式来学习。如果他们喜欢讲话，就让他们以口说的方式简短发表自己的学习心得。如果他们喜欢移动，就让他们上台示范各种和移动有关的舞蹈。将学习建立在孩子的感觉强项上，然后让他们阅读相关的书籍；就算是还不认字的孩子，也可以通过探索的方式让他们了解自己感兴趣的主题，这样他们便能获得最好的学习效果。

以下荀子的这句格言可以写下来并贴在教室里，时时提醒自己：*不闻不若闻之，闻之不若见之，见之不若知之，知之不若行之，学至于行之而止矣。*

给小朋友一点儿时间，没有人喜欢被催促，这一点对于有感觉统合偏差的小朋友来说尤其重要。相比于其他小朋友，他们可能要花更多的时间才能处理新的信息，他们需要时间热身，也需要时间才能静下心来。

给这些小朋友足够的时间来学习新的东西。

1. 上课之前,先预告课程内容。

2. 开始上课。

3. 跟小朋友解释课上都教了什么。

4. 给他们一点儿吸收和练习的时间。

有些缺乏排序能力的小朋友需要多次练习,才能学会新的课程内容。给孩子一点儿处理问题的时间。这些情况特殊的小朋友多半能够了解课程的内容,只是需要花费比较长的时间,其他小朋友需要花三分钟思考的问题,给他们十分钟思考也不为过。

简化指令。如果可以的话,下指令时尽量看着孩子的眼睛(有感觉统合偏差或患孤独症的孩子对于眼神接触经常感到不自在。他们在没有被迫进行眼神接触的情况下,可以更仔细地倾听),一次给一至两个指令就好,要简洁且明确;有必要的话,可以将指令重复一次。布置作业时,先用语言,再把作业内容写下来,让孩子简述一次作业的内容,然后让他们用笔记下来。

这些孩子专注的时间很短,少量的作业可以让他们确定自己能做完,也可以给他们带来小小的成就感,对他们来说比较适合。我们可以把作业分割成几个小部分,他们可能具备很好的阅读能力,但很难制订长期的研究计划。为他们规划时间,给出明确的期望,例如,第一周每个小朋友都必须报告他们选了什么主题,第二周小朋友必须交暂定的阅读清单,第三周上交大纲,第四周上交初稿,第五周完成报告。

准备不同的书写工具供孩子选择。有些小朋友用普通的笔效果比较好,有些用初学者专用的粗铅笔效果比较好,有些用普通的蜡笔效果比较好,有些用粗蜡笔效果比较好。一般而言,男孩的精细动作能力发展得比女孩晚一些,而有感觉统合偏差的孩子发展得会更晚。老师可以帮孩子选择最适合他们的书写工具。

尊重孩子的需求。这些感统失调的孩子最主要的需求是安全感,只要有安全感,他们的头脑就能够吸收所学的东西。许多老师常常犯一个错误:他们会说服这些感统失调的孩子"克服困难"。举例来说，老师可能会跟触觉过度反应的孩子说："每个小朋友都喜欢手指画，你也应该试试。"有的老师希望纠正他们不想碰触的习惯；体育老师可能会要求前庭平衡觉过度反应的孩子在体操垫上翻跟头。这些鼓励不但不能"排除"孩子的障碍，反而可能产生反效应，让孩子觉得自己遭到威胁。

面对感觉防御型孩子，除非你很清楚自己在做什么，否则最好尊重他们的意愿。有一点必须牢记：孩子的行为问题，不是因为他们不愿意把事情做好，而是他们没有能力这么做。强迫这些孩子做他们还没准备好的事情，对他们来说很不公平。要给孩子其他选择，预想一下可能发生的问题，帮助孩子寻找其他的替代方案，避开这些可能导致问题的情景。举例来说，有动作协调偏差的孩子可能会逃避比较喧闹的游戏，你可以引导他们参与自己擅长的活动，这些活动必须能够强化他们的动作能力，而且不会让他们觉得自己只是旁观者，或觉得自己是个"娘娘腔"。

对于学龄前的孩子，可以等其他小朋友进行障碍赛之后，再让他们依照自己的速度参与障碍赛。如果他们不愿意尝试某个项目，如平衡木或隧道，就不要勉强他们；根据他们的表现来称赞他们。年龄比较大的孩子，在经过一对一接球、抛球、运球等训练之后，玩球技能应该可以提升。

因为选择太多而容易分心的孩子在教室里似乎无法做任何选择，他们可能会说自己很烦，但实际上他们只是感到困惑。老师可以协助他们选择要做的活动，让他们只与一两位小朋友互动。

如果情况允许，可以请教治疗老师该如何改变教室里的摆设、可以做哪些与教育相关的活动、可以让孩子运用哪些感觉动作能力来满足这些孩子的需求。

调整自己的行为

强调正面的信息。正如心理治疗师卡尔·罗杰斯（Carl R.Rogers）提出的"无条件积极关注"一样，这些孩子需要你的关怀。

这些感觉统合失调的孩子需要别人不断地肯定，他们才会有改变的动力。虽然这类孩子能够参加某些活动，但往往没有自信。老师和家长应该鼓励孩子，肯定他们已经完成的那部分工作做得比较好，这样才能激励孩子做得更好。

音调不要太高。听觉过度敏感的孩子如果听到很高的音，会觉得很不舒服，甚至会误解你的语气，心烦意乱。有一次，我在教一群学龄前的孩子唱万圣节的歌曲，这首歌曲以不同的乐器来代表巫婆、骷髅头、南瓜，我必须用比较大的音量。为了让小朋友听到我的声音，歌曲进行到一半时，我提高声音："现在，请把铃鼓放下，拿起木鱼。"话一出口，有一个很焦虑的男孩就哭着说："不要这么和我说话！你这样对我说话，我就什么事都做不好了。"那时候我不知道（不过现在知道了）他为什么哭，我说的话没有威胁性，指令也不复杂，他之所以会崩溃，是因为我的声音太大了。现在，我发现了一个更有效的方法——小声说话，这个方法在吵闹的房间内尤其有效。

提供肢体语言的回馈。如果想确定孩子是否在专心听你说话，可以靠近一些。如果可以的话，看着孩子的眼睛。说话时，把双手放在孩子的肩膀上，然后用力往下压，这样可以帮助孩子注意力更集中地听你讲话。

让你的期望符合实际。就算这些孩子无法完成任务或他们做事的方法与其他小朋友不同又怎样呢？请记住一点：学习最重要的是参与的过程，而不是结果。

第 13 章

处理孩子的情绪

　　若想让孩子能自我控制，让家人能够处理孩子的情绪问题，你可以试试一些正面的语言沟通技巧与行动，这样可以提升孩子的各种能力和自尊，避免孩子犯错。

· 可怕的早晨 ·

　　玛吉是两个孩子的妈妈，她讲了这样一则故事。

　　今天早上发生了很可怕的事情。我的一个孩子叫奇普，今年8岁，他一早起来就很不对劲儿。事实上，他从床上摔了下来。接着，他去浴室时，把梅里莎撞倒在地，还对她大吼："你这个笨蛋！总挡我的路！"梅里莎跑下楼大哭。奇普总是欺负她，她才3岁。

　　我在安抚梅里莎时，奇普一边把书桌的抽屉用力关上，一边大叫。他从楼上走下来，身上穿着一件T恤，他把衣服穿反了。他说这样才不会碰到衣服的标签。我觉得这是个很棒的处理方式，但我丈夫不这么认为。在我还来不及发表意见的时候，他已经命令奇普把衣服重新穿好。奇普不愿意这么做，惹得我丈夫非常生气。他脱掉奇普的衣服，把衣服翻过来，然后把奇普塞进衣服里。奇普非常不高兴，他强忍着泪水。

　　最后，奇普坐下来，把果汁泼在麦片上。我跟他说这么做不好，话才说完，他就哭了。他说："那是意外！我又不是故意的！"接着，他把剩下的果汁倒在梅里莎的头上——这次是故意的。

　　好了，因为校车快来了，所以我忍住不发脾气，但奇普找不到他的阅读课本了，我们用了10分钟才在沙发后面找到了他的阅读课本。他错过了校车，于是，我开车送他去学校。我们抵达学校时，看见他的一个女同学正要下车，她手上拿着一个用方糖做成的冰屋，接着，奇普就完全失控了，哭闹不止，因为他早把"世界的房屋"这项作业忘得一干二净了。我的心情也很糟，因为我也忘了，所以奇普赖在车上不肯下车。

那个女孩的妈妈对我挥手，说："这些特别的作业花了我好多心血！今天早上真是噩梦一场！"她要是知道我们的情况，就不会觉得自己的情况糟了！

我们能从这个例子中明白什么呢？动作协调不佳、触觉过度反应、兄弟姐妹间的敌对、父母间的冲突、生气、愤怒、挫折感、缺乏自制力、自理能力不佳、消极抵抗、缺乏组织力、顽抗、无助、沮丧、罪恶感、隔离——如果你家有感觉统合偏差的孩子，对这些问题都不会感到陌生，感觉统合偏差会对生活的各个方面造成影响。

我们有可能通过学习来应对感觉统合偏差带来的情绪干扰吗？如果你了解自己的孩子，体谅他们并不断地学习，你就能够解决孩子的问题。

·其他专家的建议·

以下是艾尔斯博士、格林斯潘、西维尔、德瑞奇、玛丽·柯欣卡、玛丽安·科比·特洛特等专家提出的养育建议。他们的建议能帮助你掌握积极且行之有效的处理技巧。

注意你的孩子

请记住，孩子的问题是身体发育方面的问题。就像有麻疹的孩子无法控制自己不抓痒一样，这些感觉统合失调的孩子无法控制自己不笨手笨脚或不害怕。请你试着从孩子的角度去体会孩子的感受，了解他们为何逃避或渴望某种感觉。试着通过孩子喜爱的感觉方式，找出最好的方式来理解他们。沟通时可以运用各种方式（说话、写字、画画、打手势、表演），传达的信息越简单越好。

分析孩子爱活动的程度、受干扰的程度、情绪反应的强度、规律性、感觉界限、适应力、情绪等，通过这些信息辨别孩子的性情。了解孩子的强项和弱项。如果已经诊断出孩子的问题，就要仔细研究评估的结果，尽量把所有的内容都看一遍。有些老师和专家对于各种不同的情况相当熟悉，可以向他们请教相关知识。

每天至少抽出30分钟用作"地板时间"。"地板时间"是斯坦利·格林斯潘（Stanley Greenspan）提出的，指的是坐在地板上，让孩子选择游戏并主导游戏，家长与孩子一起玩游戏，同时注意孩子感兴趣的东西，从孩子的角度思考。有过这样的经历后，你与孩子就可以建立温馨且相互信赖的情感依恋关系，也能为未来所有的关系奠定基础。

预估孩子的反应

请预估孩子的情绪危机。生日聚会现场或拥挤的购物中心存在着太多的刺激，这些刺激可能会引起孩子出现负面的反应。随时做好准备，避免让孩子接触到某些可能导致情绪崩溃的刺激。协助孩子了解自己的情绪反应强烈程度和需求，让孩子有机会从活动中离开，并通过独处的方式恢复状态。

在孩子出现负面情绪之前，先培养孩子处理负面情绪的能力。例如："晚上要先把衣服准备好，早上才不会手忙脚乱的。"若要减小孩子的反应强度，可以准备一些放松的活动，如泡澡、讲故事、做安静的想象力游戏、摇摇椅、背部按摩等。

孩子对于感觉刺激的反应如果很慢，就给他们更多的反应时间。

同理心

用同理心来理解孩子的观点、动机、目标，这样做不仅有助于你了解他们的行为，还可以更轻松地改变他们的行为。了解孩子的感觉，并予以回应。"原来你担心衣橱里有怪兽，难怪你睡不着。"回应式的聆听可以帮助他们辨别且掌握自己的情绪。不断告诉孩子你明白他们的困难，让他们觉得安心。

分享类似的情绪，让他们知道每个人都有害怕的东西，如"我也觉得过山车很恐怖"或"处在人群中本来就会令人感到紧张"。

花一些时间重新评估孩子的情绪。孩子之所以出现侵犯别人的行为，可能是因为他们感到害怕，而不是因为他们生气。我们要回应的应该是孩子的主要情绪，而不是自我防御的行为。培养孩子处理事情的技能，帮助他们获得自我控制的能力。在孩子情绪崩溃之后，可以准备一个安静的空间，给予他们结实的拥抱，带他们四处走走，或说一些适当的话、做一些适当的动作，让他们平复情绪，比如说："你想不想做点什么，试着忘掉刚才的不愉快好吗？"

把关注点放在正面的事物上。对于孩子的能力、兴趣、好的行为给予评论，表扬他们进步的地方（更有自我意识、更会做事），通过这种方式使他们建立自我价值感。帮助他们取长补短，欢迎他们来到这个世界，不要剥夺他们体验生命的机会。

形成规律

为孩子设计流程固定的每日工作与行程，并向他们解释这些日常计划的内容。告诉他们接下来即将进行什么活动，避免让他们觉得意外。尽量不要有太多的情景转换。预留一些时间，先结束一个活动之后，再转换到下一个活动。这些孩子适应每日工作所需的时间会比一般的孩子长一些，家长们必须提前有这样的心理准备。

协助孩子，让他们能够有条理地完成自己的工作，与孩子一起制作行程表与工作表。排除可能产生干扰的因素，提供足够的空间、时间和指导，让孩子能够顺利完成计划和家庭作业，让孩子体会到独立完成工作的满足感。

实际的预期

有时候，孩子的状况可能还不错，但有时候他们可能会不愿意上学，他们会打翻牛奶、自己跌倒，做家长的对于这种不稳定的状况必须有一定的心理准备。他们跌倒时，要试着体谅他们。

将任务分割成几个小部分，鼓励他们一次先达成一个目标，让他们能够感受到达成许多目标的满足感。别忘了，你在应对这个世界产生的难题方面已经累积了多年的经验，而这些孩子则没有这么多的经验。

规矩

孩子失控时不要惩罚他们。失去自制力已经够令人害怕的了，如果再被处罚，只会加深他们的罪恶感，让他们觉得羞愧。做评价时要针对孩子的负面行为，而不是孩子本身。与其对他们说"你让我觉得很生气"，不如跟他们说"不要叫得这么大声，这样我会很生气"。帮孩子寻找一个安静的空间，避免让他们承受过多的感觉负荷，这样可以帮助孩子进行自我控制。至于要休息多长时间，如果可以的话，就让他们自己决定。

制定规矩让他们有安全感。一次选择一个挑战就好，这样有助于培养他们的自我控制力，让他们能够有正确的行为。规矩设定好之后，就要切实执行。让他们知道规矩就是规矩，他们的感受也不能改变什么。"我知道你很生气，因为你想和小狗玩，不过现在是晚餐时间。"规矩必须贯彻执行，可以通过手势和同理心来向他们解释你为什么要管束他们（立规矩的初衷就是要教导他们，不是要处罚他们），管束他们之前，先对他们说你会怎么做。

告诉孩子，他们如果表现不好会有什么后果。最好的结果是自然的结果，因为这样的结果很合理，事实就是如此，也不需要你来规定。例如，可以对孩子说："你现在不吃早餐，等一下就会饿了。"好的结果是符合逻辑的结果，让孩子为自己的行为负责。例如，你可以对孩子这样说："你如果乱丢食物，就要自己清理。"如果这些方法都不管用，就只好由你来规定处罚的方式，这种处罚的方式与他们的行为不一定相关。例如，你可以跟他们说："你如果对宝宝吐痰，就不能跟小朋友玩了。"或者："你如果打我，就不准看电视了。"

他们表现得很棒时，就用肯定的方式来奖励他们。

解决问题

确定解决问题的时间，与孩子一起探讨问题，与孩子一起商量，寻找其他解决方法，并针对问题的解决方法与孩子达成共识。提升孩子们的问题解决能力，这样可以帮助孩子做好心理准备，孩子不至于在面临挑战时不知所措。让他们懂得为自己的行为负责，合理处理自己的情绪，懂得以合乎逻辑且灵活的方式来思考问题，并学会妥协。例如，你可以问孩子："当你生气的时候，除了摔东西，有没有其他的解决方式呢？你可不可以说：'我不喜欢那样！'然后在原地跳一跳呢？"请他们告诉你，你可以为他们提供什么帮助。

帮助孩子寻找合适的情绪出口，让他们知道什么时候可以尖叫、哪里可以释放情绪、可以打什么东西来发泄情绪。告诉他们，哪些负面的表达方式是可以接受的、安全的，哪些负面的表达方式是不恰当的。孩子的应激情绪让你受不了的时候，你必须先控制好自己的情绪。让他们知道人本来就会有强烈的情绪，但每个人都必须学会处理情绪，而他们也能够学会让自己的情绪缓和下来。

和孩子一起玩耍。没有必要把生活过得那么严肃。如果有必要的话，可以寻求额外的支持，帮助孩子处理某些事情带来的"涟漪效应"。许多专家可以帮助你提升家庭的生活品质，促进亲戚之间、同事之间以及其他核心家庭成员之间的关系。

此外，你还可以加入感觉统合偏差的家长联谊互助会，与其他家长分享孩子的教养经验。

为孩子出面发声

把孩子的情况告诉所有需要了解孩子的人。由于感觉统合偏差不是一看就能明白的症状，因此大家可能会忽略，或者不相信有这么严重的问题在干扰孩子们。所以，你的工作就是对他们说明孩子的情况，这样他们才能帮助孩子改进。

看看孩子在教室里的表现以及他们参与团体活动的情形，如果发现某个老师或教练并不了解孩子的状况，不愿意配合孩子或对孩子的要求过于严格，那就必须要采取行动。

如果孩子无法自行处理某些棘手的问题，身为家长的你就必须介入。让孩子清楚地知道，寻求帮助并不表示承认失败，反而是一种正面的应对策略。

恰当与不恰当的应对方式

以下提供一些可应付日常大小事情的建议。

恰当的应对方式

把焦点放在孩子的强项上。例如，你可以对他们说："你真是个好厨师！帮我记住了制作肉卷需要的食材，现在你就可以准备这些食材了。"或对孩子说："你现在还很有体力，可不可以帮我跑一趟腿，到强森太太的店里买一本杂志呢？"你需要让孩子"做他们能做到的事"，而不是让他们去做"做不到的事"。

把焦点放在孩子的兴趣上。例如，你可以对孩子说："你收集石头的速度真快啊！咱们来看几本有关石头的书，我们可以为这些不同种类的石头列出一个清单。"如果你支持他们的兴趣，也对他们喜欢的东西感兴趣，就可以鼓励孩子学得更多，做得更多。

为孩子设定他们达得到的小目标，帮助他们培养各种能力。例如，你可以对他们说："要不要陪我走到邮局那里？你可以把信投进邮筒里，然后我就背你回家。"或说："一次只拿一个盘子就好，我们不着急。"鼓励他们凭借自己的能力去完成任务。为了不让孩子轻易放弃自己，家长可以给予孩子支持。例如，你可以对他们说："我知道系鞋带很难，但多系几次，你就不会觉得系鞋带困难了。"

把焦点放在孩子能够做到的事情上，让他们知道你对他们有信心，这样有助于培养他们的自尊心与主动性，他们知道可以凭借自己的力量完成任务。

允许孩子以适当的方式自我治疗。如果孩子很喜欢旋转，就让他们坐在轮胎秋千上，想荡多久就荡多久。如果他们喜欢在床上跳来跳去，就准备一个蹦床，或在地板上放一个垫子。如果他们喜欢单杠，就在他们房间的门口架设一个单杠。如果他们坚持要每天穿靴子，就让他们每天穿靴子。如果他们经常把不能吃的物品塞进嘴里，就让他们嚼口香糖。如果他们坐不住，就给他们起来走动与保持平衡的机会，如坐在海滩球上听音乐或听故事。他们会主动寻求刺激，让自己的大脑获得满足，家长可以帮助他们寻找几种安全的刺激。

提供新的感觉经验。例如，你可以对他们说："这块薰衣草味儿的香皂很好闻，你想不想闻闻？"或者："梨的口感很像苹果，但味道不太一样，想不想尝一口？"

用孩子可以接受或喜欢的方式来触碰他们。例如，你可以对他们说："我用海绵帮你擦背，你需要我用力大些还是小些呢？"或："你知道这样表示什么吗？这样表示'我——爱——你！'"

鼓励孩子起来动一动。例如，你可以对他们说："来吧！咱们跟随着音乐摇动手臂。伸展的感觉很棒，对不对？"移动有助于感觉的处理。鼓励孩子感受一下新的移动方式。又如，你可以对他们说："如果你想荡秋千，我可以抱你上去。"有运动能力偏差的孩子可能很喜欢获得新的活动经验，却不知道怎么做，他们需要你的帮助。

提供身体与情绪方面的支持。例如，你可以对他们说："我很想试一试那个秋千，想不想和我一起荡秋千啊？你可以坐在我的腿上，我们一起荡秋千吧！"对于这些害怕移动的小朋友来说，如果有一个深爱他们的人愿意让他们坐在自己的大腿上荡秋千，让他们有安全感，他们可能就会愿意尝试（如果他们不想这么做，就不要勉强他们）。

让孩子有机会体验不快乐、失败或生气的感觉。例如，你可以对他们说："没被选进去真的很让人难受！"承认自己的感觉可以帮助他们处理这些负面情绪。如果他们每次觉得难受时，你都去安抚他们，他们就永远学不会处理自己的负面情绪。你可以提供合适的发泄方式，让孩子的负面情绪找到出口，让他们有机会发泄。你可以为他们准备一个球或一个装满湿海绵块的桶，让他们拿球或湿海绵块朝着篱笆抛。给他们一个"尖叫的空间"，可以是他们的房间、地下室或车库，让他们能够发泄自己的不良情绪。

即使发生了某些事情，也要针对孩子的感受与行动，强调这些感受与行动好的一面。例如，你可以对他们说："把蛋液打到碗的外面没关系，我知道你不是故意的。打蛋本来就需要练习，我很高兴你愿意练习。来，我们再试一次。"强调他们做对了什么事，告诉他们下一次会做得更好，让他们留下美好的回忆。这些孩子需要的是能够体谅他们的大人，而不是批评他们哪里做得不好的大人。

赞美孩子。例如，你可以对他们说："你喂了狗，还带它去散步了！你真是个负责任的好主人。"孩子表现很棒、有同理心、注意到别人的需求时，你可以给他们一些赞美，例如，你可以对他们说："你真是个好朋友。"或者："你让动物觉得很有安全感。"

让孩子拥有掌控的感觉。例如，你可以对他们说："如果你现在就上床睡觉，我们就有很多时间听故事；如果你要继续玩，我们就没有时间听故事了。你自己决定吧。"或："我已经准备好了，现在就看你打算什么时候去鞋店了。你准备好了的时候，记得告诉我说一声！"要让孩子知道，有些事他们可以自己决定，然后也必须自行承担后果，别人不需要帮他们决定一切。

制定合理的规矩。每个小朋友都需要规矩来约束，这样孩子才能变得有教养，例如，你可以对孩子说："要生气可以，但不能伤害别人，也不可以打别人。"

想想自己小时候的行为，或许孩子就是你小时候的翻版（父母和孩子毕竟不

可能差太多）。问问自己，如果再回到小时候，获得哪些东西会让自己觉得比较放松、比较快乐？在操场上玩久一点儿、多些自由活动时间，还是得到别人的拥抱？你是否希望大人的要求少一点儿、期望低一些？你或许可以试着对孩子说："我小时候，只要遇到困难就想爬树。你呢？"

请尊重孩子的需求（即便他们的需求很不寻常）。例如，你可以跟他们说："你一定会喜欢被被子紧紧裹住的感觉！现在，你就像一只紧紧裹着地毯的小虫子。"或者："我们一起站在手扶梯上，我会站在你后面，不会让你跌下去。"

尊重孩子的恐惧（即便他们的恐惧似乎没有什么道理）。例如，你可以对他们说："你看，你的球现在在那些大朋友那里。咱们手牵手，一起把球拿回来吧！"安抚孩子的心情，这样可以帮助他们信任别人。

对孩子说"我爱你"。要让孩子知道，无论如何，你对他们的喜爱与珍惜是不会改变的。"我爱你"这句话说再多次也不过分。

相信你的直觉。直觉会告诉你，每个人都需要触摸与被触摸，需要移动与被移动。如果孩子的反应有些反常，可以通过问问题的方式收集信息，尽量多了解孩子，然后开展适当的行动。

别人表达关切时一定要注意聆听。如果有老师或照护人员对你说孩子的行为不正常，你可能会否认，或感到生气；但是，不要忘了，他们观察到的是孩子离开家后与许多小朋友在一起相处的真实情况，他们的看法很值得参考。

通过学习来了解孩子的典型成长过程。你可以通过阅读书籍或参加家长教育课程的方式，了解人的成长过程，以及各种不同的性情与学习风格。了解了各种行为，知道这些行为都属于正常的行为之后，你就会觉得很安心，接着，你就更容易区别典型行为与非典型行为。有时候，雪茄只是雪茄，六岁的孩子就只是六岁的孩子。

寻求专业人士的帮助。感觉统合偏差是孩子无法单独解决的问题，父母与老师都无法"治疗"孩子，就像孩子无法自我治疗一样，早期的干预性治疗相当关键。

保持冷静。在孩子把你逼疯之前，请先整理一下思绪再做出回应，尤其是在你很生气或因为意外而非常不开心的时候。情绪失控的孩子需要一个情绪稳定的大人来安抚，恢复他们的心情。

好好照顾自己。如果你今天过得不顺利，那就让自己休息一下！把孩子交给临时保姆，出去散散步，或去看一本书、洗个澡，去外面吃顿饭。没有人可以在给予另一个人无微不至的照顾之后，还有精力去处理自己的事。

不恰当的应对方式

请不要试图去说服孩子，不要让他们以为自己的困难以后就能克服。例如，不要对孩子说："有一天，你一定会登上世界最高山峰的！"孩子长大并不一定能够变强壮、变灵敏，或变得比较擅于社交。对于有感觉统合偏差的孩子来说，长大往往表示他们想出了更多的新方法来逃避日常的经验。

不要告诉孩子，他们只要努力，一定可以变得更强壮、更有条理、更能控制自己。例如，不要对孩子说："只要你努力，就能够做得更棒！"问题是孩子一直很努力。

不要轻易开玩笑。例如，不要跟孩子说："你怎么这么累？该不会是刚刚跑完一圈吧？哈哈！"对孩子来说，这并不是什么好笑的事。这种玩笑非但不好笑，反而会让他们很生气，感觉自己被嘲笑或被羞辱了。

不要用恳求的方式来要求孩子。例如，不要跟孩子说："就算是为了妈妈，好吗？如果你爱妈妈，就会坐得笔直。"你的孩子很爱你，也很希望能够讨好你，但他们就是做不到；况且，他们如果有能力这么做，早就这么做了。他们这么做是为了自己，他们如果有能力的话，就算不爱你，也会这么做的。

不要让孩子觉得丢脸。例如，不要对孩子说："其他和你差不多大的男孩，都可以自己把门打开。"他们的年龄也许已经够大了，但力气还是很小。

不要威胁孩子。例如，不要对孩子说："走路时如果不抬起脚，就会把鞋子弄坏，到时候就得再去买新鞋。"威胁孩子只会起到反作用。

不要在其他孩子面前贬低孩子。例如，不要对邻居说："这个无精打采的孩子就是我儿子。快醒醒，小懒虫，跟我们的新邻居打声招呼！"这些话听在孩子耳里根本就不好笑。不要在孩子背后贬低孩子。例如，不要跟别人说："我的孩子什么事都做不好，而且很懒惰，真不晓得要如何让他了解努力的重要性。"你希望你的老板、亲戚、朋友对你的孩子留下什么样的印象？

不要拿这些孩子和其他孩子比较。例如，不要对孩子说："你哥哥六岁就会骑两轮车了。你是怎么搞的？"别忘了提醒自己：这些孩子比起其他同龄的孩子缺少了某些能力。

不要为孩子做他们做得到的事情。例如，不要对孩子说："你把功课拿出来，我来帮你削铅笔。"溺爱孩子对你、对孩子都没有好处。

不要预期孩子会有稳定的表现。例如，不要对孩子说："你昨天会挂好大衣的，今天为什么没办法挂了？"情况时好时坏对这些感觉统合失调的孩子来说相当正常，昨天办得到的事，今天可能会办不到。

不要要求孩子做一些令他们沮丧的事。例如，不要对孩子说："你一定要把手放到颜料里，印一张手印给爷爷。"或者："你一定会喜欢乘坐101大楼电梯的感觉。"在他们的神经系统准备好之前，不管你怎么逼他们，他们都没办法享受碰触或移动的感觉。

不要让孩子承受过多的感觉负荷。例如，不要对孩子说："我们来吃点红辣椒，放一点儿音乐，然后跳一会儿伦巴舞。我们今晚会感受到很棒的南国风情。"慢慢来，一次只让孩子获得一种感觉经验是很好的事，但如果想一次让他们获得好几种感觉经验，他们就会承受太多的负荷。

不要害怕帮孩子"贴标签"。许多家长很害怕感觉统合偏差的耻辱，他们不希望自己的儿子或女儿被贴上"有特殊需求的孩子"的标签；有这样的恐惧相当正常，但这对孩子没什么帮助。不妨换个角度想想：知道孩子有感觉统合偏差是件好事，因为现在知道了孩子的问题，就能够给他们提供帮助，不至于让问题变成严重的学习障碍。

不要觉得无助。这个世界上存在许多有感觉统合偏差的孩子，也有许多爱着他们的人们，你和你的孩子并不孤单。支援就近在咫尺，等着你去发现，而你一定可以获得这些支援。

第14章

从全新的角度看待孩子

·一位父亲的感悟·

一位父亲这样写道:

当我第一次听到"感觉统合偏差"和"肌肉张力不足"与我的女儿朱莉有关的时候,我真是一头雾水。我不知道这两个名词的意义,也没把它们当回事儿,我认为这不过是另一个过度保护的例子而已(和我太太一样),这些只是医学博士斯坦利·格林斯潘所使用的专业术语而已,他是我们这里顶尖的小儿科医师,我和妻子曾经因为朱莉的睡眠问题请教过他,在我看来,这种专家的专业术语不过就是让焦虑的父母支付高昂的费用来缓解焦虑的一种手段而已。

朱莉的确在12个月大的时候经常跌落到地上,发生这种情况的频率也超乎我的预期(她那时还不会爬,也不会站立);是的,她也不太黏着我,我以为她不过就是比较敏感罢了,认为她没什么问题。但事实上,我见过的孩子还不够多(我太太和格林斯潘医生则见过很多孩子),不知道女儿的行为不正常。

对于是否要带朱莉去看医生,我的立场是不反对也不支持,而我太太的态度很坚决。她带朱莉接受了一个星期两次的治疗,对此,我还是抱着怀疑的态度。

一次偶然的机会,我参加了一个"了解感觉统合"的公开课,这改变了我的看法。我对刚开始的介绍并没什么好感,然而当我看到那么多家长参加这个工作坊的活动时,我印象非常深刻。我心想:"感觉统合这一概念或许是真的,而且我们也不是唯一有这个问题的孩子家长。"

这次课程更重要的一点是会场后方的"体验"站。我试着在感觉失调的情况下完成某些任务(如把望远镜倒过来看,然后沿着直线走路),这种体验让我头皮发麻。我这才意识到,朱莉可能已经进入感觉统合偏差的世界,而且将来可能要在自己的感觉统合失调的情况下与同事进行竞争。我突然之间醒悟了,开始以全新的态度对待我的女儿。

从那时起,只要是对朱莉的感觉统合与粗大动作有帮助的事情,我都会大力

支持。朱莉第一次用手把食物捣成泥时，我和她的妈妈非常开心，那一幕仍记忆犹新。现在的我，一想到朱莉可能会因为我当时的不予理会与不当回事儿而错过人生中最关键的治疗时期，就后怕不已。我相当佩服我的妻子，当时的她必须与两方的势力奋战——朱莉的障碍以及我的反对——让朱莉在年龄还小、还感受不到障碍之前，成功跨越自己的障碍。

·启发孩子·

作为家长，当你开始了解感觉统合偏差，你也会开始从全新的角度看待自己的孩子。你应该在孩子年龄还小的时候就对其进行感觉统合干预治疗。首先，你必须知道，再简单的日常活动，对这些孩子来说可能都相当困难，他们必须付出很大的努力才能完成。

接受孩子的局限不是一件容易的事。不愿意承认孩子的异常是很自然的事，心疼孩子也是很自然的事，因为孩子的行为而责备孩子、对孩子不耐烦同样是很自然会发生的事。启发孩子需要花些时间，让孩子建立信心（对于自己以及自己办得到的事）需要花费无数的心血，你在阅读这本书，就表示你已经上路了，所以你要振作起来，情况会有所改善的。

当你的孩子无法也不愿意进行某些游戏活动时，他们或许会说"我太累了"，他们或许会趴在餐桌上，或没有力气地转动门把手——尽管他们吃饱了，也睡足了。请你务必换个角度来思考，他们跟你说他们很累，表示他们真的觉得很累，他们真的没办法（也不愿意）执行某项任务。不管他们多想独立完成一件事，多想让自己打起精神，他们的感觉统合问题都会影响他们的执行能力。他们知道自己的力气有限，他们已经做出推断，知道要用多大力气来完成一些必要的活动，这些活动或许是咀嚼食物、上下车，或许是弯腰捡手套。你的孩子不是懒惰，事实上，他们只是完成一天的正常活动就要耗费许多体力。

你的孩子已经发展出某些聪明的补充性技能。离开家时，你的孩子可能看起来不像你想象中那么聪明。他们可能话不多，让人觉得他们没什么东西想要表达；他们可能在家里会不停地说话，说话没技巧。他们面对不熟的大人或其他小朋友时，可能会显得非常害羞。他们可能会选择相同的游戏与玩具，仿佛缺乏好奇心和冒险精神似的。感觉统合偏差会影响各种孩子，包括某些极为聪明的孩子。孩子表现得很聪明，他们知道自己无法达到他人的期望而想办法避免让自己出丑时，可以给予他们适当的赞美。你的孩子或许有很好的想法，但因为有语言障碍而无法流利地表达（这是因为语言障碍有时会与前庭平衡觉障碍有关）。还有一种情况是他们会因无法忍受而想要逃避一些事情，他们可能会经常找借口："我今天不能画画，因为我穿了新衣服，不应该把新衣服弄脏。"

或许他们已经知道，如果你看到他们在挖沙土，就会让他们一个人静静地玩。你看到他们在忙，或许就不会再要求他们荡秋千（荡秋千会让他们觉得自己会跌落到地球之外）。你可能会发现他们很不专心，经常抬头看着你，试探你的反应。他们有可能因为自己不会爬楼梯，所以就想办法要求你背他们上楼。如果有一个小朋友把两只小小的手臂伸出来，对你说"抱我上楼"，身为父母怎会觉得他有神经障碍的问题呢？

你的孩子知道某些事情会带来麻烦，所以会发展出弥补性的技能，试图用别人可以接受的方式来避开这些麻烦。

你的孩子很有勇气。你的孩子或许会抗拒溜滑梯，不想到其他小朋友家里玩，不愿意尝试新的事物，或做年度健康检查的时候会变得非常焦虑。你或许会被激怒，认为孩子只是过度恐慌。大家都有恐惧的体验，恐惧让我们对危险时刻保持警觉。孩子的恐惧或许过度了，但是这种恐惧对他们来说是相当正常的，毕竟他们的世界似乎相当危险。他们每天都需要面对恐惧，身体失去平衡他们就会出现恐惧感，被触碰也会让他们恐惧，所以他们在面对新情境时会相当谨慎（对他们来说，这些新情境具有不可预测的特性，比一般情境要恐怖）。

对孩子来说，抗拒令人愉快的体验、抗拒改变，或抗拒父母都是需要勇气

的。重要的是，如果大人对孩子感到失望，就表示这个孩子不被认可，而没有人会喜欢自己不被认可；但如果这些孩子觉得某些活动会对自己造成威胁，那么他们就会宁愿不被认可，也不会从事这些活动。你的孩子很勇敢，他们不是胆小鬼。

孩子的内心相当温柔。你的孩子或许会被贴上"坏孩子"的标签，他们的行为很有侵略性，手里总是拿着一根棍子，如果有玩伴轻轻碰触他们，他们就会用棍子很用力地打这些小伙伴，并大声叫道："我讨厌那样！""这样很无聊！""你好笨！"或者"快走，否则我就打你了！"这些敌对的反应可能会让你的孩子看起来很讨厌——虽然你知道，他们的内心其实相当温柔。换个角度来思考，你的孩子或许无法辨别善意与恶意，因为他们必须在感觉到危险时保护自己，所以他们本能的反应就是"对抗"，而非"逃避"。他们脸上的表情似乎在说："别惹我！"但这并不是因为他们不喜欢和别人打交道，而是因为他们心里感到害怕。

这些内心处在防备状态的孩子经常会出现攻击别人的行为。对自己的能力与价值没有信心的人（也包括成人），显现于外的经常是自大或强悍的样子。你知道自己的孩子在家里熟悉的环境中是多么可爱，你同样希望他们到了其他地方也表现自如，也显得比较温和。

你的孩子拥有许多能力。他们或许不善于阅读、跑步、集中注意力，他们的缺点或许会让你感到失望，但他们对于其他事物可能会表现出极大的同情心和热情。他们可能拥有罕见的创新天赋，在美术、音乐或体育方面展现才华。他们可能会观察到别人没有观察到的事物，可能很有幽默感，敏感细腻可能是他们丰厚的资产。你要想着孩子能做到的事情，而不是他们做不到的事情。

你的孩子特别需要爱与肯定。你或许会觉得他们的占有欲太强，他们可能会把所有的玩具都拿过来，却不玩玩具，只是想拥有玩具。他们会要求你把所有的时间都给他们，但你把所有的时间都给他们时，他们却觉得不满足。他们输了一次"糖果乐园"的游戏（一种儿童游戏），就会难过得哭出来。

他们想要拥有一切。换个角度来思考，他们的自尊心很强，需要外在的东西和别人的注意力来维护自己的自尊心。他们之所以非赢不可，是因为他们常常觉得自己一无是处，之所以这么贪心是因为他们的内心相当贫乏。这些孩子最需要的是别人的爱与欣赏。

"固执"是他们的求生之道。他们或许会说："我是自己的主人，你不能命令我。"他们或许很固执，总是穿同样的衣服，用同样的碗吃同样的食物；他们或许会坚持在洗澡时或睡觉时要求你替他们按摩或讲故事等。换个角度想，没有人会在早上醒来之后想着："我今天要对抗所有的事！"人类在面对不断变化的环境时，学会了适应环境，但你的孩子很固执。他们之所以会这样固执，是因为他们不是身体的主人，无法控制自己的身体，他们的生活充满了不确定性与挑战。他们之所以想在下雪时穿短袖衫，可能是因为触觉系统效率不佳，加上他们对于衣服的触觉太过敏感。他们之所以坚持每天吃同一种麦片，可能是因为他们的口腔对食物的质地太过敏感。

一成不变的事物以及某些例行的事项，可以帮助他们完成基本任务（如穿衣服或准备上床睡觉）。他们那么固执是为了满足生存的需求。他们不是有意要那么固执，之所以固执是因为他们很难调整自己的行为来满足不同的需要，所以只好完成自己有把握的事情。

孩子真的需要你的关怀（根据他们的需求来给予关怀）。我们假设你早上会帮孩子穿衣服，不想让孩子因为花太长的时间穿衣服而倍感挫折；我们再假设孩子的老师跟你说过，她必须花很多额外的时间在孩子身上，她建议你让孩子学习独立，自己穿衣服。即便你比老师还要了解感觉统合偏差，你可能还是会觉得自己的教育方式不太恰当。换个角度来思考，在孩子需要帮忙或时间紧迫的时候，适时关注孩子是很正确的，尤其在全家行程紧急的情况下，你必须尽自己所能地帮助每个人完成手边的任务。

不了解感觉统合偏差的家长会忽视孩子的需求，了解感觉统合偏差的家长会尽其所能，让孩子感到安全和快乐，孩子的各种表现能够在你的帮助下获得改善。如果你的孩子现在有感觉统合偏差，这些问题会一直伴随着他。他们确实可能找到应对策略或弥补方法，来避开某些应激状态下产生的感觉；或培养出某些不以平衡感或触觉敏感为基础的独特能力，但他们必须一直非常努力，自己的状况才能获得改善。感觉统合偏差犹如大脑消化不良，专业治疗与感觉套餐能够帮助神经的传输变得更加顺畅，这与制酸剂能够缓和消化不良是同样的道理。

最重要的一点是，不间断的爱与体谅会让孩子更有安全感。我们需要有人随时守护着我们，尤其是在遇到困难的事情时，我们都需要有人为我们喝彩，理解我们的弱点，尊重我们的独特性。有了你的帮助，你的孩子才有能力应对周围的一切困难。

·母亲的鼓励·

一位妈妈这样写道：

如果我们早就知道情况，如果这样的书早点儿出版，如果我们的孩子可以和普通的孩子一样"正常"，那该有多好。

我们原本以为他很正常，他用阿普加新生儿评分系统（用于衡量新生儿的状况）测出来的分数还不错，发育也符合发育表上的进度。他没有明显的身体异常，而且长得很漂亮。此外，他很机灵，六个月就会说话了，才两岁就展现出绝佳的口语才能。有一次，诊所所有的小儿科医生都停下手边的工作，一睹他的口语才能；对此，我们觉得相当自豪。

不过，与此同时，我们也感到有些不对劲儿。他一直有些不对劲儿，他在新生儿病房哭得很厉害，会把所有的宝宝都吵醒。后来，从母乳喂养转换到奶粉喂养时，他非常不适应。事实上，只要是不同行为的转换都让他难以适应。

他对光线与新质地的衣服也相当敏感，穿衣服对他来说相当困难。玩"健康宝贝"游戏时他也会出现状况，别的孩子都很喜欢这些动起来的活动，只有他感到害怕，还会大声尖叫。我必须面对指导人员以及其他父母们（他们的孩子比较"合作"）异样的目光。时间一天一天过去，他的行为则一天比一天糟糕。

我的孩子怎么了？我那美丽又有趣的孩子怎么了？

最后，我去了解了公立学校的早期儿童筛查计划，为他安排了团体筛查的时间。

我们在约定的时间抵达筛查办公室。在筛查室里，我们看到许多有明显障碍的孩子。为了让他们在筛查前有事情做，筛查室里摆了一张游戏桌。这些孩子当中，有些智能不足，有的拄着拐杖，有些四肢有残疾，他们很顺利地完成了检查。

轮到我们了，一下子由游戏时间转换到筛查活动使我儿子无法适应，他不停地尖叫，不愿意配合，即使所有的专家都来帮忙也没有用。最后，他哭着离开了筛查办公室。在那些孩子当中，我们的儿子是唯一看不出明显问题的孩子，但他连筛查都没法做。

后来，我们带他去做个性化评估，这项评估由教育专家、职能治疗师、语言专家、心理医生等组成的团队来执行，他们终于发现了孩子的问题——感觉统合失调。他需要的是"专业的治疗"，还有一家"优质的儿童医院"。

为何花了这么长的时间才发现孩子的问题？之前为何没人知道？我们家为何得承受这么多痛苦？

现在，一切都不重要了，还好有这家儿童医院可以给我们提供帮助。

在评估团队的建议下，我主动与圣哥伦比亚幼儿园取得了联系。我永远忘不了与卡洛尔·克朗诺威兹（Carol Kranowitz）第一次谈话时的情景。我与她谈过之后，不再那么焦虑了。她是音乐与韵律课的老师，但她对孩子的了解可不只这些。我从来没有遇到过这么厉害的专家，因为她不仅了解感觉统合偏差，还负责

指导与训练其他老师，给他们讲解感觉统合偏差的特点，甚至负责感觉统合偏差的治疗工作，她在还没见到我的孩子之前就相当了解我的孩子了。

圣哥伦比亚幼儿园的老师并不反感我的孩子，他们认为他不是"坏学生"，也不觉得他"不受控制"，他们知道他不断在与感觉处理问题对抗。尽管我的孩子给这些老师带来了很大的挑战，他们还是没有放弃他。

在此之前，我儿子不愿意触碰某些不熟悉的东西，他不仅害怕被移动，而且很抗拒移动；接受专业的治疗之后，我的儿子开始努力克服这些障碍。对新的事物，他也不再那么害怕；对他来说，周围的一切不再那么可怕了。由于转换情境而产生的不适应也逐渐改善了。我们在心理医生的帮助下，成功适应了环境，也不断改善孩子的行为反应（例如发脾气的情况）。

我们的孩子一天天长大，我们也学着与他一起做某些之前觉得办不到的事情。我们学着享受拥有他的感觉，他是我们最好的伙伴。

回顾这两年来的专业治疗以及这家儿童医院的教育，我们如果没有接受这些帮助，不知道会有多糟糕。一想到这些，我就会禁不住打个寒战。这些帮助是我们的命脉，也是我们的希望。

以下是我对大家的忠告：如果你担心自己或别人家的小孩可能有感觉统合障碍，无论问题多么不明显，无论多么难以启齿，你都必须说出来。有些小朋友的情况不像我家小朋友那么明显，但他们仍然需要帮助。寻求帮助时，一定要坚持不懈，直到看到希望为止。如果你愿意这么做，就有机会帮助其他受到感觉处理问题干扰的小朋友，这些小朋友太小，也太害怕，没办法靠自己的力量摆脱感觉统合偏差的桎梏。

附录A　感觉、运动评估问卷

　　下面的评估问卷，有助于家长和老师筛查孩子是否有感觉统合问题。这份问卷可以帮助治疗师了解孩子的感觉系统发育史，治疗师分析完问卷后，就可以判断出孩子是否有感统问题。如果需要进行干预，可以利用该问卷并搭配合适的"感觉套餐"（见第11章）来制订详细的干预方案。

　　20世纪90年代，波士顿大学的莎伦·瑟马克（Sharon Cermak）与爱丽丝·米勒（Alice Miller）设计了这份感统评估问卷。最初这份问卷只是为一群来自东欧国家被收养的儿童设计的，目的是检查他们的感觉统合能力，而现在可以利用这份问卷对所有的孩子进行评估。这份问卷是依据温妮·邓恩博士（Winnie Dunn, PhD）和美国沃特敦专业治疗协会（Occupational Therapy Associates Watertown）的研究结果而设计的。我也是获得了他们的许可，才把问卷加入本书的。

　　请你抽出一些时间，仔细地看看这些问题，这将有助于你了解感觉统合偏差会如何影响孩子的整体发展。有些问题和孩子对一些感觉的回应情况有关，包括触觉、视觉、听觉、味觉、嗅觉等。有些问题和孩子的自我管理与行为有关，包括活动程度、吃东西的情况、组织能力、注意力、睡眠、社交和情绪等。孩子这些方面的行为深受感觉加工处理能力的影响。

　　在你拿起铅笔填写之前，请多复印几份问卷，发给孩子的老师、保姆或爷爷奶奶（大部分问题适用于学龄前儿童和小学生），如果出现很多"经常"的现象，就表示孩子的感觉统合问题已经很严重，必须进行专业的治疗。

为父母设计的感觉系统发育问卷由莎伦·瑟马克（Sharon Cermak）（教育学博士，专业治疗师）制作。

感觉

第一类　触觉：你的孩子是否……

1. 逃避或讨厌把手弄得脏兮兮的？

经常□　有时候□　很少□

2. 帮孩子洗脸时，孩子会生气吗？

经常□　有时候□　很少□

3. 帮孩子梳头发或剪指甲时，孩子会生气吗？

经常□　有时候□　很少□

4. 即使天气很热，孩子还是喜欢穿长袖的衣服或夹克吗？

经常□　有时候□　很少□

5. 孩子不喜欢穿某些材质的衣服吗？

经常□　有时候□　很少□

6. 换季时，孩子不愿意换衣服吗？

经常□　有时候□　很少□

7. 孩子不喜欢光着脚丫，尤其是在沙滩上或草地上吗？

经常□　有时候□　很少□

8. 孩子会因为衣服上的标签而发脾气吗？

经常□　有时候□　很少□

9. 孩子会抱怨袜子不合脚吗？

经常□　有时候□　很少□

10. 孩子会抱怨床单不平整吗？

经常☐　有时候☐　很少☐

11. 孩子很渴望别人拥抱吗？

经常☐　有时候☐　很少☐

12. 别人友善的触碰会让孩子觉得不舒服吗？

经常☐　有时候☐　很少☐

13. 孩子宁愿触碰别人也不愿被别人触碰吗？

经常☐　有时候☐　很少☐

14. 孩子经常撞到别人或推倒别人吗？

经常☐　有时候☐　很少☐

15. 孩子极度怕痒吗？

经常☐　有时候☐　很少☐

16. 对疼痛过于敏感，对小伤口大惊小怪吗？

经常☐　有时候☐　很少☐

17. 非常渴望触碰某些物品、有特殊质地的东西和玩具吗？

经常☐　有时候☐　很少☐

18. 经常把东西或衣服送进嘴里吗？

经常☐　有时候☐　很少☐

19. 很难判断该使用多大力气吗？例如，孩子拍动物时会用力过猛吗？

经常☐　有时候☐　很少☐

第二类　动作：你的孩子是否……

1. 脚离开地面会感到焦虑或烦恼吗？

经常☐　有时候☐　很少☐

2. 不喜欢攀爬或跳跃吗?

经常□　有时候□　很少□

3. 不愿意参与运动或动态游戏吗?

经常□　有时候□　很少□

4. 很怕接球吗?

经常□　有时候□　很少□

5. 害怕掉下去或不能去高处吗?

经常□　有时候□　很少□

6. 不喜欢乘坐电梯或手扶梯吗?

经常□　有时候□　很少□

7. 不喜欢坐车吗?

经常□　有时候□　很少□

8. 不喜欢把头倒过来的活动(如洗头)或被别人举起来(如翻跟头)吗?

经常□　有时候□　很少□

9. 喜欢别人把他的头倒过来或把他举高吗?

经常□　有时候□　很少□

10. 非常渴望参与所有的动态活动吗?

经常□　有时候□　很少□

11. 喜欢玩旋转木马或旋转很快的游乐设施吗?

经常□　有时候□　很少□

12. 经常在床上或其他有弹性的表面上跳来跳去,而且一跳就跳很久吗?

经常□　有时候□　很少□

13. 喜欢旋转吗？

经常☐　有时候☐　很少☐

14. 摇晃自己的身体或头吗？

经常☐　有时候☐　很少☐

15. 故意用头去撞东西吗？

经常☐　有时候☐　很少☐

16. 会因为好玩而撞击地板、撞墙或撞击其他人吗？

经常☐　有时候☐　很少☐

17. 游戏时喜欢做很冒险的动作吗？

经常☐　有时候☐　很少☐

第三类　视觉：你的孩子是否有如下行为……

1. 容易因为视觉的刺激而分心吗？

经常☐　有时候☐　很少☐

2. 强光会让他很不舒服吗？

经常☐　有时候☐　很少☐

3. 逃避眼神接触或很难与他人进行眼神交流吗？

经常☐　有时候☐　很少☐

4. 很难从很多东西当中挑选出一样东西吗？如在玩具箱中找出一个玩具。

经常☐　有时候☐　很少☐

5. 您认为您的孩子有感觉统合偏差吗？

经常☐　有时候☐　很少☐

第四类　听力：你的孩子是否……

1. 周围的噪声会让孩子分心或难以适应吗？

经常□　有时候□　很少□

2. 孩子对突然出现的声音或吵闹的声音很抵触吗？

经常□　有时候□　很少□

3. 孩子喜欢大喊大叫吗？

经常□　有时候□　很少□

第五类　味觉与嗅觉：你的孩子是否……

1. 会用闻的方式来辨别东西吗？

经常□　有时候□　很少□

2. 某些一般人习以为常的味道会令孩子无法接受吗？

经常□　有时候□　很少□

3. 经常用舌头舔或者用牙咬不能吃的东西吗？

经常□　有时候□　很少□

与感觉相关的应用能力

第一类　活动程度：你的孩子是否……

1. 特别好动，永远停不下来吗？

经常□　有时候□　很少□

2. 吃东西或做事情的时候坐不住，坐在椅子上会令他烦躁不安吗？

经常□　有时候□　很少□

3. 粗心大意，而且很容易冲动吗？

经常□　有时候□　很少□

4. 玩游戏时蛮横霸道吗？

经常□　有时候□　很少□

第二类　吃东西的时候：你的孩子是否……

1. 需要别人喂吗？

经常□　有时候□　很少□

2. 吃东西的时候漫不经心吗？

经常□　有时候□　很少□

3. 喝水的时候常常会洒出来吗？

经常□　有时候□　很少□

4. 经常流口水吗？

经常□　有时候□　很少□

5. 不太会咀嚼吗？

经常□　有时候□　很少□

6. 不太会吞咽吗？

经常□　有时候□　很少□

7. 不太会吃或不喜欢吃很大块的东西吗？

经常□　有时候□　很少□

8. 把太多吃的塞到嘴里吗？

经常□　有时候□　很少□

第三类　组织能力：你的孩子是否……

1. 很容易弄丢东西吗？例如作业或外套。

经常□　有时候□　很少□

2. 很容易迷路吗？

经常□　有时候□　很少□

3. 很难忍受计划或期望中的事情突然改变吗?

经常□　有时候□　很少□

4. 很难从一项游戏活动转换到另一项游戏活动吗?

经常□　有时候□　很少□

5. 进行新的工作或活动时,需要别人给予额外的帮助吗?

经常□　有时候□　很少□

6. 做作业或玩耍时很容易分心吗?

经常□　有时候□　很少□

7. 集中注意力的时间很短吗?

经常□　有时候□　很少□

第四类　睡眠:你的孩子是否有……

1. 睡眠时间不规律吗?

经常□　有时候□　很少□

2. 晚上睡觉经常醒来吗?

经常□　有时候□　很少□

3. 难以入睡吗?

经常□　有时候□　很少□

4. 需要的睡眠时间比其他孩子少吗?

经常□　有时候□　很少□

第五类　社交情绪:你的孩子是否……

1. 难以和同伴相处吗?

经常□　有时候□　很少□

2. 对于别人的批评过于敏感吗?

经常☐　有时候☐　很少☐

3. 过分焦虑或害怕吗?

经常☐　有时候☐　很少☐

4. 相当安静或退缩不前吗?

经常☐　有时候☐　很少☐

5. 很容易感到挫折吗?

经常☐　有时候☐　很少☐

6. 不愿意合作或过于固执吗?

经常☐　有时候☐　很少☐

7. 会乱发脾气或突然生气吗?

经常☐　有时候☐　很少☐

8. 比其他孩子更需要别人保护吗?

经常☐　有时候☐　很少☐

附录B　神经系统与感觉处理机

　　现在，我们来上一堂简短的解剖课，这堂课会介绍中枢神经系统，解释中枢神经系统如何对感觉信息进行处理。上了这堂课，你就能体会到大脑与身体的奥秘。

同步运行的神经系统

　　所有动物都会对碰触、移动、重力、身体位置等方面的感觉产生感应。因此，人类与金鱼、山羊、猎鹰、青蛙、毛毛虫、蛤蜊有着相同的感觉。经过了无数代的演化，为了在险恶的环境中求生，人类的这些感觉变得更为精细。从海洋迁徙到陆地，再从陆地迁徙到树上，在这个逐步演进的过程中，生命必须适应不同的环境，进而获得各种不同的生存技能。

　　对人类而言，发展出这些求生技能的同时，感觉系统也逐渐变得复杂起来。为了处理日益复杂的感觉，人类的大脑随之演化，我们懂得用手去摘梅子（而不是摘刺），把四肢攀附在树枝上，用眼睛判断那只安静坐着的老虎是不是快要扑过来，用耳朵聆听远方的马蹄声。

　　在动物界中，人类拥有结构最复杂的大脑，以及最复杂的神经系统。神经系统最主要的任务是处理各种感觉。神经系统包括三个主要部分：末梢神经系统、自主神经系统、中枢神经系统。末梢神经系统分布于我们的器官与肌肉中，如眼睛、耳朵、四肢等。自主神经系统控制心跳、呼吸、消化、生殖等非意志性功能。中枢神经系统（CNS）是由脊髓、脑、无数的神经元共同组成的。这三个部分在人体中和谐地运行着。

·中枢神经系统·

1. 神经元

神经元又称作神经细胞，是神经系统的结构与功能单位。神经元可以告诉我们身体内外发生的事。大脑约有一千亿个神经元，每个神经元都包括以下结构：

（1）一个细胞体，内有细胞核。

（2）许多短小的树突，这些树突与其他神经元连接，可接收信息和刺激信号，并传递到细胞体。

（3）一条长的轴突，犹如有根的茎，可将刺激由细胞体传递到其他神经元树突。将大脑与脊髓连接至身体其他部位的神经元可分为两种：感觉神经元与运动神经元。感觉神经元负责接收由眼睛、耳朵、皮肤、肌肉、关节等感觉接收器接收到的刺激信号。刺激信号沿着感觉神经元的轴突传递，感觉神经元将这些信息传递给其他神经元的突触。每个神经元每次启动时都会产生数千次的突触连接。

输出信息的神经元称作"突触前神经元"；接收信息的神经元则称作"突触后神经元"。在信息启动的那一瞬间，神经系统就会释放出神经传递物质，产生电化学反应。神经传递物质启动突触后神经元的接收器时，称作"兴奋性神经递质"；不启动接收器时，称作"抑制性神经递质"（平衡兴奋信息与抑制信息的过程称作"调节"）。这些突触后神经元可能是其他感觉神经元，也可能是运动神经元。运动神经元接收到信息后，会命令身体的各个部位做出适当的回应，让肌肉伸展、腺体排汗、肺部呼吸、肠道消化等。

在胎儿的成长过程中，神经元与突触进行连接的次数会不断迅速增加。宝宝

一出生就拥有数十亿神经元以及数万亿突触，气味、触摸、饥饿的感觉都会启动突触连接，让宝宝能够存活下来。举例来说，突触连接可以帮助宝宝对奶嘴产生反应，于是宝宝就会做出吸奶嘴的动作。

为了帮宝宝对吮吸这种早期能力以及更为复杂的能力产生有效的回应，人体会启动"髓鞘形成"的过程。髓鞘是一种覆盖在神经元细胞轴突外向的一层膜，有点儿像电绝缘体，可以保护神经元，使传输的途径变得顺畅，并加快连接的速度。

孩子大约18个月大时，大脑已形成所需的神经元（颅骨所能容纳的神经元已经饱和），因此会停止生长新的神经元；然而，突触则会在孩子产生新的感觉时持续增加。换句话说，如果突触连接对每天神经系统的运作都有帮助，而且这些连接也反复被适用，突触的数量就会增加；反之，突触就会逐渐消失（如果不获得多种感觉经验，就会很难使用某些突触连接。举例来说，人待在太空一段时间之后再返回地球，由于重力接收器在太空中没有受到刺激，所以返回地球后重新建立平衡感就会有困难）。

孩子大约12岁时，会失去许多出生时拥有的突触，这个正常且必要的过程称作"修剪"。在这个修剪的过程中，会去除孩子不需要的突触，同时让孩子需要的突触变得更稳固。孩子如果是日本人，因为日语里不会使用到"r"这个音，所以他们的脑部就会修剪掉"r"这个音所需的突触；孩子如果是法国人，他们的脑部就会强化这些突触，让他们可以很流利地卷舌，发出"r"的音。

正常来说，孩子主动对感觉做出回应时，有用的突触连接就会增加。连接越多，髓鞘形成就越多；髓鞘形成越多，神经的结构就越强大；神经的结构越强大，孩子就具有更多学习新技能的能力。

2. 脊髓

脊髓是大脑下方延伸出来的神经组织，这个神经组织的结构又长又厚，接收所有来自末梢神经（位于皮肤与肌肉内）的感觉信息，并将这些信息传递到大脑。大脑会释放这些感觉信息，并将运动信息传输到脊髓，脊髓再将信息传输到身体特定部位的末梢神经。

两个有关神经传导物质作用的实例 ·············○

渐渐习惯城市的感觉

当你离开安静的故乡，第一次到城市去，车辆的声音、拥挤的人群、污染的环境、手扶梯的移动让你的感官震撼不已。数十亿个神经元启动了，无数种神经传导物质启动了神经元的反应，你的神经系统正在超速运作，难怪你会这么"紧张"（英文中 nerve "神经"与 nervous "紧张"同词根）。

几天之后，你开始习惯城市的感觉，听到刺耳的刹车声或者在地铁里被挤时，你不再大惊小怪。现在的神经传导物质兴奋作用比较少，抑制作用比较多，神经系统习惯了不断重复的刺激之后，在每种感觉上你就可以投入较少的注意力。

止痛药效果逐渐减弱

你因为长期背痛而服用止痛药。刚开始时，止痛药很管用，因为神经传导物质可以产生反应。过了一段时间，由于突触后神经元提升了门槛，所以药效就减退了一些，本来你只需要吃一粒止痛药就能止痛，现在则需要吃两粒或三粒。

3. 大脑

人脑经历了约5亿年的演化。美国国家心智健康研究院（National Institute of Mental Health）的保罗·麦克莱恩博士（Dr.Paul D. Maclean）指出，人一出生就具有"三位一体的大脑"（tribune brain，三体脑）（大脑的发展模式有许多种，本书选录的是其中最简单的一种）。

人类的大脑在演化过程中增添了好几重脑部物质，新的脑部物质层改善了之前的脑部物质，第一重是爬虫类脑，即"原始脑"，负责反射与直觉，与自我保护与性欲有关。这些功能包括吃（feeding）、对抗（fighting）、逃离

（fleeing），以及有性生殖（sexual reproduction）。

第二重是边缘系统，控制各种情绪激素的分泌，有了这种激素，我们就能够拥有气愤、渴望、嫉妒、满足、快乐等感受。这个系统有时又称作"嗅觉脑"，可以处理嗅觉与味觉。嗅觉与味觉对我们的情绪具有强烈的影响。边缘系统为本能的行为增添了感觉，因此我们感觉受到威胁时，就会出现对抗或逃离的反应。我们感觉安全时，就会开始做游戏，而我们不游戏时，就会开始学习。

·感觉处理机·

脑有四个重要的结构参与了感觉信息的处理，我们来看看这些结构，了解这些结构与三体脑的联系。

1. 脑干

脑干属于"原始脑"的一部分，是脊髓的延伸。脑干主要扮演以下四种角色。

十字路口：脑干接收各种感觉信息（尤其是来自头部与脑部的皮肤与肌肉的感觉信息），并将这些信息传递到大脑，大脑接收到这些信息之后，就会释放出协调动作的信息。

开关闸门：脑干是身体左侧感觉跨越到右脑、身体右侧感觉跨越到左脑的枢纽，也是左脑对右侧身体发出反应命令、右脑对左侧身体发出反应命令的地方。

情报交换中心：脑干可以处理前庭平衡觉信息（前庭平衡觉是听见声音、维持平衡、看见物体移动的必要感觉），让我们把注意力放在某件事上。

调节器：脑干可以处理来自内部器官的感觉信息，控制呼吸、心跳等。网状核即位于脑干中，网状核是一个神经元网络，这个神经元网络可以与前庭平衡觉系统交换信息，让我们能够掌握睡醒、睡着、兴奋、冷静的时间点。

2. 小脑

原始脑的另一部分是小脑。小脑可以处理本体觉与前庭平衡觉信息，调节肌肉张力、身体平衡，控制精细动作，尤其是重复的动作，如打字、弹钢琴等。小脑可以帮助我们轻松精准地移动，并把握移动的时间点。奥运会跳水选手的小脑相当精细，他们在跳水时可以轻松自如。

3. 间脑

间脑（diencephalon，在希腊语中是"分割的脑"的意思，有时也会用tween brain这个词）位于脑部中央，是边缘系统的一部分，与许多重要的结构相关。

基底核是神经聚集的神经节，可以调节前庭平衡觉，对平衡与自主移动来说十分重要。基底核负责内耳、小脑、大脑间的信息传递。

海马回（海马回的外观与海马相似）可以比较新的刺激与旧的刺激。如果海马回记得某种感觉，如鞋子带来的舒适感，就会发出抑制的神经元，使大脑皮层不受干扰；如果感受到某种新的感觉，如靴子太紧，海马回就会发出兴奋的神经元，提醒大脑皮层。海马回可以控制自律神经系统，调节温度、水分代谢等；此外，海马回还是产生各种情绪的中心，这些情绪包括生气、恐惧、疼痛、愉快等。

杏仁核可以连接嗅觉系统与大脑皮层发出的刺激，可以处理情绪的记忆，例如，它影响我们的情感行为，尤其是生气状态下的情感行为。

视丘是所有感觉信息（除嗅觉以外）的主要传输站，许多感觉信息都是通过视丘传递到大脑的。

4. 大脑

最后发展出来的脑层是大脑。大脑表面的褶皱是大脑皮，是演化过程中新生成的物质，因此常被称为"新皮层"，大脑是由两个半球组成的。

我们为何需要两个半球呢？有一种理论认为，左右半脑的发展起源于早期人类祖先居住在树上的时期，当时人类的祖先开始学习单手的独立运用。单手的独立运用是生存的必要技能：一手采集，一手抓树枝。双手的不对称运用以及不对称的左右脑在"侧化"的过程中同时发展。大脑侧化之后，就形成了大脑的专门化。专门化指的是大脑的左右半球各自负责不同的工作，在各自肩负不同任务的情况下，左右半球必须进行合作，才能处于高效的运作状态。

一般而言，左半脑是认知的区块，负责分析、逻辑、语言的引导。例如，数学运算、语言运用等工作是由左脑负责的，左脑控制身体的右侧（身体的右侧通常是动作导向的一侧）。右半脑是感觉与直觉的区块，负责非语言活动的引导，如认人、辨识金字塔的形状、对音乐产生回应等，大脑的右半球控制身体的左侧。

胼胝体是数十亿条神经组织组成的神经束，负责连接左右脑。胼胝体犹如高速公路，负责来回传递信息，连接大脑左右半球分别处理的记忆、感受、回应等方面的信息。有了胼胝体，右脑负责产出原始的思想或曲调，左脑则负责让我们写下这些思想或曲调；我们以左右眼看着某个人时，会看到一个整体的影像，而不是分成两半的影像。

皮层叶

左右半球各自有四个主要的皮层叶，每个皮层叶都有左右两侧，两侧必须进行合作，来回传递神经信息，让大脑的左右半球可以执行专门化的复杂任务。皮层叶肩负许多管理的任务。

枕叶负责掌管视觉，被称为视觉皮层。枕叶会先处理视觉影像，然后将视觉影像传递到顶叶与颞叶，执行进一步的诠释工作。

顶叶负责掌管身体的知觉，可以处理本体觉信息，让我们感觉到身体的位置，以及疼痛、温度、压力等触觉信息。顶叶与脑的其他部分进行交互作用，产生"完整的图像"。例如，顶叶可以接收来自枕叶的视觉信息，并将这些视觉信息与听觉信息、触觉信息整合，有助于视觉与空间意识的发展。

颞叶负责掌管听力、处理音乐与语言、让前庭平衡觉变得更精细。

额叶负责处理听觉刺激信息，以及与个人特质有关的前额叶区（包括语言、推理、记忆、自我控制、问题解决、事先计划等）。

感觉皮层与运动皮层

位于最顶端的是感觉皮层与运动皮层。感觉皮层负责接收来自身体的触觉与本体觉信息；运动皮层负责通过周边神经将信息发送到各个部位的肌肉。

感觉皮层有很大的比例用于接收来自头部与手部的信息（相较于躯干及手臂），之所以会如此，是因为身体的功能较身体的大小更重要，头部与手部的功能最为复杂，产生的感觉也最多。运动皮层与感觉皮层类似，有很大的部分用于发送信息，通过这些信息来引导手、舌头、喉咙执行任务。

感觉皮层与运动皮层中分配到身体不同部位的特定区块，区块所占的比例以身体不同部位的相对重要性为根据。

左右脑让我们成为人类

因为有左右脑，我们才能学习人类的技能，如站立以及站立之后用双手掌控东西或拿取东西。左右脑让我们能够说话、推理、使用符号，并进一步使文化进步；左右脑让我们能够回忆过去、展望未来、增大存活的机会；左右脑赋予我们回应与"预先采取行动"的心智工具。所谓"预先采取行动"就是预期接下来会发生的事，并准备采取适当的措施；左右脑让我们能够做出细致的动作，拥有高深的思想，让我们成为人类。

中枢神经如何处理感觉信息 ·············○

被纸割伤

你在影印机前影印文件时,手指不小心被纸割伤。皮层的触觉接收器通过包覆着髓鞘的感觉神经元发送信息,这些信息通过末梢神经系统后传送到脑部;从你的手臂、脊髓、脑干、视丘,一路传输到感觉皮层。感觉皮层在分析这些信息后,要求神经传导物质启动兴奋型刺激。

刚开始,你有一种轻触的紧迫感,紧接着,你意识到组织被破坏所带来的疼痛感。同一时间,运动神经元发送刺激信号到你的手指,你叫了一声,把手指移开。

从梯子上摔下来

当你在梯子上粉刷天花板时,三体脑都会参与这项工作。有了大脑,你才能制订计划,知道下一步要粉刷哪个位置;有了边缘系统,你才能闻到油漆的气味,并回想起第一次和爸爸刷油漆的经验;有了爬虫类脑,你才有装修房子的需求。

你把下巴稍微抬高一点儿,你的内耳将颈部与头部位置的移动信息传送到脑干,脑干接收到信息后,将这个前庭平衡觉信息传递到你的小脑、基底核、视丘、大脑。

突然间,你觉得头晕眼花,因为你的头偏离了正中央的位置,失去了平衡,你从梯子上跌了下来,油漆罐也掉落到地上。你的下视丘告诉你,你受伤了;你很害怕,也很生气,它对自律神经系统发出心跳加速与流汗的警示。

你摔得四脚朝天,这时的你不会想到油漆是否流出来。你感受到危险时,小脑把开关关闭,爬虫类脑取而代之,你的本能反应是自我保护,于是你等待网状核来平复你的心情。恢复控制力后,你发现自己只是擦伤,没有骨折,于是就从地上爬起来,继续粉刷。

关车门

你抱着很多包东西,而又必须关上车门。你的顶叶与枕叶必须进行信息交换,帮你判断自己的身体相对于车子的位置并制订计划,执行关车门这个动作。

运动神经元将信息通过小脑和脊髓传送到你的右腿肌肉,兴奋型神经元启动大腿后侧的肌肉,对这些肌肉发出伸缩的指示。抑制性神经元启动大腿前侧的肌肉,对这些肌肉发出伸缩的指示。动作计划能力让你能够弯曲膝盖,抬起右腿。

此时，左腿则在执行相反的计划：把肌肉伸展，让身体稳住，并保持身体的平衡。腿部的本体觉接收器可以告诉脑部发生了什么事，你用右腿动了一下车门，把门关上。

· 小结 ·

以上关于"感觉处理机"的讨论证实了两点：第一，中枢神经系统与感觉之间存在着重要的关联性；第二，中枢神经系统的所有部分必须相互沟通才能执行感觉信息处理这项任务。

我们必须了解的一个重点是，感觉系统如果处在不正常的运作状态，无论孩子多么聪明，他们的日常生活还是无法像正常人一样，感觉信息处理是否顺畅是孩子能否顺利发展的重要一环。

附录C　艾尔斯博士的四个感觉统合层级

艾尔斯博士在1979年出版的《儿童与感觉统合》（*Sensory Integration and the Child*）一书中，将感觉基本技能的发展过程描述为"四个统合的层级"。

第一层级

宝宝忙着接收感觉信息，为未来所有的学习奠定基础。视觉、听觉与其他的感觉系统会不断地运作，但最主要的还是触觉（皮层）、前庭平衡觉（重力与移动）、本体觉（肌肉）。

对触觉刺激比较敏感的地方是宝宝的皮肤和嘴巴周围（嘴巴是相当敏感的触觉接收器）。他们快乐地吮吸，享受着被拥抱与摇晃的感觉。母亲与孩子之间的这种感觉连接会产生强烈的依恋关系，宝宝可以感觉到吃东西、拥抱、爱护带来的正面回馈。

宝宝通过前庭平衡觉与本体觉接收要移动的信息，也开始调节眼珠的移动。如果有灰尘飞过来，他们就会眨眼。他们视觉的发展才刚开始，这时的他们可以看到附近静止的物体，以及在周围移动的人和东西。他们会模仿妈妈的面部表情，也开始观察周围来来去去的人，模仿他们的一言一行。

前庭平衡觉与本体觉也会影响宝宝的姿势与肌肉张力，他们会尝试新的动作，并在付出努力之后获得成功。他们会把头抬起来，接着会抬起自己的肩膀，用手和腹部的力量把身体撑起来，以肚子为轴转动身体，观察周围的一切。他们听到妈妈叫自己的名字时，会转过去看妈妈。配合环境做动作对他们很有帮助，他们移动得越多，就会越有自信。

与重力有关的前庭平衡觉信息通过宝宝的内耳传递，有了前庭平衡觉，宝宝就可以感受到自己与地球进行着连接，就会有安全感。

第二层级

宝宝在第一阶段处理了基本的感觉信息，紧接着就开始发展身体意识。身体意识是一个内心的图像，这个图像告诉你身体各个部位的位置、各个部位间的联系、各个部位的移动方式。视觉反馈可以增加自我的感受。

身体意识发展的同时，双侧（两侧）统合能力也开始发展，双侧统合过程让孩子能够以对称、平顺、同步、协调的方式运用两侧的身体。双侧统合（一种神经的过程）是双侧协调（一种行为能力）的基础，孩子必须具备双侧协调能力，才能从事某些有趣的活动，例如玩拨浪鼓。双侧统合的一项功能是侧化——偏好以某一侧的脑来指挥身体另一侧的发展过程。侧化发展成熟后，孩子开始出现惯用手，可以独立运用双手，也可以跨越中线活动。

这时，孩子进步了，他们能够做出不同的姿势，并维持该姿势。他们的头部已发展出稳定性，可以把头和躯干抬起来，看周围的一切。头部的稳定性有助于眼神的稳定性，孩子能够注视吸引他们的东西。接着，眼神的稳定性又可以帮助孩子提升动作控制力，他们越运用双眼观察周围的事物，动作就会越协调，双眼视觉的发展让孩子能够边走路边看路。

接下来，孩子开始爬行，先是匍匐前进，而后开始用四肢爬行。他们由左手换到右手，从左脚换到右脚的过程，会同时运用到左右脑，有助于提升他们的侧边协调能力。随着触觉、前庭平衡觉、本体觉的发展，孩子的动作执行能力（或称"动作计划能力"）也会提升。他们能够想办法做一些自己从来没有做过的动作，然后再次执行这些动作，例如，开始翻身时做这个动作需要拟订动作计划，

多练习几次之后，孩子就能轻而易举地翻身了。

能够练习一整天感觉动作能力就表示孩子对于活动程度的调节能力提升了。他们的感觉变得更有组织，专注力与安全感也随之提升。开车载他们到杂货店购物时，他们可以乖乖地坐在自己的座位上，也可以弹奏钢琴键盘好几分钟，忙碌的一天结束时，他们可以安静地入睡。

第三层级

孩子发育的同时，他们对于信息的认知与理解能力也会不断发展。感觉辨别能力提升的同时，他们与外界的互动也更多了。

他们的听力（听觉）变得更强，可以理解语言，并通过语言进行沟通。他们的视力变得更好，能够更准确地诠释视觉信息，可以理解空间的关系，能够辨别其他人和东西所在的位置，以及自己与这些人和东西的相对位置。

这时，他们发展出眼手协调能力，能够握着蜡笔画简单的图、接球、拿果汁。眼手协调有助于视觉动作的统合，视觉动作统合之后，他们才能够穿珠子、拼拼图。

事实上，这个阶段的孩子能够拼拼图（纯粹好玩），拼图对他们来说兼具目的性与趣味性。他们正在发展感觉处理的能力，他们拿起拼图时可以看见拼图、了解拼图、拼拼图。

这时的他们来到了学龄前阶段，继续发展并巩固基本的能力，现在的他们已经准备好搭第四层级的积木——感觉处理的最终产品。

第四层级

感觉统合的最终产品是功课学习的训练能力（包括抽象思考与推理）、复杂动作能力、注意力调控、行为组织、身体与脑部的专门化、形象化的能力、自尊和自我控制。

他们会越来越熟悉这些能力。到了幼儿园时，孩子的大脑有了足够的成熟度，能够进行专业化训练分工。专业化（左右脑对于特定功能变得较为擅长的过程）意味着孩子在此方面变得更有效率，也更有目的性。此时，他们的眼睛与耳朵已准备好互相配合。

这时的他们对于预期之外的触碰能够控制反射性的反应，他们的触觉辨别能力也提升了。在寒冷的冬天进行户外活动时，即使帽子的毛让他们觉得有些痒，他们也还是能够专心做雪球。他们能够区分友善的拍打与攻击性的击打有何不同。

他们的本体觉、前庭平衡觉、触觉强化了他们的动作协调能力，可以很顺利地执行粗大动作，和伙伴一起跑、跳、玩耍。他们的精细动作能力也不错，能够扣扣子、拉拉链、转陀螺。他们有使用工具的惯用手，懂得如何掌控铅笔或蜡笔，用铅笔或蜡笔画出可以被辨识的图形与符号。

他们能够辨别过去与未来的情境，如昨天的球赛和今晚的洗澡时间。有了形象化的能力，他们的脑中就能够出现现实与非现实的图像，如假的怪兽以及妈妈那张慈祥的脸。

他们懂得如何与他人社交，能够分享自己的想法和玩具，懂得适时让步、同情他人的遭遇、遵守游戏规则，也知道怎么当一个值得他人信赖的朋友。

孩子一生都会不断地处理视觉信息，遇到不同的情境或新的挑战时，他们会学着以有意义的方式来调适自我。他们对自己很有信心，并已经准备好迎接学校的挑战。